beck'sche reihe

bsr

Der Irakkrieg hat Amerika und die Welt stärker aufgewühlt und gespalten als jeder andere militärische Konflikt seit Vietnam. Stephan Bierlings fundierte Darstellung bietet die erste Gesamtschau des Kriegs und schildert, wie sich die Regierung Bush nach den Terroranschlägen vom 11. September in einer Mischung aus Alarmismus, Selbsttäuschung und Allmachtsphantasien in den Krieg gegen den Irak hineinsteigerte, während ihre beiden wichtigsten Rechtfertigungen für den Angriff – die vermeintliche Produktion von Massenvernichtungswaffen und die Konspiration Saddams mit Al Khaida – jeder nachweisbaren Grundlage entbehrten. Geradezu beklemmend schildert Bierling das Ausmaß der amerikanischen Inkompetenz auch auf höchster Ebene – und den gewaltigen Blutzoll, den der Konflikt bis heute vor allem der irakischen Zivilbevölkerung abverlangt hat.

Stephan Bierling ist Professor für Internationale und Transatlantische Beziehungen an der Universität Regensburg. Bei C.H.Beck sind von ihm erschienen: «Geschichte der amerikanischen Außenpolitik» (bsr 1509) und «Kleine Geschichte Kaliforniens» (bsr 1702).

Stephan Bierling

Geschichte des Irakkriegs

Der Sturz Saddams und Amerikas Albtraum im Mittleren Osten

Verlag C.H.Beck

Für Beate und Joachim

Mit 11 Abbildungen und 5 Grafiken

Originalausgabe

Satz, Druck u. Bindung: Druckerei C.H.Beck, Nördlingen
Umschlagentwurf: malsyteufel, Willich
Umschlagbild: US-Marines posieren vor einem Portrait Saddams in Nasiriyah. © Eric Feferberg / picture-alliance / dpa
Printed in Germany
ISBN 978 3 406 60606 9

www.beck.de

Inhalt

«Great is the guilt of an unnecessary war.»
John Adams, 2. Präsident der USA (1735–1826)

«Niemand beginnt einen Krieg – oder vielmehr niemand sollte vernünftigerweise einen Krieg beginnen –, ohne sich zunächst darüber klar zu werden, was er mit diesem Krieg erreichen will und wie er ihn führen will.»
Carl von Clausewitz, Preußischer General und Militärtheoretiker (1780–1831)

Vorwort

Vielfältige Gründe sind genannt worden, warum die USA 2003 in den Krieg mit dem Irak zogen: die Kabale neokonservativer Demokratieexporteure, die Verschwörung der israelischen Lobby oder der Druck der Ölindustrie. Die Wahrheit ist einfacher – aber nicht weniger dramatisch: Unter dem Schock der Terroranschläge vom 11. September 2001 trieb sich die Bush-Regierung in einer Mischung aus Alarmismus, Selbsttäuschung und Allmachtsphantasien in das Projekt der Entmachtung ihrer langjährigen Nemesis Saddam Hussein. Der Präsident und seine engsten Berater waren besessen von der Angst, die Attacken auf das World Trade Center und das Pentagon bildeten nur den Auftakt für einen Dauerangriff internationaler Terroristen gegen Amerika. Der zentrale Grund für den Krieg bestand im Wunsch von Bush & Co., durch eine Demonstration der eigenen Macht ein Exempel zu statuieren und das Risikokalkül aller potentiellen Feinde der USA zu verändern. Nach der Erniedrigung durch 9/11 brauchte Washington einen Akt imperialer Selbstbestätigung. Er sollte Freund und Feind zeigen, dass sich die USA nicht lächerlich machen lassen würden, sondern uneingeschränkt handlungsfähig seien. Der *New York Times*-Kolumnist Thomas Friedman brachte den wahren Grund für den Irakkrieg auf die einfache Formel: «Weil wir es konnten» [*Because we could*].

Der Irak wurde vor allem deshalb zur Zielscheibe, weil er der einfachste Gegner in der «Achse des Bösen» war. Es lagen 16 Resolutionen des Sicherheitsrats gegen ihn vor, und er schien im Gegensatz zu Iran und Nordkorea militärisch leicht besiegbar. Warum es zum Irakkrieg kommen konnte, wessen Argumente in der Regierung sich durchsetzten, wie Kongress und Öffentlichkeit auf das Kriegsgetrommel der Regierung reagierten, weshalb Uno und internationale Gemeinschaft gespalten waren, was wir heute über die wahren Kriegsgründe wissen, wie Militäroperation und Besatzung verliefen, wieso der Irak in einen Bürgerkrieg abstürzte, warum es den USA mit dem *Surge* gelang, die Niederlage in letzter Minute abzuwenden und das Land zu stabilisieren, und welche Folgen der Feldzug für die US-Innenpolitik, den Mittleren Osten und die amerikanische Rolle in der Welt hat, dies alles ist Thema des vorliegenden Buchs.

Seine Entstehung begleitete eine große Zahl von Helfern. Meine wissenschaftliche Assistentin Gerlinde Groitl M. A. hat das Manuskript klug kommentiert, meine Büroleiterin Karin Reindl und Michelle Kerndl haben Personenregister und Literaturverzeichnis erstellt, Ilona Steiler M. A., Florian Justwan M. A., Stefan Jungbauer M. A., Kathrin Emschermann B. A., Georg Simmerl B. A., Simon Erhard M. A. und Katharina Diringer mich bei der Materialbeschaffung unterstützt. Viola Schenz M. A. hat, wie stets, den Entstehungsprozess mitgestaltet und den Text mit dem geschulten Auge der SZ-Redakteurin zu einem verständlicheren gemacht. Die Universität Regensburg bietet mir seit Mai 2000 intellektuelle Heimat und stimulierende Kollegen, allen voran Reinhard Andreesen, Volker Depkat, Michael Dowling, Udo Hebel, Bernhard Hofmann, Nikolaus Korber, Jerzy Maćków und Reinhard Meier-Walser. Im Verlag C. H. Beck und seinem Cheflektor Dr. Detlef Felken habe ich zum dritten Mal motivierende, professionelle und zuverlässige Partner gefunden. Bettina Corßen-Melzer ist mir bei der Bilder-Suche beigestanden, Janna Rösch hat das Projekt von Anfang bis Ende betreut. Ihnen allen gilt mein herzlicher Dank.

München und Regensburg, im Frühjahr 2010

1. Die Vorgeschichte: Ignoranz und Fehlkalkulationen

Das amerikanische Interesse am Irak erwachte zu Beginn der 1950er Jahre. Damals versuchten die Präsidenten Truman und Eisenhower, die Sowjetunion durch ein Netz regionaler Allianzen in Europa, in Südostasien und im Mittleren Osten einzudämmen. Dem Irak, der 1920 aus drei Provinzen des Osmanischen Reichs hervorgegangen und nach zwölf Jahren als britisches Mandatsgebiet 1932 unabhängig geworden war, sollte dabei eine Nebenrolle zukommen. Die USA unterstützten deshalb 1954 die Gründung des Bagdad-Pakts zwischen der Türkei und dem Irak, dem sich ein Jahr später Großbritannien, Iran und Pakistan anschlossen. Obwohl der Pakt nur eine lockere Verbindung zwischen den Mitgliedern vorsah und kaum politische Bedeutung erlangte, stieß er bei den irakischen Nationalisten als Symbol des Westkurses der von den Briten installierten Haschemiten-Dynastie auf erbitterten Widerstand. 1958 errang General Abd al-Karim Qasim durch einen Putsch gegen König Faisal II. die Macht, verbündete sich mit der Kommunistischen Partei, führte sein Land an die Seite der Sowjetunion und verließ den Bagdad-Pakt. Nach drei weiteren Umstürzen zwischen 1963 und 1968 übernahm die panarabisch-sozialistische Baath (Wiedergeburts)-Partei die Herrschaft im Land. Mit ihr stieg ein Mann auf, der sich zu einem der ruchlosesten und blutrünstigsten Tyrannen der zweiten Hälfte des 20. Jahrhunderts entwickeln sollte: Saddam Hussein.[1]

Die USA unterhielten Ende der 1960er Jahre schon keine diplomatischen Beziehungen mehr zum Irak. Bagdad hatte sie im Zuge des Sechstagekriegs zwischen Israel und mehreren arabischen Staaten im Juni 1967 aufgekündigt. 1972 unterzeichnete der Irak als erster arabischer Staat sogar einen Freundschaftsvertrag mit Moskau. Geschwächt durch den Vietnamkrieg blieb Washington nichts anderes übrig, als auf regionale Verbündete in dieser wegen ihres Ölreichtums strategisch immer wichtiger werdenden Region zu setzen. Vor allem

Iran und, zu einem geringen Teil, Saudi-Arabien sollten den amerikanischen Einfluss am Persischen Golf garantieren. Die drei zentralen Ziele der USA definierte deren oberstes militärisches Gremium, der Generalstab, in einem Memorandum 1978 folgendermaßen:

1. Den kontinuierlichen Zugang zu den Ölressourcen gewährleisten.
2. Eine feindliche Macht oder eine Kombination von Mächten von der Etablierung einer Hegemonie abhalten.
3. Das Überleben Israels als unabhängiger Staat in einer stabilen Beziehung mit den arabischen Nachbarn sicherstellen.[2]

Diese Ziele gelten bis heute. Als im Januar 1979 eine Revolution Schah Reza Pahlavi vom Thron stieß, verloren die USA jedoch ihren mächtigsten Verbündeten und die tragende Säule ihrer Politik im Mittleren Osten.

Saddams Irak

1979 war auch für den Irak ein Schlüsseljahr. Ein Jahrzehnt lang hatte Saddam als Sicherheitschef der Baath-Partei seine Machtbasis systematisch erweitert, Rivalen ausgeschaltet, das Militär gefügig gemacht, die Ölindustrie verstaatlicht, massiv aufgerüstet sowie Gewalt und Brutalität auf ein neues, extremes Niveau geführt. Im Juli 1979 fühlte er sich stark genug, den Präsidenten des Landes zum Rücktritt zu zwingen und Parteiführung und Regierung an sich zu reißen. Als eifriger Student der Regierungsmethoden vor allem Stalins, aber auch Hitlers eliminierte Saddam innerhalb kürzester Zeit die gesamte verbliebene Opposition. Mehr noch: Er perfektionierte das totalitäre Herrschaftssystem seiner Vorbilder, indem er die Führungspositionen im Staat mit Verwandten und Männern von Stämmen aus seiner Heimatregion besetzte, die ihm bedingungslos ergeben waren.

Der Irak ist religiös und ethnisch nämlich sehr heterogen. Mit sechzig Prozent bilden die schiitischen Araber die größte Bevölkerungsgruppe. Sie leben vor allem im Süden und Südosten des Landes. Die Kurden im Norden und Nordosten des Irak machen wie die sunnitischen Araber in der Mitte und im Westen jeweils knapp 20 Prozent der Einwohner aus. Dazu kommen kleine Minderheiten von Turkmenen und Christen. Einige große Städte sind allerdings ethnisch-religiös gemischt, die Hauptstadt Bagdad ist schiitisch-sunnitisch, Mosul arabisch-kurdisch, Kirkuk arabisch-kurdisch-turkmenisch. Wichtiger noch als die Zugehörigkeit zu einer der Bevölkerungsgruppen ist jene zu einer Familie und zu einem Stamm.

Saddam, selbst Sunnit, stammte aus der Nähe der Stadt Tikrit. Sein Herrschaftssystem war ein weltliches, kein islamisches, und beruhte auf einem Netz fein gesponnener familiärer, ethnischer, politischer und finanzieller Loyalitäten. Im Zentrum stand Saddam, der im Laufe der Jahre gleichzeitig Staatspräsident, Vorsitzender des Revolutionären Kommandorats, Ministerpräsident, Generalsekretär der Baath-Partei und Oberbefehlshaber der Armee wurde und sich mit einem unglaublichen Personenkult verherrlichen ließ. Er war täglich auf den Titelseiten der Zeitungen und in Fernsehen und Radio allgegenwärtig. Hunderte von Schulen und Krankenhäusern trugen seinen Namen, sein Bild hing in allen öffentlichen Einrichtungen und in vielen privaten Wohnzimmern, sein Geburtstag war nationaler Feiertag.

Saddam umgab sich mit etwa einem Dutzend Männern aus dem inneren Familienzirkel – seinen Halbbrüdern und Cousins, später vor allem seinen Söhnen und Schwiegersöhnen. Sie kontrollierten die wichtigsten Institutionen des Machtapparats: die Sicherheitskräfte, das Militär und die Partei. Um seine engste Familie scharte Saddam Angehörige des Tikriti-Clans und Führer anderer sunnitischer Sippen. Die Sunniten und die eine Million Mitglieder der Baath-Partei wurden bei der Vergabe von Positionen in Staat, Verwaltung und Armee bevorzugt und erhielten oft Landzuweisungen. Politische Gegner ließ Saddam von seiner Geheimpolizei Mukhabarat unbarmherzig verfolgen. Tausende wurden ermordet, öffentlich hingerichtet oder ins Gefängnis geworfen, fast zwei Millionen Iraker flohen ins Ausland. Jede politische Tätigkeit außerhalb der Baath-Partei war bei Todesstrafe verboten. Da Kurden und Schiiten seinem totalen Herrschaftsanspruch gefährlich werden konnten, unterdrückte Saddam die beiden Bevölkerungsgruppen und reagierte auf Widerstand mit äußerster Brutalität.

Nachdem Saddam die absolute Kontrolle im Land erreicht hatte, wandte er sich seinem nächsten großen Ziel zu: den Irak zum dominierenden Akteur in der arabischen Welt zu machen. Die Voraussetzungen dafür standen gut. Mit 17 Millionen Einwohnern besaß der Irak im Vergleich zu seinen arabischen Nachbarn Syrien, Saudi-Arabien, Jordanien und Kuwait eine große Bevölkerung, die noch dazu relativ gut ausgebildet war. Euphrat und Tigris sorgten für Wasserreichtum, Öl war in riesigem Ausmaß vorhanden und spülte nach den beiden Preissprüngen 1973 und 1979/1980 gigantische Dollarbeträge in die Staatskasse. Zudem hatte Ägypten wegen seines Friedensschlusses mit Israel 1979 seine traditionelle arabische Vormachtstellung eingebüßt. Die Öleinnahmen steckte Saddam, den auch das massive Aufrüstungsprogramm des Schahs beunruhigte, in Waffenkäufe. Hauptlieferanten waren laut dem *Stockholm International Peace Research Institute* (SIPRI) zwischen 1973 und 1979 die Sowjetunion und die Länder des Warschauer Pakts mit 96 Prozent und Frankreich mit vier Prozent; in den 1980er Jahren kam China hinzu.

Vom Feind zum Freund: Der irakisch-iranische Krieg (1980–1988)

Unter normalen Umständen hätten die USA mit einem solchen Mann wenig zu schaffen gehabt, zumal Saddam auch Präsident Carters Annäherungsversuche zurückwies. Als sich in Iran Ende 1979, Anfang 1980 aber die radikal-islamischen Kräfte unter Ayatollah Khomeini durchsetzten, wuchsen in Washington und Bagdad die Ängste vor revolutionären Umwälzungen in der Region. Mit seinen Appellen an die irakischen Schiiten, sich gegen das säkulare Baath-Regime zu erheben, bedrohte Khomeini Saddams Herrschaft direkt. Gleichzeitig schien Iran angesichts des nachrevolutionären Chaos und der Säuberungsaktionen in den Streitkräften geschwächt. Saddam witterte im September 1980 eine günstige Gelegenheit, die islamistische Gefahr durch einen Blitzkrieg zu beenden und sich die ölreiche iranische Grenzprovinz Khuzestan einzuverleiben. Im Erfolgsfall hätte er 20 Prozent der weltweiten Ölproduktion kontrolliert und damit einen größeren Anteil als Saudi-Arabien. Der Impuls, eine vermutete Schwäche des Gegners sofort gewaltsam auszunutzen, bildete einen zentralen Charakterzug des Diktators in Bagdad. Doch Saddam hatte sich verkalkuliert. Unter hohen Verlusten schlugen die Iraner seine Truppen zurück. Anstatt sich allerdings mit der Wiederherstellung des Status quo ante zufrieden zu geben, führte Teheran den Krieg mit dem Ziel weiter, die Regierung in Bagdad zu stürzen und die islamische Revolution in die arabische Welt zu tragen.

Damit änderte sich das politische Kalkül in Washington. Zunächst hatten die USA den Krieg zwischen den beiden Ländern von der Seitenlinie aus beobachtet und gehofft, dass die Sowjetunion aus ihm keinen Nutzen ziehen würde. Je mehr Iran aber die Oberhand in dem Konflikt zu gewinnen drohte, desto stärker waren sie bereit, eine Niederlage Bagdads zu verhindern. Die Reagan-Regierung wollte unter allen Umständen vermeiden, dass das fundamentalistisch-militante und amerika-feindliche Iran zur dominierenden Macht am Persischen Golf aufstieg. Im Februar 1982 strich das US-Außenministerium den Irak von der Liste der Staaten, die Terrorismus unterstützen. Nach diesem Schritt konnte Washington Bagdad mit Satellitenbildern über iranische Truppenstellungen, mit Ratschlägen für die taktische Gefechtsplanung sowie mit Krediten für Landwirtschaftsimporte in Höhe von fast drei Milliarden Dollar versorgen. Die letzte Maßnahme erlaubte es dem Irak, statt Nahrungsmittel Waffen zu importieren. Außerdem lieferten die USA 70 Hubschrauber und Lastwagen. Bei ihnen handelte es sich zwar um kein direktes Kriegsgerät, aber man konnte sie durchaus militärisch einsetzen – was Saddam prompt tat. Auch bestärkte Washington seine Alliierten, den Irak zu unterstützen. Dies ließen sich die Europäer nicht zweimal sagen. Während französische Firmen vor allem Militärgüter lieferten – zeitweise gingen 40 Prozent der französischen Waffenexporte an den Irak –, verkauften deutsche Unternehmen neben Lastwagen auch Anlagen, in denen Saddam chemische und biologische Waffen herstellen sowie sein Raketenprogramm vorantreiben ließ. Das alles bezahlte der Irak mit Krediten seiner arabischen Nachbarn, die ebenfalls einen Sieg des persisch-schiitischen Regimes fürchteten. Um das militärische Patt zu brechen, setzte Saddam Ende 1983 Chemiewaffen gegen iranische Truppen ein. Die USA verurteilten dies zwar und forderten die Europäer auf, ihre Exportkontrollen zu verschärfen. Aber wirkliche Folgen zeitigte dieser größte Einsatz von Chemiewaffen seit dem Ersten Weltkrieg und flagrante Bruch des Genfer Protokolls von 1925 für Bagdad nicht. Ende 1983 entsandte die Reagan-Regierung sogar Ex-Verteidigungsminister Donald Rumsfeld als Sondergesandten zu Saddam, um die

Möglichkeiten für eine weitere Verbesserung des Verhältnisses auszuloten. Enthusiastisch kabelte Rumsfeld danach ans Außenministerium: «[D]as Treffen markierte einen positiven Meilenstein in der Entwicklung der amerikanisch-irakischen Beziehungen und wird sich zum breiteren Nutzen für die Stellung der USA in der Region erweisen.»[3] Ein knappes Jahr später, am 26. November 1984, nahm Washington wieder volle diplomatische Beziehungen zu Bagdad auf.

Auf dem Schlachtfeld lief es schlecht für den Irak. Die von Saddam 1984 angeordneten Raketenangriffe auf iranische Städte beantwortete das Mullah-Regime mit gleicher Münze. 1986 schien Teheran kurz vor dem Sieg zu stehen. Seine Truppen überrannten die Halbinsel Faw, und der abstürzende Ölpreis ließ die Hilfsgelder der arabischen Nachbarn für den Irak versiegen. Gleichzeitig war Washington wegen der Aufdeckung der Iran-Contra-Affäre im November 1986 politisch paralysiert. Im Austausch gegen von der Hisbollah im Libanon festgehaltene amerikanische Geiseln hatten hochrangige Mitarbeiter der Reagan-Regierung Iran über dunkle Kanäle Waffen verkauft. Nicht nur war die Hoffnung absurd, mit dem Geschäft auch eine Annäherung mit Teheran anbahnen zu können. Vielmehr konterkarierte die Waffenlieferung auch die offizielle pro-arabische Politik Washingtons und ließ die Vereinigten Staaten in Bagdad als doppelzüngig erscheinen. Um den Schaden für ihre Glaubwürdigkeit in der arabischen Welt zu begrenzen, verstärkten die USA im Frühjahr 1987 ihr Engagement. Da Iran seine Minenangriffe auf kuwaitische Tanker ausweitete, ließen die Vereinigten Staaten diese zu amerikanischen Schiffen umflaggen und von ihrer Navy durch den Persischen Golf eskortieren. Damit griffen sie de facto auf Seiten des Irak in den Konflikt ein. Auch war Washington die treibende Kraft hinter Resolution 598 des UN-Sicherheitsrats, die einen sofortigen Waffenstillstand forderte. Während Bagdad im Sommer 1987 zustimmte, führte Teheran den Krieg unvermindert fort. Erst als die US-Flotte der iranischen Marine bei sporadischen Gefechten mehrere Niederlagen beibrachte und Saddam mit dem Beschuss Teherans durch modifizierte sowjetische Scud-Raketen Angst und Schrecken in der Bevölkerung verbreitete, wandelte sich die Einstellung. Den offenbar versehentlichen Abschuss eines iranischen Passagierflugzeugs mit 290 Passagieren an Bord durch ein amerikanisches Kriegsschiff am 3. Juli 1988 interpretierte

Iran als Beleg für eine offene Allianz zwischen den USA und dem Irak. Gut zwei Wochen später willigte das Mullah-Regime in einen Waffenstillstand ein.

Nach acht Jahren endete einer der blutigsten Kriege des 20. Jahrhunderts. Fast eine Million Menschen war ihm zum Opfer gefallen. Zurück blieben zwei ökonomisch zerrüttete Länder. Aber am Persischen Golf, von wo Westeuropa 46 Prozent, Japan 60 Prozent und Amerika 15 Prozent seines Rohöls bezogen, beruhigte sich die Lage endlich wieder. Auch hatte Washington mit der Unterstützung des Irak sein wichtigstes Ziel erreicht, eine Expansion des islamischen Radikalismus einzudämmen. Zudem mäßigte Saddam seine Rhetorik gegenüber seinen Nachbarn und Israel, unterstützte alle Initiativen zur Lösung des arabisch-israelischen Konflikts, verwies die palästinensische Terrorgruppe Abu Nidal des Landes und gewährte den USA seit 1987 einen Abschlag von einem Dollar pro Barrel Rohöl. Nach innen führte er sein Terrorregime jedoch mit aller Brutalität fort. Zwischen 1987 und 1989 ließ Saddam einen Aufstand der Kurden erbarmungslos niederschlagen. 200 000 Menschen fanden den Tod, 1,5 Millionen wurden gewaltsam umgesiedelt. In Halabja hatte Saddams Cousin Ali Hassan (‹Chemie-Ali›) am 15. März 1988 ein ganzes Dorf mit seinen 5000 Bewohnern vergasen lassen. Wie nach dem Chemiewaffeneinsatz gegen iranische Truppen protestierten die USA und ihre westlichen Verbündeten nur halbherzig.

Vom Freund zum Feind: Kuwait-Invasion und Operation «Desert Storm»

Unter Reagans Nachfolger George H. W. Bush blieb die amerikanische Irakpolitik ambivalent und inkonsistent. Trotz aller Berichte über Saddams Skrupellosigkeit hoffte die Regierung in Washington, ihn in die eigene Nahost-Strategie einbinden und die Beziehungen verbessern zu können. Aber der irakische Diktator hatte die Kooperation mit den USA im Krieg gegen Iran als taktisches Manöver gesehen. Seit Anfang 1989 radikalisierte er seine Position wieder.[4] Dafür gab es zwei Hauptgründe: Erstens steckte Saddam enorme Summen in Wiederaufbauprojekte, Waffenprogramme und den Unterhalt der mit einer Million Soldaten viertgrößten Armee der Welt. Allein für die Bedienung der Kredite von 40 Milliarden Dollar bei westlichen Banken benötigte er acht Milliarden Dollar im Jahr. Bei seinen Nachbarn stand er mit demselben Betrag in der Kreide. Als der Ölpreis weiter sank, drängte Saddam die arabischen Staaten, dem Irak die Schulden zu erlassen, ihm Wirtschaftshilfe zu gewähren und seine Quote an den Opec-Ölexporten zu erhöhen. Vor allem Kuwait, auf das Bagdad seit jeher territoriale Ansprüche erhob und dem es zehn Milliarden Dollar schuldete, rückte in Saddams Fokus. Zweitens verlor der Irak mit den demokratischen Revolutionen in Mittel- und Osteuropa und dem Niedergang der Sowjetunion seine wichtigsten Verbündeten und ein strategisches Gegengewicht zu den USA und Israel in der Region. Saddam befürchtete, Washington und Jerusalem könnten jetzt versuchen, ihre Ordnungsvorstellungen für den Nahen Osten ungehindert durchzusetzen.

Je mehr sich die wirtschaftlichen, finanziellen und geopolitischen Probleme Bagdads verdichteten, desto stärker schwenkte das Regime auf einen Aggressionskurs ein. Schritt für Schritt gelangte Saddam zu der Auffassung, eine Annexion Kuwaits stelle die Lösung für alle seine Probleme dar: Die irakischen Öleinnahmen hätten sich verdoppelt, das Schuldenproblem wäre angesichts eines kuwaitischen Staatsvermögens von 220 Milliarden Dollar erledigt, die Armee beschäftigt, der Zugang zum Persischen Golf gesichert und die Position des Irak als arabische Führungsmacht massiv verbessert. Systematisch erhöhte Saddam in der ersten Jahreshälfte 1990 den Druck auf den kleinen Nachbarn. Im Februar rief er die arabischen Staaten auf, die amerikanische Navy aus dem Golf zu verbannen, und bot sich selbst als Protektor aller Araber an. Zwei Monate später verkündete Saddam, der Irak besitze ultramoderne binäre chemische Waffen, und ließ seine alte antiisraelische Rhetorik wieder aufleben. Die USA warnte er, im Falle einer Aggression werde er ihre Kriegschiffe im Golf zerstören und Terrorangriffe gegen amerikanische Ziele anordnen. Da die Bush-Regierung nach wie vor um ein gutes Verhältnis zu Bagdad bemüht war, konnten diese Drohungen nur ein Ziel verfolgen: Washington abzuschrecken, zur Verteidigung eines angegriffenen Staats gegen den Irak in den Krieg zu ziehen. Parallel dazu bemühte sich Saddam um eine Annäherung an Iran, um den Rücken für ein Vorgehen gegen Kuwait frei zu haben. Mitte Juli kulminierte seine Eskalationsstrategie in dem Vorwurf an das Scheichtum, sich mit den USA und Israel zu verschwören und irakische Ölfelder anzuzapfen. Gleichzeitig verlegte Bagdad immer mehr Truppen an die kuwaitische Grenze.

Die ganze Aufmerksamkeit der Bush-Regierung galt in diesen Monaten dem zerfallenden sowjetischen Imperium und der deutschen Wiedervereinigung. In Anbetracht des irakischen Truppenaufmarschs entsandte Washington zwar zusätzliche Schiffe in den Persischen Golf, vertraute aber den Versicherungen seiner arabischen Partner, Bagdad wolle damit nur seinen politischen Forderungen Nachdruck verleihen. Selbst bei der CIA und beim US-Militär gab es keinen Konsens, ob Bagdad wirklich einen Krieg plane. Saddam war sich allerdings nicht sicher, wie die USA auf eine irakische Invasion Kuwaits reagieren würden, zumal Washington als Antwort auf den Truppenaufmarsch Militärmanöver mit den Vereinigten Arabischen Emiraten im Golf angekündigt hatte. Er bestellte deshalb die amerikanische Botschafterin im Irak, April Glaspie, am 25. Juli 1990 ein. Das Gespräch erlangte zweifelhafte Berühmtheit. Glaspie schätzte die Situation angesichts von Saddams Herzlichkeit und seiner Zusicherung, den Konflikt mit Kuwait mit friedlichen Mitteln lösen zu wollen, falsch ein. Sie ignorierte seine verdeckten Drohungen gegen das Scheichtum und wiederholte die beschwichtigenden Vorgaben des State Department, die USA suchten gute Beziehungen zum Irak und bezögen zu innerarabischen Streitigkeiten keine Position. Zwar betonte sie, Washington könne die Anwendung von Gewalt nicht hinnehmen, aber angesichts von 100 000 irakischen Soldaten an der kuwaitischen Grenze war dies nicht die erforderliche direkte und unverblümte Warnung vor den Konsequenzen eines Militärschlags. Daraus allerdings einen Blankoscheck für eine Annexion Kuwaits abzuleiten, wie dies Saddam später tat, stellte in den Worten Amatzia Barams, eines der besten Kenner des Bagdader Entscheidungsprozesses, «eine gespielte Naivität» dar.[5] Vielmehr hatte sich der irakische Präsident wohl bereits zum Angriff entschlossen und versuchte, Washington von einer militärischen Reaktion abzubringen. In dieses Bild passte auch seine Drohung an Botschafterin Glaspie, die amerikanische Gesellschaft könne «10 000 Tote in einer Schlacht nicht hinnehmen». Etwas später deutete Saddam sogar Terrorattacken gegen die USA an, sollten sie ihn davon abzuhalten versuchen, seine Pläne umzusetzen: «Wir können euch auch bedrohen. Wir können nicht den ganzen Weg bis in die Vereinigten Staaten kommen, aber einzelne Araber könnten euch erreichen.»[6]

In Washington, in den arabischen Hauptstädten und in Moskau war man völlig überrascht, als 120 000 Soldaten der irakischen Elitetruppen, der Republikanischen Garden, am 2. August 1990 Kuwait angriffen. Selbst engen Vertrauten hatte Saddam erst kurz zuvor mitgeteilt, dass er nicht allein umstrittene Grenzgebiete, sondern das ganze Scheichtum okkupieren lassen werde.[7] Innerhalb von 36 Stunden war Kuwait komplett besetzt. Die Erwartung Saddams, die USA würden die Invasion als *fait accompli* akzeptieren, wurde jedoch enttäuscht. Washington sah nämlich zwei zentrale Ziele im Persischen Golf bedroht: eine feindliche Macht von der Etablierung einer Hegemonialstellung in der Region abzuhalten und den freien Fluss des Öls sicherzustellen. Insbesondere verkannte Saddam, welche Bedeutung die USA den Golfmonarchien zumaßen. Schon Reagan hatte 1987 erstmals in der Geschichte amerikanische Kampfverbände im Mittleren Osten eingesetzt, um die kuwaitischen Öltanker zu schützen – und nicht etwa um in den irakischen-iranischen Krieg einzugreifen. Nach dem Einmarsch des Irak in Kuwait fürchtete die Bush-Regierung, Saddam könne sich als nächstes Ziel Saudi-Arabien vornehmen. Selbst wenn Bagdad keine sofortige Invasion plante, wie spätere Analysen nahelegten, hätte es einen immensen politischen Druck auf das militärisch schwache Königreich aufbauen können.[8] Am 6. August 1990 bat König Fahd die USA, Truppen in sein Land zu verlegen. Gleichzeitig setzte Washington drei Flugzeugträgerverbände in den Golf in Bewegung. Die Operation erhielt den Namen *Desert Shield*. Mit dem Aufmarsch der amerikanischen Armee in Saudi-Arabien wuchs freilich die Wahrscheinlichkeit, dass es zu einer bewaffneten Auseinandersetzung mit dem Irak kommen würde.

Wie bei seinem Angriff auf Iran 1980, als er eine rasche Kapitulation des Mullah-Regimes erwartete, verschätzte sich Saddam auch diesmal. Seine größte Fehlkalkulation bestand darin, die USA für einen Papiertiger zu halten, der nicht die Kraft und die Moral für einen teuren Krieg besaß. Den Mittleren Osten einem höchstaggressiven Diktator zu überlassen, der ein Fünftel der Ölreserven der Welt kontrollierte, die fragile regionale Stabilität erschütterte und die amerikanischen Verbündeten in der Region bedrohte, war für Washington jedoch nicht hinnehmbar. Bereits am 3. August erreichten die USA eine einhellige Verurteilung der irakischen Invasion im UN-Sicherheitsrat. Auch die Sowjetunion, von der sich Saddam diplomatischen Flankenschutz erhofft hatte, schwenkte auf die amerikanische Linie ein. Selbst seine arabischen Nachbarn und Iran stellten sich an die Seite Kuwaits. Nur Jemen, die PLO, Kuba und Jordanien unterstützten Bagdad. In den nächsten Monaten entwickelte sich ein Kräftemessen zwischen dem Irak und den USA, das einem Pokerspiel glich. Washington glaubte, Saddam durch den Aufbau einer formidablen militärischen und diplomatischen Drohkulisse zum Abzug aus Kuwait bewegen zu können. Bagdad nahm an, den USA nur durch eisernes Festhalten an den annektierten Gebieten beweisen zu können, dass die Kosten eines Kriegs für sie gewaltig sein würden. «Wenn ihr uns bekämpft», warnte Saddam die Vereinigten Staaten, «wird es eine größere Tragödie für euch werden als Vietnam.»[9]

Während die Bush-Regierung immer mehr Truppen in den Golf verlegte und Bündnispartner für eine Militäraktion zur Befreiung Kuwaits suchte, schlug Saddam alle Aufforderungen des Sicherheitsrats zum sofortigen Rückzug in den Wind und zeigte sich von den Sanktionen und Embargos unbeeindruckt. Auch sowjetische Kompromissvorschläge wies er zurück. Stattdessen ließ er Kuwait plündern und seine dortigen Verbände auf 550 000 Soldaten, 3475 Panzer und 2475 Artilleriegeschütze aufstocken. Angesichts dieser Entwicklungen gab Moskau seinen Widerstand gegen militärische Maßnahmen auf. Am 29. November 1990 verabschiedete der Sicherheitsrat mit sowjetischer Zustimmung Resolution 678, die die Anwendung «aller notwendigen Mittel» [*all necessary means*] erlaubte, sollte der Irak das besetzte Land nicht bis zum 15. Januar 1991 räumen. Die Formel «alle notwendigen Mittel» hatten die Außenminister der USA und der Sowjetunion, James Baker und Eduard Schewardnadse, gewählt, weil sie Gewaltmaßnahmen einschloss, aber es Moskau gleichzeitig ersparte, im Rat explizit für eine «Militäraktion» oder einen «Krieg» gegen den ehemaligen Verbündeten zu stimmen.

Bis zuletzt glaubte Saddam allerdings, die USA würden einen Krieg mit dem hochgerüsteten und kampferprobten Irak scheuen. Die Bereitschaft von Baker, sich noch am 9. Januar 1991 mit seinem irakischen Pendant Tariq Aziz in Genf zu treffen, interpretierte Saddam als amerikanischen Versuch, einem bewaffneten Konflikt auszuweichen.[10] An dieser Fehleinschätzung änderte sich auch nichts, als der Kongress wenige Tage vor Ablauf des Ultimatums mit knappen Mehrheiten in Repräsentantenhaus (250 zu 183 Stimmen) und Senat (52 zu 47 Stimmen) einen Krieg billigte. Um den Irak vom befürchteten Einsatz seiner Massenvernichtungswaffen abzuhalten, hatte Bush seinen Außenminister beim Treffen in Genf einen Brief an Saddam übergeben lassen. Aziz nahm ihn zwar nicht an, aber das Weiße Haus veröffentlichte ihn umgehend. Darin hieß es:

> Die Vereinigten Staaten werden die Anwendung von chemischen oder biologischen Waffen, die Unterstützung von jeder Art terroristischer Aktionen oder die Zerstörung der Ölfelder und -anlagen Kuwaits nicht hinnehmen. Das amerikanische Volk würde die schärfstmögliche Antwort fordern. Sie und Ihr Land werden einen schrecklichen Preis bezahlen, wenn Sie skrupellose Taten dieser Art anordnen.[11]

Dies war eine unverblümte Drohung, dass die USA jeden Einsatz von irakischen Massenvernichtungswaffen mit eigenen Chemie- oder vielleicht sogar Nuklearwaffen vergelten könnten.

Mitte Januar hatte der amerikanische General H. Norman Schwarzkopf 527 000 Soldaten, 2000 Panzer, 1800 Flugzeuge und 1700 Hubschrauber für die Operation *Desert Storm* im Golf zusammengezogen. Die USA stellten drei Viertel der Koalitionstruppen. Die restlichen Einheiten kamen von weiteren 33 Ländern, unter anderem von Großbritannien, Frankreich, Saudi-Arabien, Ägypten, Syrien und Pakistan. Eine solche Koalition geschmiedet und zum ersten Mal in der Geschichte der Uno ein eindeutiges Mandat zur militärischen Bestrafung eines Friedensbrechers nach Kapitel VII der Charta erhalten zu haben, war eine politische Meisterleistung von Präsident Bush und ein Triumph der amerikanischen Diplomatie.

Der Golfkrieg zur Befreiung Kuwaits begann am 17. Januar 1991 um 3:00 Uhr morgens. Eine Woche lang griffen die Flugzeuge, Schiffe und U-Boote der Koalitionsstreitkräfte mit präzisionsgesteuerter Munition und Marschflugkörpern die irakischen Radar-, Kontroll-

und Kommunikationseinrichtungen in Kuwait an, dann hatten sie die Lufthoheit errungen. Einen weiteren Monat bombardierten sie Saddams Eliteeinheiten, die Republikanischen Garden, die reguläre Armee, Anlagen zur Herstellung von Chemiewaffen und sogar Saddams Präsidentenpalast in Bagdad. Der Irak antwortete vom zweiten Kriegstag an mit dem Abschuss von Scud-Raketen auf Saudi-Arabien, Bahrain, Katar und Israel. Mit den Attacken auf das unbeteiligte Israel hoffte Saddam, Vergeltungsmaßnahmen der Regierung in Jerusalem zu provozieren, auf diese Weise eine Solidarisierung der anderen arabischen Staaten zu erreichen und die Anti-Irak-Koalition zu sprengen. Trotz aller Anstrengungen konnten die USA bis zum Kriegsende keine einzige Scud-Stellung vernichten. Aber durch die rasche Installation von amerikanischen Patriot-Abwehrraketen in Israel und die Entsendung von Vize-Außenminister Lawrence Eagleburger nach Tel Aviv gelang es Washington, die israelische Regierung von einem Eintritt in den Konflikt abzuhalten.

Am 24. Februar begann die Bodenphase des Kriegs. Innerhalb von 72 Stunden vertrieben die 100 000 amerikanischen und 50 000 Koalitionssoldaten die demoralisierten irakischen Verbände aus Kuwait. Am 27. Februar verkündete Präsident Bush, die Militäroperationen um 8 Uhr des nächsten Tages einzustellen. Die irakische Armee hatte eine katastrophale Niederlage erlitten. Zwischen 20 000 und 35 000 ihrer Soldaten waren gefallen, 75 000 verwundet, 63 000 in Gefangenschaft. Dagegen mussten die Koalitionstruppen nur 358 Tote beklagen, darunter 293 Amerikaner. General Schwarzkopfs Strategie, die auf Täuschung, Schnelligkeit und Feuerkraft setzte, hatte sich glänzend bewährt und den US-Streitkräften einen überwältigenden Sieg beschert. Allerdings konnte sich der Großteil der Republikanischen Garden in Richtung Bagdad absetzen. Auch gestand Saddam die Niederlage nie öffentlich ein. Vielmehr erklärte er, seine Truppen allein wegen der Aggression von mehr als 30 Ländern zurückgezogen zu haben. Auf ihrer Flucht setzten die irakischen Soldaten noch die kuwaitischen Ölfelder in Flammen und lösten damit eine Umweltkatastrophe aus. Die Waffenstillstandsurkunde ließ Saddam am 3. März von seinen Generälen unterzeichnen.

Es ist wiederholt argumentiert worden, Bush habe einen Fehler begangen, die US-Truppen nicht auf Bagdad vorrücken, die Stadt einnehmen und Saddam entmachten zu lassen. Der Präsident und sein engster Zirkel, darunter Sicherheitsberater Brent Scowcroft und Verteidigungsminister Richard Cheney, hielten diesen Kritiken entgegen, dass ein solcher Vorstoß nicht durch eine UN-Resolution gedeckt gewesen und deshalb die heterogene Anti-Saddam-Allianz wohl auseinandergebrochen wäre. Auch hätten sich die Vereinigten Staaten nicht auf verlustreiche Kämpfe um Bagdad und eine eventuelle Besetzung des Landes einlassen wollen. Viele Jahre später hielt Bush dem Vorwurf, er habe den Job nicht zu Ende gebracht, entgegen: «Wir hätten es [den Vorstoß auf Bagdad] tun können. ... Man hätte in 48 Stunden dort sein können. Und dann was? ... Wir wären eine Besatzungsmacht gewesen – Amerika in einem arabischen Land – ohne Verbündete an unserer Seite. Es wäre ein Desaster geworden.»[12]

Vielmehr hoffte die Regierung in Washington, ein Palastcoup würde Saddams Herrschaft beenden.[13] Am 15. Februar 1991 rief Bush in zwei Reden, die in den Irak übertragen wurden, «das irakische Militär und die irakische Bevölkerung» sogar dazu auf, «die Angelegenheiten in die eigenen Hände zu nehmen und den Diktator Saddam Hussein zu zwingen, zur Seite zu treten».[14] Als sich daraufhin die Kurden und die Schiiten erhoben, blieben sie aber auf sich allein gestellt. Mit brutaler Gewalt zerschlug Saddam die Rebellionen und konsolidierte seine Herrschaft. Die Bush-Regierung ließ ihn gewähren, weil sie eine Zersplitterung des Irak entlang religiöser und ethnischer Linien oder gar ein von den Schiiten dominiertes Land befürchtete. Damit hätte der Irak seine von den Amerikanern und Arabern geschätzte Rolle als Bollwerk gegenüber Iran eingebüßt. Um zumindest weitere Luftangriffe auf die Aufständischen zu verhindern, verhängten die USA, Großbritannien und Frankreich einseitig Flugverbotszonen für irakische Kampfmaschinen und Helikopter im April 1991 im Norden und im August 1992 im Süden des Landes.

Dies half zwar insbesondere den Kurden, die noch dazu über die Operation *Provide Comfort* von den USA humanitäre Unterstützung erhielten. Aber es bedeutete gleichzeitig, dass Washington entgegen seinen ursprünglichen Absichten dauerhaft militärisch innerhalb der Landesgrenzen des Irak involviert blieb. Noch an seinem vorletzten Amtstag am 19. Januar 1993 ließ Präsident Bush verdächtige Anlagen im Süden Bagdads als Strafe dafür bombardieren, dass irakisches

Militär in die demilitarisierte Zone zu Kuwait und in die Flugverbotszonen im Norden und Süden eingedrungen war. Am 27. Juni 1993 befahl sein Nachfolger Bill Clinton eine Cruise Missile-Attacke auf das Hauptquartier von Saddams Geheimdienst, um einen Attentatsversuch mehrerer Iraker auf Bush während dessen Kuwait-Besuchs Mitte April zu vergelten. Angesichts des unerwarteten Überlebens des Saddam-Regimes blieb eine große Zahl amerikanischer Truppen in Widerspruch zu den ursprünglichen Absprachen mit König Fahd auf saudi-arabischem Boden stationiert, um notfalls militärischen Druck auf Bagdad ausüben zu können.

Massenvernichtungswaffen und Erosion des Kontrollregimes

Der Sicherheitsrat hatte die Kapitulationserklärung des Irak am 3. April 1991 als Resolution 687 unter Kapitel VII der UN-Charta angenommen. Damit wurde sie völkerrechtlich verbindlich. Der Irak war nun kein völlig souveräner Staat mehr, sondern unterstand den Anweisungen des Sicherheitsrats. Die Resolution legte fest, unter welchen Auflagen er in die Völkergemeinschaft zurückkehren könnte. Neben Entschädigungszahlungen an Kuwait verpflichtete sie das Land, seine Raketen mit einer Reichweite von mehr als 150 Kilometern und seine Bestände an chemischen und biologischen Waffen sowie die Anlagen zu ihrem Bau unter Aufsicht zu vernichten. Die Resolution rief die Sonderkommission Unscom (United Nations Special Commission) ins Leben mit der Aufgabe, «umgehend Vor-Ort-Inspektionen von Iraks Biologie-, Chemie- und Raketen-Fähigkeiten durchzuführen».[15] Zu ihrem Leiter bestellte der Sicherheitsrat den schwedischen Diplomaten Rolf Ekéus. Außerdem forderte er Bagdad auf, den Atomwaffensperrvertrag (NPT) zu respektieren. Der Internationalen Atomenergiebehörde (IAEA) fiel es zu, in Zusammenarbeit mit der Unscom die Nuklearwaffenanlagen des Irak zu kontrollieren.

Der Sicherheitsrat und die USA gingen ursprünglich davon aus, dass die Inspektionen innerhalb von drei bis vier Monaten abgeschlossen sein würden. Irrigerweise nahmen sie an, die Luftschläge im Golfkrieg hätten fast alle Depots und Produktionsstätten von ABC-Waffen vernichtet. Saddam wusste es besser und gab folgende

Marschrichtung aus: «Die Sonderkommission ist eine vorübergehende Maßnahme», sagte er laut einem ranghohen General, «wir werden sie täuschen und wir werden sie bestechen und die Sache wird in ein paar Monaten vorbei sein.»[16] Wegen der großen Menge verbliebener Waffen und der Obstruktionspolitik Bagdads zogen sich die Überprüfungen aber hin. Immer wieder verstieß der Irak gegen die Kapitulationsauflagen und verweigerte den Inspektoren den Zugang zu wichtigen Einrichtungen. Oft lenkte er nur unter diplomatischem Druck und der Androhung militärischer Gewalt ein. Nach und nach kam allerdings die ganze Dimension der irakischen Massenvernichtungswaffen-Programme ans Licht. 1991 entdeckten die Inspektoren hoch angereichertes Uran, das man zum Bau von Atombomben benötigt, mit chemischen Giften gefüllte Artilleriegranaten, zahlreiche Scud-Raketen sowie eine Superkanone, deren Geschosse Israel hätten erreichen können. Auch in den Folgejahren machte das Aufspüren und Vernichten chemischer Waffen gute Fortschritte. Gerade als die Inspektoren im Sommer 1995 zu der Auffassung gelangten, ihre Arbeit sei getan, lief Saddams Schwiegersohn und Minister für Militärindustrie, Hussein Kamel, nach Jordanien über.[17] Da er mit der Verschleierung der ABC-Waffenprogramme betraut war, befürchtete der irakische Präsident die Aufdeckung der gesamten verbotenen Aktivitäten. Bagdad gestand deshalb ein, Programme für offensive biologische Waffen und sogar zum Bau einer Atombombe betrieben zu haben, und ließ den Inspektoren entsprechende Unterlagen aushändigen. Damit erschien auch die israelische Bombardierung des irakischen Atomreaktors in Osirach im Juni 1981, die seinerzeit vom UN-Sicherheitsrat, unter anderem auch von den USA, verurteilt worden war, in einem neuen Licht. In der Tat hatte Bagdad trotz seiner NPT-Mitgliedschaft und der IAEA-Inspektionen schon damals ein Nuklearwaffenprogramm unterhalten.[18] Die Arbeiten waren auch während des Kriegs mit Iran auf Hochtouren weitergelaufen. Vor der Invasion Kuwaits war der Irak wohl nur ein gutes Jahr vom Bau seiner ersten Atombombe entfernt.

Aber schon 1996 begann sich der Irak so unnachgiebig wie zuvor zu benehmen: Inspektoren wurden bedroht, Kanister und Dokumente vor ihrem Eintreffen abtransportiert oder vernichtet, der Zugang zu verdächtigen Anlagen versperrt; selbst neue Zielführungssysteme für seine Raketen versuchte Bagdad zu erwerben. Richard Butler, der australische Nachfolger von Ekéus als Unscom-Chef, fasste Iraks Verhalten gegenüber seiner Behörde später zusammen «als Mischung von Poltern, dummen Lügen und kaum verschleierter Gewaltandrohung».[19] In den zehn Jahren nach dem Golfkrieg verabschiedete der UN-Sicherheitsrat nicht weniger als 16 Resolutionen, die die irakische Obstruktionspolitik verurteilten sowie den sofortigen, bedingungslosen und unbegrenzten Zugang zu allen Anlagen und Dokumenten forderten. Die USA spielten dem Irak allerdings auch in die Hände. So verkündete die neue Außenministerin Madeleine Albright am 26. März 1997, Washington werde an den Sanktionen festhalten, selbst wenn Bagdad seine Waffenstillstand-Auflagen einhalten sollte.[20] Damit sank Saddams Anreiz weiter, mit den Unscom-Inspektoren zu kooperieren. Seit dem Herbst 1997 verschärften sich die Spannungen markant. Trotz vielfältiger Indizien verschleierte Bagdad, dass es auch VX-Gift, das tödlichste aller militärischen Nervengase, produziert hatte.[21] In den folgenden 14 Monaten rückte der Irak von seiner Vertuschungs- und Konfrontationspolitik mehrmals lediglich unter der Androhung militärischer Vergeltungsmaßnahmen der USA und Großbritanniens ab. Anfang 1998 flog sogar UN-Generalsekretär Kofi Annan nach Bagdad, um den irakischen Diktator zu überreden, seine Paläste inspizieren zu lassen.

Angesichts der zunehmenden Spannungen im Sicherheitsrat fühlte sich Saddam Mitte des Jahres stark genug, das Inspektionsregime direkt herauszufordern. Am 5. August 1998 verkündete die irakische Regierung das Ende der Zusammenarbeit mit der Unscom, am 31. Oktober stoppte sie auch deren Überwachungsprogramm. Die Aufforderung durch den Sicherheitsrat und Annan, diese Maßnahmen umgehend zurückzunehmen, ignorierte Bagdad zunächst. Erst die Aufstockung amerikanischer und britischer Streitkräfte in der Region und die Drohung eines Militärschlags ließen Saddam buchstäblich in letzter Minute einlenken. Am Morgen des 15. November erklärte ein angespannter und wütender Präsident Clinton, er habe einen bereits angeordneten Luftangriff ausgesetzt, bleibe aber bereit zu handeln, sollte der Irak diese Chance zur vollen Kooperation nicht nutzen.[22] Als Unscom-Chef Butler allerdings dem Sicherheitsrat einen Monat später von erneuten massiven Behinderungen seiner

Arbeit berichtete, rief die US-Regierung die Inspektoren zum sofortigen Verlassen des Irak auf und ordnete die Operation *Desert Fox* an. Vom 16. bis zum 19. Dezember 1998 attackierten amerikanische und britische Streitkräfte aus der Luft und mit Marschflugkörpern 97 strategische Ziele im Irak, darunter verdächtige Anlagen, Quartiere der Republikanischen Garden und Einrichtungen der Geheimpolizei. Die Operation stellte sich zwar im Nachhinein militärisch als erfolgreicher als angenommen heraus, aber politisch erreichte sie ihr Ziel nicht. Bagdad erklärte die Unscom-Mission für beendet und verweigerte kategorisch jede weitere Zusammenarbeit. Frankreich, Russland und China protestierten heftig gegen das US-Bombardement. Unter ihrem Druck wurde Unscom Schritt für Schritt demobilisiert. Da die CIA ganz auf ihre Agenten im Inspektorenteam vertraut hatte, um an Informationen über die Massenvernichtungswaffen zu gelangen, und keine eigenen Spione im Land hatte, bedeutete das Ende von Unscom für die USA auch das Ende verlässlicher Angaben über den Stand der irakischen Abrüstung.

Am 17. Dezember 1999 rief der Sicherheitsrat eine neue Inspektionsbehörde unter dem Namen Unmovic (United Nations Monitoring, Inspection and Verification Mission) ins Leben. Russland, Frankreich und China enthielten sich jedoch der Stimme und dokumentierten damit, dass auch das neue Kontrollregime keine einhellige Unterstützung fand. Den Amtsantritt von Rolf Ekéus, der ersten Wahl Kofi Annans für den Posten des Unmovic-Chefs, verhinderte Moskau mit einem Veto. Vom schlussendlichen Kompromisskandidaten, dem ehemaligen Direktor der IAEA, Hans Blix, erwartete ein Teil des Sicherheitsrats offenbar eine weniger harte Haltung gegenüber dem Irak. Trotz einer Lockerung der Sanktionen verweigerte Bagdad jedoch kategorisch jede Zusammenarbeit mit der neuen Behörde.

Im Marathonstreit mit dem UN-Sicherheitsrat schien der Irak die Oberhand zu gewinnen. Auch im Kampf um die Meinung der Weltöffentlichkeit punktete Saddam. Es gelang ihm durch geschickte Propaganda, die vom Sicherheitsrat 1990 verhängten Sanktionen für das Elend der irakischen Zivilbevölkerung verantwortlich zu machen. In der Tat waren die Strafmaßnahmen drakonisch. Aber Saddam hatte es durch eine volle Kooperation mit den UN-Inspektoren selbst in der Hand, sie zu beenden. Er hätte auch die Milliarden-Dollar-Einnahmen des Regimes aus dem Ölschmuggel über Jordanien und die Türkei zur Linderung des Leids seiner Bürger einsetzen können. Beides tat er nicht, sondern nahm sein Volk in Geiselhaft. Und er hatte Erfolg: Angesichts der wachsenden internationalen Kritik an den katastrophalen Folgen der Sanktionen erlaubte es der Sicherheitsrat dem Irak im April 1995, Öl legal zu exportieren und mit dem Erlös Lebensmittel, Medikamente und andere Hilfsgüter einzuführen. Allerdings ließ Saddam ein Jahr verstreichen, bis er das Angebot akzeptierte, weil er die Auflagen ablehnte. Bis zum Ende des *Öl für Lebensmittel*-Programms nach dem Sturz Saddams im März 2003 nahm Bagdad auf diesem Wege 64 Milliarden Dollar ein. Knapp die Hälfte davon wanderte in einen von der Uno verwalteten Fonds zur Entschädigung Kuwaits und zum Aufbau der Kurdenregion, 53 Prozent durfte Bagdad für humanitäre Importe verwenden. Ein mehrstufiges Kontrollsystem sollte die Transaktionen überwachen und gewährleisten, dass der Irak keine Materialien zum Bau illegaler Waffen einführte und das Geld den Bedürftigen zukam. Bagdad setzte beim Sicherheitsrat allerdings durch, seine Geschäftspartner selbst auswählen zu können. Damit war der Manipulation Tür und Tor geöffnet.

Im Oktober 2005 deckte ein unabhängiger Ausschuss unter Leitung des ehemaligen US-Notenbankpräsidenten Paul Volcker in seinem Abschlussbericht das volle Ausmaß der politischen Günstlingswirtschaft auf.[23] Von Anfang an bevorzugte der Irak bei den Ölexporten Unternehmen aus Ländern, die sich für eine Aufhebung der Sanktionen einsetzten und ständige Mitglieder des Sicherheitsrats waren. Davon profitierten in erster Linie russische, französische und chinesische Firmen. Vom Jahr 2000 an stellte der Irak den Ölkäufern zudem einen Aufpreis in Rechnung und verlangte von den Lieferanten humanitärer Hilfsgüter Schmiergelder für die Auftragsvergabe. Insgesamt zahlten 2392 Unternehmen aus 66 Ländern 1,8 Milliarden Dollar an Bagdad. Saddam benutzte das Geld zum einen, um seine Paläste wieder aufzubauen und sich die Loyalität seiner Machtclique zu sichern, zum anderen, um die Familien palästinensischer Selbstmordattentäter zu unterstützen und sich politischen Einfluss zu erkaufen. Der letzte Punkt stand im Zentrum der Untersuchungen der Volcker-Kommission. Laut ihrem Abschlussbericht kamen solche Politiker in den Genuss von Ölkonzessionen oder Geldzuweisungen, die Bagdad «in ihren Ländern als einflussreich betrachtete und die pro-irakische Ansichten geäußert oder Anti-Sanktionsaktivitäten organisiert hatten». Unter anderen nennt der Bericht den Führer der russischen Kommunisten Gennadij Sjuganow, seinen Landsmann, den Nationalisten Wladimir Schirinowski, einen engen Mitarbeiter des ehemaligen französischen Innenministers Charles Pasqua, den Präsidenten der italienischen Provinz Lombardei Roberto Formigoni und den britischen Labour-Abgeordneten und Friedensaktivisten George Galloway.

Obwohl insgesamt nur zwei Prozent der Öleinnahmen abgezweigt wurden, warf die Affäre ein Schlaglicht auf die Versuche des Irak, die Kapitulationsauflagen mit allen Mitteln abzuschütteln und dafür auch Unternehmen und Politiker zu bestechen. Dies legt den Schluss nahe, dass der nachlassende Wille mehrerer Sicherheitsratsmitglieder, darunter der Vetomächte Russland, China und Frankreich, das Überwachungs- und Sanktionsregime gegen Bagdad aufrechtzuerhalten, mit der gezielten irakischen Manipulation und der Aussicht auf künftige einträgliche Ölgeschäfte zu tun hatte. Paris und Moskau dürften zudem auf die Rückzahlung ihrer Kredite für irakische Waffenkäufe aus den 1980er Jahren in Höhe von fünf beziehungsweise sieben Milliarden Dollar nach Beendigung der Strafmaßnahmen gehofft haben. So erklärte der russische Außenminister Jewgenij Primakow Unscom-Chef Butler ganz direkt, der Kreml wolle ein Ende der Sanktionen, weil er angesichts seiner schwierigen Finanzlage das Geld dringend benötige.[24] Am 21. Dezember 1998 forderten die drei genannten Staaten, das vor acht Jahren verhängte Ölembargo aufzuheben, die Unscom-Mission zu beenden oder zumindest neu zu definieren und dessen Leiter Butler zu entlassen. Zwar konnte Washington dies mit einer Veto-Drohung verhindern, aber der Konsens im Sicherheitsrat, den Irak zur Einhaltung der Waffenstillstandsauflagen zu zwingen, erodierte zusehends.

Die US-Irakpolitik zwischen Golfkrieg und 9/11

Von 1991 bis 2001 verfolgten die USA unter drei Präsidenten eine ähnliche Strategie gegenüber dem Irak. Nachdem sich Saddam entgegen aller Erwartungen als Herrscher hatte behaupten können, sollte die Aufrechterhaltung der Sanktionen und eine aktive Eindämmungspolitik zumindest verhindern, dass er die Region destabilisierte, und im besten Fall seinen Sturz herbeiführen. Diese Politik machte auch vor militärischen Strafaktionen nicht halt. 1996 zeigte sich jedoch, dass der Diktator fest im Sattel saß. Es war ihm nicht nur gelungen, den Überläufer Hussein Kamel ins Land zurückzulocken und zu eliminieren, sondern auch einen von der CIA unterstützten vielversprechenden Versuch eines Staatsstreichs aufzudecken und die Verschwörer hinzurichten. Der irakische Einfluss in Kurdistan war gestärkt, der Sicherheitsrat gespalten, die Golfkriegskoalition bröckelte, Saudi-Arabien und die Türkei verboten US-Kampfmaschinen, von ihren Basen aus Angriffe auf den Irak zu fliegen. Zudem schwenkte die Clinton-Regierung auf eine Politik der «doppelten Eindämmung» [*double containment*] ein, die neben dem Irak auch Iran davon abhalten wollte, eine dominierende Stellung in der Golfregion zu erreichen. Das Ziel eines Machtwechsels in Bagdad rückte in weite Ferne.

Die Frustration über Saddams Unbeugsamkeit ließ den republikanisch dominierten US-Kongress im Herbst 1998 einen Gesetzesvorschlag verabschieden, der andauernde Verstöße des Irak gegen Sicherheitsrats-Resolutionen feststellte und einen Regimewechsel in Bagdad zum Ziel amerikanischer Außenpolitik erhob. Mit der Unterschrift von Präsident Clinton am 31. Oktober trat er als *Iraq Liberation Act* in Kraft. Wörtlich hieß es darin: «Es sollte die Politik der Vereinigten Staaten sein, alle Bemühungen zu unterstützen, das Regime unter der Führung Saddam Husseins von der Macht zu entfernen und die Entwicklung einer demokratischen Regierung zu fördern, um dieses Regime zu ersetzen.»[25] Das Gesetz verpflichtete die Exekutive, demokratischen irakischen Oppositionsgruppen mit humanitärer und militärischer Hilfe beizustehen sowie ihre Fernseh- und Radioprogramme mitzufinanzieren. Dafür stellte der Kongress im Fiskaljahr 1999 bis zu 97 Millionen Dollar bereit. Allerdings hob das Gesetz in Artikel 8 ausdrücklich hervor, ein Regimewechsel dürfe nicht durch den Einsatz der US-Streitkräfte herbeigeführt werden. Zwar entwickelte die Clinton-Regierung Pläne, den Diktator durch Luftschläge auf seinen Sicherheitsapparat zu schwächen und so vielleicht einen internen Aufstand auszulösen. Aber nach den entmutigenden Erfahrungen des Kosovokriegs im Frühjahr 1999, als der serbische Präsident Slobodan Milosevic den Nato-Luftangriffen drei Monate widerstand, legte man sie wieder auf Eis.[26]

Beim Amtsantritt von George W. Bush am 20. Januar 2001 befand sich die Irakpolitik der USA, aber auch die der Vereinten Nationen in einer Sackgasse. Saddam hatte sich seinen in Resolution 678 vorgeschriebenen Verpflichtungen entzogen, den Sicherheitsrat gespalten und die Debatte in der Weltöffentlichkeit über die gegen sein Land verhängten Sanktionen für sich entschieden. Wie Clinton, so forderte auch sein Nachfolger Bush eine Kontrolle und Umgestaltung des Irak. Schon in der ersten Sitzung des Nationalen Sicherheitsrats (NSC) am 30. Januar betonte er, Saddam habe die UN-Resolutionen systematisch gebrochen und sei dafür nie bestraft worden. Paul O'Neill, der als Schatzminister bei diesem Treffen dabei war, erinnerte sich später, wie überrascht er gewesen sei, welch prominente Rolle der Irak schon so früh nach der Amtsübernahme in der Nahost-Politik der Regierung spielte. Der Präsident habe am Ende der Sitzung Verteidigungsminister Rumsfeld und Generalstabschef Hugh Shelton aufgefordert, «unsere militärischen Optionen zu prüfen».[27] In der Praxis folgte der Präsident allerdings bis auf Weiteres dem Rat von Außenminister Colin Powell und machte ein offensiveres, zielgerichteteres Sanktionssystem [*smart sanctions*] zum Kern seiner Irakpolitik.

Bush und sein außenpolitisches Team mit Sicherheitsberaterin Condoleezza Rice, Powell und Rumsfeld an der Spitze nahmen die Welt in den Kategorien traditioneller Großmachtpolitik und militärischer Stärke wahr. Für sie standen der Erhalt und Ausbau der amerikanischen Vormachtstellung, der Aufstieg Chinas und Indiens sowie die Zukunft Russlands im Zentrum der Überlegungen. Nicht von ungefähr hatte sich im Wahlkampf der Begriff «Vulkanier» als Spitzname für Bushs außenpolitische Berater eingebürgert in Anlehnung an den römischen Gott des Feuers, der Schmiede und des Metallhandwerks. Genau diese Aura von Macht, Härte, Kraft und Ausdauer wollte die neue Mannschaft ausstrahlen. Im Wahlkampf hatte Bush darüber hinaus versprochen, sich nicht wie sein Vorgänger in angeblich periphere Konflikte wie Somalia, Bosnien oder Haiti hineinziehen zu lassen und auf keinen Fall mit US-Truppen *Nation Building*, also den Aufbau von Institutionen in einem zerfallenen Staat, betreiben zu wollen. Der Irak war in den Augen fast aller führenden Außenpolitiker der Regierung ein Randproblem und konnte weiterhin zu vertretbaren Kosten eingedämmt werden. Rice hatte zum Beispiel in einem vielbeachteten Artikel für die Fachzeitschrift *Foreign Affairs* Anfang 2000 geschrieben, Saddams konventionelle Militärmacht sei «ernsthaft geschwächt» und man dürfe sein Regime nicht mit einem «Gefühl der Panik» betrachten; die erste Verteidigungslinie solle «eine klare und klassische Erklärung der Abschreckung» sein.[28] Auf ihrem ersten Treffen zur Irakpolitik am 1. Juni 2001 erörterten die *Principals*, also die Minister für Äußeres und Verteidigung, der CIA-Direktor und der Vizepräsident unter Vorsitz der Sicherheitsberaterin, unterschiedliche Optionen, aber sie erzielten keine Einigung. Priorität hatte nach wie vor, das Sanktionsregime zu verbessern.

Allerdings fand sich in der Regierung auch eine kleine, aber lautstarke Gruppe, die fast obsessiv einen gewaltsamen Regimewechsel im Irak forderte. Diese Neokonservativen glaubten, der Irak sei nicht nur eine Gefahr für die USA und ihre Verbündeten in der Region, sondern auch die Wurzel allen Übels im Mittleren Osten. Washington müsse deshalb seine ganze Macht einsetzen, um Saddams Herrschaft zu beenden und einen demokratischen Irak zu schaffen. Die Neocons, wie man die Vertreter dieser Gruppe bald nannte, wurden angeführt vom stellvertretenden Verteidigungsminister Paul Wolfowitz und hatten wichtige Gefolgsleute im Beraterstab des einflussreichen Vizepräsidenten Richard Cheney. Cheney selbst nahm zu diesem Zeitpunkt eine Mittelposition ein: Er hielt Saddam für gefährlicher, als das die klassischen Realisten um Powell, Rumsfeld und Rice taten, aber erkannte, dass ein gewaltsamer Regimewechsel ein kostspieliges und riskantes Unterfangen sein würde. Weder in der Regierung oder der außenpolitischen Elite noch in der Bevölkerung gab es zu Beginn der Bush-Administration auch nur annähernd eine Mehrheit für eine Militäraktion zur Entmachtung Saddams. Es schien kaum ein Ereignis vorstellbar, das diese Haltung gegenüber einem massiven Einsatz der US-Streitkräfte im Irak verändern könnte.

2. Die Bedeutung von 9/11 für die amerikanische Irakpolitik

Der 11. September 2001 war ein solch monumentales Ereignis. Die Terroranschläge auf das World Trade Center in New York und das Pentagon in Washington mit knapp 3000 Toten erschütterten Amerikas Glauben an seine Unverwundbarkeit. Erst zum dritten Mal in ihrer Geschichte – nach der Verwüstung der Hauptstadt durch Großbritannien 1814 und Japans Überfall auf Pearl Harbor am 7. Dezember 1941 – erlebten die USA den Großangriff eines auswärtigen Feinds auf ihr Territorium. Die traumatische Wirkung der Bilder von den einstürzenden Zwillingstürmen und des brennenden Verteidigungsministeriums ist kaum zu überschätzen. Ohne 9/11 hätte sich CIA-Direktor George Tenet weiter auf staatenlose Terroristen konzentriert, Rumsfeld auf die Streitkräfte-Transformation und die Raketenabwehr, Cheney auf die Energiepolitik und Rice auf die Beziehungen zu Russland. Bush wäre wohl ein primär innenpolitischer Präsident geblieben.

Innerhalb weniger Stunden nach den Anschlägen gelangte Bush aber zur Überzeugung, dass sich die USA in einem «Krieg gegen den Terror» befanden. Dabei rückten rasch Al Khaida und das sie beherbergende Taliban-Regime in Afghanistan in den Fokus der Administration. Aber schon bei der ersten Sitzung des Nationalen Sicherheitsrats am Nachmittag des 12. September warf Rumsfeld die Frage auf, ob man nicht auch gegen den Irak vorgehen solle. Außenminister Powell und General Shelton widersprachen dem Vorstoß mit dem Argument, es gebe keine Belege für Saddams Beteiligung an den Anschlägen.[1] Bei einer informellen Abstimmung über die Frage, ob der Irak in einen sofortigen Reaktionsplan aufgenommen werden sollte, entschieden sich Bushs wichtigste Berater mit vier zu null Stimmen dagegen. Rumsfeld enthielt sich.[2] In den nächsten Tagen wiederholte der stellvertretende Verteidigungsminister Wolfowitz allerdings seine schon früher geäußerte Ansicht, keine Terrorgruppe könne einen Anschlag von der Dimension von 9/11 ohne staatliche Unterstützung durchführen; Hauptverdächtiger sei der Irak. Obwohl er noch mehrmals eine sofortige Militäraktion gegen Bagdad ins Spiel brachte, fand er zu diesem Zeitpunkt selbst bei Rumsfeld und Cheney keine Unterstützung. Der Vizepräsident mahnte Wolfowitz sogar, seine ständige Agitation für ein Vorgehen gegen Saddam einzustellen.[3]

Der Präsident selbst dachte anfangs ähnlich wie Wolfowitz. «Prüfen Sie, ob Saddam das getan hat. Prüfen Sie, ob er irgendwie in die Sache verwickelt ist», wies er trotz des Fehlens von Indizien Richard Clarke an, den obersten Koordinator der Anti-Terrormaßnahmen im Stab des NSC.[4] Am 17. September beendete Bush die Debatte freilich bis auf Weiteres, als er seinen Beratern mitteilte, er glaube zwar, der Irak sei in die Anschläge involviert, werde aber nicht gegen ihn losschlagen, weil er zu diesem Zeitpunkt keine Beweise habe. Das Pentagon solle seine Kriegspläne auf den neuesten Stand bringen, habe dafür jedoch eine Menge Zeit.[5] Die Entscheidung, Bagdad jetzt nicht ins Visier zu nehmen, war allerdings eine taktische, keine grundsätzliche, und primär der Tatsache geschuldet, dass sich der Präsident auf die bevorstehende Militäraktion in Afghanistan konzentrieren wollte. «Wir werden den Kerl kriegen», sagte Bush gegenüber General Shelton, und meinte damit Saddam, «aber zu einer Zeit und an einem Ort unserer Wahl.»[6]

Neue Risikokalkulation und die «Ein-Prozent-Doktrin»

Schon bald zeigte sich jedoch, wie tief die Anschläge die Rahmenbedingungen für die amerikanische Irakpolitik verändert hatten. Vor allem wandelte sich die Risikokalkulation. Die beiden Vorgänger-Regierungen, aber auch die amtierende Regierung waren trotz lautstarker Bekenntnisse zu einem Regimewechsel in Bagdad von einer praktischen Umsetzung abgerückt, als sich die Kosten als unberechenbar erwiesen. In Bushs Kriegskabinett setzte sich jetzt die Auffassung durch, die Einschätzung, Saddam könne eingedämmt werden, müsse nach dem 11. September grundlegend überdacht werden. Insbesondere Wolfowitz wurde nicht müde, für ein militärisches Vorgehen gegen den Irak zu werben. Es war aber Vizepräsident Cheney, dessen Lageanalyse den Präsidenten und damit die amerikanische Außenpolitik am stärksten beeinflusste. Er wurde getrieben von der Sorge, Al Khaida könnte sich Massenvernichtungswaffen verschaffen, um sie

Der Präsident im Kreis seiner engsten außenpolitischen Berater: Sicherheitsberaterin Condoleezza Rice, George W. Bush, Vizepräsident Richard Cheney, Verteidigungsminister Donald Rumsfeld.

gegen die USA einzusetzen. Wenn es für ein solches Szenario nur eine «einprozentige Chance» gebe, erklärte Cheney Ende November 2001 nach einem Briefing von CIA-Direktor Tenet über die Aktivitäten pakistanischer Atomwissenschaftler, «müssen wir es als sicher annehmen und darauf antworten». Nach einer Pause fuhr er fort: «Es geht nicht um unsere Analyse oder um das Auffinden von überwältigenden Beweisen. Es geht um unsere Antwort.»[7] Diese «Cheney-Doktrin», kritisierte der Journalist Ron Suskind zu Recht, verwischte die Trennung zwischen Analyse und Handlung, setzte den Standard für «Beweise» so niedrig, dass der Begriff seinen Inhalt verlor, und verlieh der Regierung ein Mandat von außergewöhnlicher Breite.

Bei Bush stießen diese Überlegungen auf offene Ohren. Er glaubte, die Sicherheit der amerikanischen Bürger vernachlässigt und seiner Schutzfunktion für die Nation nicht nachgekommen zu sein; einen solchen Fehler dürfe er sich nicht noch einmal leisten. Amerika würde deshalb den ihm erklärten Krieg offensiv annehmen und ins Lager des Feindes tragen. Bush hatte in den Monaten vor den Anschlägen betont, er wolle kein Präsident sein, der das Amt nur verwalte, sondern wie sein Vorbild Ronald Reagan imposante Visionen entwickeln und umsetzen. Auf die Terroranschläge reagierte der Präsident mit dem Bedürfnis, etwas Großes vollbringen [*to do something big*][8] und große Ziele erreichen zu wollen [*to achieve big goals*].[9] Bush plante nichts weniger als eine Revolution in der internationalen Politik.[10]

Zur Vorstellung, dass dies möglich sei, trug auch der rasche Sieg im Krieg gegen die Taliban in Afghanistan bei. Als das islamistische Regime nämlich dem US-Ultimatum nicht nachkam, den dort residierenden Al-Khaida-Führer Osama bin Laden auszuliefern, begann das amerikanische Militär am 7. Oktober 2001, Al-Khaida-Trainingslager und militärische Einrichtungen der Taliban zu bombardieren. Den Bodenkrieg überließ Washington zunächst jedoch weitgehend den Rebellengruppen der Nordallianz, die seit Jahren gegen die Regierung kämpften. Dank massiver Luftunterstützung der USA gelang es der Nordallianz, die Taliban innerhalb von acht Wochen von der Macht zu vertreiben. Zwar entkamen bin Laden und Taliban-Führer Mullah Omar, aber am 7. Dezember fiel Kabul, und am 22. des Monats konnte der Amerika-freundliche Harmid Karzai als neuer Regierungschef vereidigt werden. Damit schien bewiesen, wie leicht ein Regimewechsel bewerkstelligt werden konnte, wenn man über den politischen Willen, die militärische Überlegenheit und kampfbereite Verbündete verfügte. Die USA hatten lediglich 110 CIA-Agenten und 316 Soldaten der Sondereinsatzkräfte auf afghanischem Boden gehabt, um nur 102 Tage nach den Terrorattacken die Taliban zu entmachten. Ganze 70 Millionen Dollar waren für die Unterstützung der afghanischen Verbündeten geflossen. Obwohl sich der Erfolg in Afghanistan später als äußerst fragil herausstellen sollte, stärkte er zur Jahreswende 2001/2002 die Bereitschaft Bushs, die geballte Militärmacht Amerikas einzusetzen, um Bedrohungen für das Land ein für allemal zu beseitigen.

Dabei konzentrierte sich der Präsident, wie von Cheney in seiner «Ein-Prozent-Doktrin» gefordert, mehr und mehr auf die von Massenvernichtungswaffen ausgehenden Bedrohungen. Schon bei seiner Ansprache vor den Vereinten Nationen am 10. November 2001 hatte der Präsident gewarnt, Terroristen «suchten nach Massenvernichtungswaffen, die Werkzeuge, um ihren Hass in einen Holocaust zu wenden».[11] Die neue Betonung der Gefahr von Massenvernichtungswaffen war ein erstes Anzeichen dafür, dass der von Bush ausgerufene «Krieg gegen den Terror» nicht bei islamistischen Gruppen wie Al Khaida oder den Taliban Halt machen, sondern sich auch Staaten vornehmen würde. «Afghanistan ist erst der Anfang», betonte Bush Ende November bei einer Pressekonferenz. Er werde alle Nationen zur Rechenschaft ziehen, die Massenvernichtungswaffen zur Terrorisierung anderer Länder gebrauchten. Erstmals nannte Bush in diesem Zusammenhang öffentlich den Namen Saddam Hussein.[12] Diese Überlegungen kulminierten in der Ansprache zur Lage der Nation am 29. Januar 2002. Der Präsident hält sie traditionell zu Jahresbeginn vor beiden Häusern des Kongresses und verkündet darin die wichtigsten Vorhaben seiner Regierung. Angesichts der tiefen Verunsicherung der Nation durch die Terroranschläge kam der Ansprache diesmal richtungweisende Bedeutung zu.

Schon Wochen zuvor hatte Michael Gerson, der Chef-Redenschreiber des Präsidenten, seinen Mitarbeiter David Frum angewiesen, «in einem oder zwei Sätzen unser bestes Argument zusammenzufassen, den Irak ins Visier zu nehmen.»[13] Ergebnis war eine kriegerische Passage, mit der Bush seine Entschlossenheit dokumentierte, den neuen Gefahren aggressiv entgegenzutreten und Amerika zu schützen. Nachdem er im ersten Satz klargestellt hatte, das Land befinde sich im Krieg, und damit den Tenor der Rede vorgegeben hatte, holte er wenig später gegen das Saddam-Regime aus. Wörtlich sagte der Präsident:

> Der Irak stellt weiterhin seine Feindseligkeit gegenüber Amerika zur Schau und unterstützt den Terror. Das irakische Regime plant insgeheim seit über zehn Jahren die Herstellung von Milzbranderregern, Nervengas und von Nuklearwaffen. Dies ist ein Regime, das bereits Giftgas zur Ermordung von tausenden der eigenen Bürger einsetzte – die Körper der Mütter wurden über den toten Kindern liegen gelassen. Dies ist ein Regime, das internationalen Inspektionen zustimmte – und dann die Inspektoren hinausschmiss. Dies ist ein Regime, das etwas vor der zivilisierten Welt zu verstecken hat.

> Staaten wie diese und ihre terroristischen Verbündeten stellen eine Achse des Bösen dar, die sich bewaffnet, um den Frieden auf der Welt zu bedrohen. Diese Regime sind eine ernste und wachsende Gefahr, da sie den Besitz von Massenvernichtungswaffen anstreben. Sie könnten Terroristen ihre Waffen zur Verfügung stellen und ihnen damit die Mittel geben, ihren Hass zu verwirklichen. Sie könnten unsere Bündnispartner angreifen und versuchen, die Vereinigten Staaten zu erpressen. Auf jeden Fall wäre der Preis der Gleichgültigkeit katastrophal.[14]

Es war vor allem das Wort von der «Achse des Bösen» [*axis of evil*], zu der Bush neben dem Irak auch Iran und Nordkorea zählte, der für weltweite Aufmerksamkeit sorgte. Redenschreiber Frum hatte «Achse» bewusst wegen der Analogie zu den Achsenmächten im Zweiten Weltkrieg – Deutschland, Italien und Japan – gewählt. Gerson ersetzte Frums ursprünglichen Vorschlag «Hass» durch den Begriff «Böse», weil er der religiösen Sprache näher kam, derer sich Bush seit den Anschlägen mehr und mehr bediente.[15] Außerdem hatte schon Reagan das Wort in einer berühmten Ansprache von 1983 äußerst effektiv in den politischen Diskurs eingeführt, als er die Sowjetunion als «böses Reich» [*evil empire*] charakterisierte. Mit der Übernahme dieses Begriffs unterstrich Bush, dass er sich auch in der Außenpolitik als Erbe und Vermächtnisverwalter der republikanischen Ikone Ronald Reagan sah. Allerdings blieb nach der Ansprache unklar, ob es sich dabei nur um eine scharfe Warnung an den Irak oder schon um ein erstes Anzeichen für einen nahenden Entschluss zu einem militärischen Vorgehen handelte. Konkret ordnete Bush lediglich an, der CIA 100 bis 200 Millionen Dollar an zusätzlichen Mitteln für verdeckte Operationen zur Verfügung zu stellen, um die Führung in Bagdad zu destabilisieren. Schon Ende Dezember hatte er einen Vorschlag von Vier-Sterne-General Tommy Franks genehmigt, der als Regionalkommandeur des *Central Command* (Centcom) für den Mittleren Osten, Süd- und Zentralasien sowie das Horn von Afrika zuständig war. Er sah vor, Militärflughäfen und Treibstofflager in Kuwait auszubauen und Truppen in die Region zu verlegen. Das war der Hintergrund für Franks' Gespräch mit Bob Graham, dem Vorsitzenden des Geheimdienstausschusses des Senats, am 19. Februar 2002.

Als sich Graham nach den Chancen für eine Gefangennahme Osama bin Ladens erkundigte, antwortete ihm der General: «Senator, wir führen keinen Krieg in Afghanistan. Militär- und Geheimdienstpersonal werden umgruppiert, um sich auf eine Aktion gegen den Irak vorzubereiten.»[16] Für eine Jagd auf bin Laden sei die Armee nicht ausgebildet. Sie könne aber, so Franks weiter, ihre militärische Aufgabe in Afghanistan erledigen, wenn man sie nur lasse. Stattdessen würden seine Truppen und sein Gerät an den Golf abgezogen.

Die konzeptionelle Vorbereitung des Irakkriegs: Die Bush-Doktrin

Weitere Maßnahmen gegen den Irak blieben zunächst aus. Militärisch wären die USA zu diesem Zeitpunkt auch gar nicht fähig gewesen, einen Angriff durchzuführen. Dafür standen viel zu wenige Truppen am Persischen Golf bereit. Allerdings beschleunigte sich die Neudefinition des amerikanischen Sicherheitskonzepts. Wie der Ausbruch des Kalten Kriegs Ende der 1940er Jahre die Gruppe «weiser Männer» um Harry Truman, Dean Acheson, George Marshall, George F. Kennan und Paul Nitze bewogen hatte, die Eindämmungspolitik und eine neue Verteidigungsdoktrin zu entwickeln, so waren auch die zentralen Akteure der Post-9/11-Phase entschlossen, die alten Leitsätze über Bord zu werfen und die US-Außenpolitik an die neuen Herausforderungen anzupassen. Die Vulkanier stimmten in den wichtigsten Fragen überein:

- im Glauben in die zentrale Bedeutung und Wirksamkeit amerikanischer Militärmacht,
- in der Sichtweise von der Rolle Amerikas als Macht des Guten in der Welt,
- in der optimistischen Einschätzung der militärischen Fähigkeiten der USA,
- im Widerwillen, die amerikanische Handlungsfreiheit durch Abkommen, Allianzen und internationale Organisationen einschränken zu lassen,
- im Wunsch, das Aufkommen eines Rivalen zu verhindern und die künftige globale Sicherheitsumwelt allein zu gestalten.[17]

Diese Überlegungen formten das Gerüst für die neue Sicherheitsstrategie der USA. Zur Bush-Doktrin avancierte sie allerdings erst dadurch, dass sie das Recht auf antizipatorische Selbstverteidigung betonte. Bereits in seiner Ansprache zur Lage der Nation im Januar 2002 hatte der Präsident erste Hinweise gegeben, sich von den außenpolitischen Prinzipien von Abschreckung und Eindämmung abzuwenden, als er ankündigte, nicht «auf die Ereignisse warten», sondern ihnen aktiv entgegentreten zu wollen. Damit erwähnte Bush erstmals die Strategie des Präventivkriegs, die er in einer Ansprache an der Militärakademie West Point im Juni erläuterte und die im September in den Mittelpunkt der offiziellen Nationalen Sicherheitsstrategie rückte.

Zwar hatten die USA nie ausgeschlossen, direkte Bedrohungen auch ohne vorherigen Angriff auf sie auszuschalten; schon Clinton hatte Anfang 1998 betont, die Vereinigten Staaten «könnten es einfach nicht zulassen», dass Saddam ABC-Waffen und Raketen bekomme.[18] Aber jetzt wurde dieses Prinzip zum Kern der amerikanischen Reaktionen auf die Anschläge von 9/11. Die treibenden Kräfte hinter diesem Strategiewandel waren Cheney und Rumsfeld. Der Vizepräsident hatte ihn mit seiner «Ein-Prozent-Doktrin» eingeläutet, der Verteidigungsminister ihn öffentlich unterstützt. In seiner Rede in West Point am 1. Juni 2002 machte sie sich Präsident Bush zueigen:

> Einen Großteil des letzten Jahrhunderts verließen sich die Vereinigten Staaten in ihrer Verteidigung auf die Doktrin der Abschreckung und Eindämmung des Kalten Kriegs. In einigen Fällen sind diese Strategien noch anwendbar. Aber neue Bedrohungen erfordern auch eine neue Denkweise. Abschreckung – die Aussicht auf massive Vergeltungsschläge gegen Nationen – ist gegen ein im Schatten operierendes Terrornetzwerk, das kein Land und keine Bevölkerung verteidigen muss, bedeutungslos. Eindämmung ist nicht möglich, wenn verrückte Diktatoren mit Massenvernichtungswaffen Raketen als Träger für diese Waffen haben oder sie insgeheim terroristischen Verbündeten zur Verfügung stellen.
>
> Wir können die Vereinigten Staaten und unsere Freunde nicht verteidigen, indem wir auf das Beste hoffen. Wir können dem Wort von Tyrannen, die feierlich Nichtverbreitungsverträge unterzeichnen

> und dann systematisch gegen sie verstoßen, keinen Glauben schenken. Wenn wir warten, bis Bedrohungen voll und ganz Gestalt annehmen, werden wir zu lange gewartet haben.
> Die Verteidigung des Heimatlandes und die Raketenabwehr sind Teil einer größeren Sicherheit, und sie sind entscheidende Prioritäten für die Vereinigten Staaten. Der Krieg gegen den Terror wird jedoch nicht aus einer Defensivhaltung heraus gewonnen. Wir müssen die Schlacht zum Feind bringen, seine Pläne durchkreuzen und den schlimmsten Bedrohungen begegnen, bevor sie auftreten. In der Welt, in der wir leben, ist der einzige Weg zur Sicherheit der Weg des Handelns. Und dieses Land wird handeln. ... [U]nsere Sicherheit wird von allen Amerikanern erfordern, dass sie vorausschauend und entschlossen handeln, dass sie bereit sind, Präemptivmaßnahmen [*preemptive action*] zum Schutz unserer Freiheit und zur Verteidigung unseres Lebens zu ergreifen.[19]

Das entscheidende Wort «präemptiv» war sorgfältig gewählt. Präemptivmaßnahmen ergreift ein Staat dann, wenn er sich der direkten und eindeutigen Gefahr eines bevorstehenden Angriffs auf sein Territorium oder seine Bürger gegenübersieht. Sie sind deshalb völkerrechtlich legitimierbar. Dagegen ist «Prävention» ein breiteres Konzept, weil es nicht auf dem Beweis, sondern auf dem Verdacht einer Bedrohung basiert. Was Bush also in West Point verkündete, war keine Politik der Präemption, sondern eine der Prävention, die jeden den USA feindlich gesinnten und potenziell gefährlichen Staat zum Sicherheitsrisiko erklärte und militärische Mittel als Antwort einschloss. Nie zuvor hatte ein amerikanischer Präsident eine prinzipielle Begründung für einen Präventivkrieg geliefert, schon gar nicht öffentlich. Wenige Tage später unterstrich Rumsfeld diesen Konzeptionswechsel bei einem Treffen der Nato-Verteidigungsminister in Brüssel mit dem Satz, «absolute Gewissheit [könne] nicht die Vorbedingung für Handeln» sein.[20]

Ihren vorläufigen Abschluss fand die Debatte um den Präventivkrieg als Mittel der amerikanischen Außenpolitik drei Monate nach der West Point-Rede mit der Veröffentlichung der *Nationalen Sicherheitsstrategie der Vereinigten Staaten*. Nach einem Kongressbeschluss von 1986 muss die Regierung dem Parlament einmal im Jahr einen umfassenden Bericht über ihre außen- und sicherheitspolitischen

Interessen, Ziele und Absichten übermitteln. Bis dato hatten die entsprechenden Analysen wenig Aufmerksamkeit erregt. Im September 2002 erhielt das Dokument aber große Bedeutung, sollte es doch ein knappes Jahr nach den Terroranschlägen Aufschluss über die neuen außenpolitischen Prioritäten der Regierung geben. Obwohl die Nationale Sicherheitsstrategie die Relevanz von internationaler Zusammenarbeit und Interessenausgleich ansprach, hob sie drei Handlungsmaximen hervor, die dazu im Widerspruch standen und die den Kern der *Bush-Doktrin* bildeten. Die erste Maxime war die Betonung präventiver Maßnahmen:[21]

> Wir müssen darauf vorbereitet sein, Schurkenstaaten [*rogue states*] und ihre terroristische Klientel aufzuhalten, bevor sie in der Lage sind, die Vereinigten Staaten und ihre Bündnispartner und Freunde mit Massenvernichtungswaffen zu bedrohen oder sie gegen sie einzusetzen. ... Je größer die Bedrohung, desto größer das durch Untätigkeit entstehende Risiko – und desto zwingender das Argument für antizipatorische Selbstverteidigung, selbst wenn Unsicherheit darüber besteht, wann und wo der Feind angreifen wird. Die Vereinigten Staaten werden gegebenenfalls präemptiv handeln, um solche feindlichen Akte unserer Gegner zu vereiteln oder ihnen vorzubeugen.

Es folgte das Bekenntnis, dass die globale militärische Dominanz der USA unter allen Umständen beibehalten werden müsse:

> Unsere Streitkräfte werden stark genug sein, potenzielle Gegner von ihren Aufrüstungsvorhaben abzubringen, die sie in der Hoffnung auf Überlegenheit oder Gleichstellung im Hinblick auf die Macht der Vereinigten Staaten betreiben.

Schließlich stellte die Nationale Sicherheitsstrategie den idealistischen Grundsatz heraus, es sei Aufgabe der USA, ihre Werte zu exportieren:

> Schließlich werden die Vereinigten Staaten die Gunst der Stunde nutzen, um die Vorzüge der Freiheit in der ganzen Welt zu verbrei-

> ten. Wir werden uns aktiv dafür einsetzen, die Hoffnung auf Demokratie, Entwicklung, freie Märkte und freien Handel in jeden Winkel der Erde zu tragen.

Insgesamt schloss die neue Sicherheitsstrategie den Prozess einer konzeptionellen Neuausrichtung der amerikanischen Außenpolitik ab, der unmittelbar nach den Terroranschlägen von 9/11 begonnen hatte. Präventivkrieg, militärische Übermacht und Demokratieexport bildeten das Dreigestirn, mit dem die USA den neuen Gefahren begegnen wollten. Damit gestaltete die Bush-Regierung die Fundamente der amerikanischen Außenpolitik innerhalb nur eines Jahres dramatisch um. Ausgearbeitet hatten die Nationale Sicherheitsstrategie Rice und ihre Mitarbeiter Stephen Hadley und Philip Zelikow fast im Alleingang. Der Vizepräsident war kaum an der Formulierung beteiligt gewesen. Dass die Nationale Sicherheitsstrategie trotzdem so viele seiner Ideen reflektierte, zeigt, welch starken Widerhall sie mittlerweile im Weißen Haus fanden. Während Rice noch an dem Papier arbeitete, tat Cheney bereits den nächsten Schritt und konzentrierte seine Energie auf die erste konkrete Anwendung der neuen Doktrin. In seinen Augen sollte der Irak zum Testfall für das Postulat von Präventivkriegen werden. Sein Beispiel würde zeigen, was mit Regimen geschah, die Massenvernichtungswaffen herstellten und sich der Autorität der USA widersetzten. Bush sah dies genau so. Bei Besprechungen im Oval Office, dem Amtszimmer des Präsidenten im Weißen Haus, bezeichnete er den Irak in einer seiner häufigen Sportanalogien wiederholt als «Spielumdreher» [*game changer*].[22] Dahinter stand die Überzeugung, dass Washington durch ein kraftvolles Vorgehen gegen Saddam das Kalkül anderer Staaten, die ebenfalls nach solchen Waffen strebten, verändern und sie von ihrem Vorhaben abbringen könnte. Der Journalist Ron Suskind hat dies zutreffend als «globales Experiment zur Verhaltensmodifikation» bezeichnet.[23] Dieses Argument war mehr als jedes andere verantwortlich für Bushs Entscheidung, den Druck auf Saddam zu erhöhen und einen Regimewechsel in Bagdad herbeizuführen. Deshalb wurde es für die Regierung auch so wichtig, Stärke und Entschlossenheit zu zeigen, Kritiker im In- und Ausland in die Schranken zu weisen und Belege für ABC-Waffenprogramme des Irak sowie für seine Kooperation mit Terroristen zu finden.

3. Die Vorbereitung des Kriegs

Richard Haass, der Chef des Planungsstabs im Außenministerium von 2001 bis 2003, sagte im Rückblick, es habe keine einzige Sitzung des Nationalen Sicherheitsrats gegeben, in der Bush den Krieg gegen den Irak beschloss: «Eine Entscheidung wurde nicht getroffen – eine Entscheidung passierte, und man kann nicht sagen, wann oder wie».[1] Auch CIA-Direktor Tenet bekannte in seinen Memoiren, es sei für ihn eines der großen Rätsel, «wann der Irakkrieg unvermeidlich wurde».[2] In der Tat trieben sich der Präsident und seine wichtigsten Mitarbeiter durch eine Mischung aus Alarmismus, Selbsttäuschung und Allmachtsphantasien selbst sukzessive in eine militärische Auseinandersetzung mit Saddam hinein. Jeder Schritt, den die Regierung vom Sommer 2002 bis zum Kriegsbeginn im März 2003 unternahm, machte den nächsten fast unausweichlich. Am Ende hatte sie sich in eine Lage manövriert, in der sie glaubte, ihre innen- und außenpolitische Glaubwürdigkeit hänge von einem Regimewechsel in Bagdad ab. Um die Dynamik der Entwicklungen zu verstehen, muss man sich zunächst die Charakteristika von Bushs Persönlichkeit und Führungsstil vergegenwärtigen: Seinen Hang zu visionären, aber naiven Ideen, seine Vorliebe für Entscheidungen im kleinen Kreis von Gleichgesinnten unter Ausschluss von Militär-, Geheimdienst- und Regionalexperten und sein Bestehen auf bedingungsloser Loyalität. Alle diese Eigenschaften lassen sich aufgrund von Äußerungen des Präsidenten und Schilderungen von Mitarbeitern vielfach belegen.

Persönlichkeit und Führungsstil Bushs

Gegenüber *Washington Post*-Reporter Bob Woodward bekannte Bush, er sehe sich als «Bauchgefühl-Politiker» [*gut player*],[3] der seinen Instinkten ver- und Bürokratien misstraut. Seine Anhänger loben dies als Innovationskraft, Entschlossenheit und Gestaltungswillen. So beschreibt der konservative Journalist Fred Barnes den Präsidenten in seinem Buch *Der Rebell als Staatschef* als mutigen Visionär, der «in Washington wie der Chef einer kleinen Besatzungsarmee von Aufständischen operiert» und dem es leichtfällt, «wichtige Politiken ohne langes Überlegen umzuwerfen» und dem außenpolitischen Establishment der USA und Europas die Stirn zu bieten.[4] Kritische Beobachter wie der langjährige Leiter der Anti-Terrorismusabteilung im NSC, Richard Clarke, hielten dem entgegen, Bush suchte nach 9/11 «immer nach einfachen Lösungen, wollte ein Problem immer in knackigen Schlagworten [*bumper sticker description*] umschreiben». Wichtige Themen wie Terrorismus oder Irak benötigten allerdings eine substantielle Analyse, schrieb Clark weiter, aber «weder Bush noch sein engerer Kreis hatten ein Interesse an komplizierten Analysen; bei den Themen, die ihnen am Herzen lagen, da kannten sie bereits die Antworten».[5]

Ein solches Herangehen an internationale Politik kann sich ein Präsident leisten, der ein Entscheidungssystem etabliert hat, das seine Instinkte filtert und kanalisiert sowie alternative Ratschläge produziert. Das traf bei Bush jedoch nicht zu. Zu seinem engsten Beraterkreis zählten nur Kriegsbefürworter: Vizepräsident Cheney, Sicherheitsberaterin Rice, Verteidigungsminister Rumsfeld und dessen Stellvertreter Wolfowitz. Außenminister Powell und sein Stellvertreter Richard Armitage, die einen Militärschlag zwar nicht prinzipiell ablehnten, ihm aber doch skeptisch gegenüberstanden und auf die damit verbundenen Risiken hinwiesen, gehörten nicht zu diesem Kreis. Wer öffentlich vom vorgegebenen Regierungskurs abwich, hatte keine Zukunft in der Administration. So muss Bush geschäumt haben, als sein damaliger Wirtschaftsberater Larry Lindsey am 15. September 2002 gegenüber dem *Wall Street Journal* äußerte, ein Krieg und ein Regimewechsel könnten bis zu 200 Milliarden Dollar kosten.[6] Die offizielle Position des Weißen Hauses war nämlich, dass sich ein Krieg wegen der riesigen Erdölvorräte des Irak weitgehend selbst finanzieren würde. Lindsey wurde im Dezember 2002 entlassen.

Zudem versäumte es Sicherheitsberaterin Rice, die zentralen Aufgaben ihres Amtes wirkungsvoll wahrzunehmen: dem Präsidenten die unterschiedlichen außenpolitischen Optionen zu präsentieren, abweichenden Stimmen Gehör zu verschaffen und ein transparentes

Entscheidungsverfahren zu gewährleisten. Statt dessen verstand sich Rice, die Bush schon im Wahlkampf 2000 als außenpolitische Chefberaterin gedient hatte, als Sprachrohr und engste Vertraute des Präsidenten, die seine Worte in Taten umsetzte und Kontroversen von ihm fernhielt. Auch ihr Stellvertreter Hadley sah sich als Bushs Anwalt und «Cheerleader» (Woodward).[7] Mit Cheney, Rumsfeld, Tenet, Stabschef Andrew Card und seinem Stellvertreter Karl Rove verband Rice der unbedingte Wille, einen außenpolitisch unerfahrenen und sprachlich unbeholfenen Präsidenten in einer der gefährlichsten Krisenzeiten der US-Geschichte zu beschützen und zu unterstützen. Bisweilen isolierten seine sechs Hauptberater Bush sogar von Informationen, die seinen vorgefassten Meinungen widersprachen, und gaben ihm so die Möglichkeit, später Unkenntnis zu reklamieren. Alt-Präsident George H.W. Bush, in dessen außenpolitischem Stab Rice von 1989 bis 1993 gearbeitet hatte, kommentierte später: «Condi ist eine Enttäuschung, oder? Sie ist eine Nummer zu klein für das Amt.»[8] Allerdings hatte sie es angesichts solcher außenpolitischer Schwergewichte wie Cheney, Rumsfeld oder Powell auch nicht einfach. Einmal musste der Präsident seinen Verteidigungsminister sogar ermahnen, Rice' Anrufe zu Kriegsplanung und Truppenentsendung zu beantworten, weil dieser argumentierte, in der Kommandokette sei das Amt des Sicherheitsberaters nicht vorgesehen.[9]

Kritik an und das Infragestellen von Bushs Entscheidungen waren in diesem Kreis tabu. Damit gab es in den Diskussionen um einen Krieg gegen den Irak niemanden, der eine systematische Erörterung des Für und Wider garantiert hätte, zumal der Präsident und sein engster Kreis kaum auf die Analysen von Fachleuten aus den unterschiedlichen Ministerien und Behörden zurückgriffen. Divergierende Ansichten und Positionspapiere aus der Bürokratie zu erörtern und die Beschlüsse auf Grundlage schriftlicher Vorlagen zu fassen, ist zwar ein langwieriger und mühsamer Prozess, hat aber einen mäßigenden Einfluss auf Entscheidungen. Dagegen hielten der Präsident und seine Berater – wie der *New York Times*-Journalist James Risen feststellte – «Sitzungen fast immer in einer Krisen-Atmosphäre und trafen Entscheidungen im Flug. ... Anstatt dass Vorschläge stufenweise durch die normalen Ebenen der Regierung noch oben kamen, wurden sie von oben eingeführt und aufgedrückt. Debatten wurden kurzgeschlossen.»[10] Grundlage dafür war der Glaube in die absolute Richtigkeit des eigenen Handelns. Scott McClellan, der Pressesprecher des Weißen Hauses von Juli 2003 bis April 2006, schrieb in seinen Memoiren sogar, Bush wolle oft nur das glauben, «was seinen Bedürfnissen zu dem jeweiligen Zeitpunkt am besten entspricht» und neige zur «Selbsttäuschung», wenn es seine politischen Ziele rechtfertige.[11]

In der Politikwissenschaft ist das Fällen von Entscheidungen in einer kleinen Gruppe von Gleichgesinnten als «Gruppendenken» [*groupthink*] bekannt. Irving Janis hat es bereits 1972 in seiner Studie *Victims of Groupthink: A Psychological Study of Foreign-Policy Decisions and Fiascoes* in außenpolitischen Entscheidungsprozessen der USA beschrieben und seine Schwächen analysiert. Demnach entsteht eine Gruppenkohäsion durch eine als bedrohlich empfundene Situation, einen dominanten Meinungsführer und die Abschottung nach außen. Überzogener Optimismus, der Glaube an die überlegene Moral des eigenen Handelns und ein extremer Konformitätsdruck führen dazu, dass die Entscheidungsträger die Realität selektiv wahrnehmen, kaum Alternativen prüfen, keine klaren Ziele definieren, sich abweichenden Informationen verweigern und sich gegenseitig in ihren Meinungen bestätigen. Das macht den erfolgreichen Abschluss eines Vorhabens unwahrscheinlich. Der Irakkrieg ist ein Paradebeispiel für die katastrophalen Konsequenzen des *Groupthink*.[12]

Zu diesen persönlichen und prozeduralen Unzulänglichkeiten kam der Wunsch wichtiger Akteure in der Bush-Regierung, den politischen Schockzustand nach den Anschlägen vom 11. September 2001 dafür zu nutzen, die Beschränkungen, die dem Präsidentenamt nach dem Vietnamkrieg auferlegt wurden, abzuschütteln. Vor allem Cheney kämpfte seit Jahrzehnten für eine Stärkung der Exekutive. 1987 hatte er als Mitglied des Kongressausschusses zur Untersuchung der Iran-Contra-Affäre leidenschaftlich die Verfassungsmäßigkeit von Reagans Vorgehen verteidigt, weil dies unter seine präsidiale Vollmacht falle. 1988 veröffentlichte er einen Artikel über *Die Kompetenzüberschreitung des Kongresses in der Außenpolitik*. 1990 riet er als Verteidigungsminister Präsident Bush sr. erfolglos, den Golfkrieg ohne explizite Erlaubnis des Parlaments zu führen.[13] Als Vizepräsident erhielt Cheney für seine Position juristische Unterstützung von John Yoo, einem bis dahin wenig bekannten Mitarbeiter des Justizministeriums. Dieser schrieb bereits zwei Wochen nach den Anschlägen vom 11. September 2001 ein Memorandum, das sich wie eine Blaupause der späteren Regierungspolitik liest. Darin spricht Yoo dem Kongress das Recht ab, «den Entscheidungen des Präsidenten irgendwelche Grenzen zu setzen, was eine terroristische Bedrohung darstellt, mit einer wie starken Streitmacht er auf sie reagiert oder welcher Methode, welchen Zeitpunkts oder welcher Natur diese Reaktion ist».[14]

Schließlich wollten Bush, Cheney und Rumsfeld im Anti-Terror-Krieg keine Machtbeschränkung der US-Regierung von außen akzeptieren. Sie waren bereit, ihre Politik gegen den Widerstand von internationalen Organisationen, Bündnispartnern und anderen großen Mächten durchzusetzen. Wie in der innenpolitischen, so ging es auch in der außenpolitischen Debatte oft nicht primär um die Frage, warum und wie die vom Irak ausgehende Bedrohung bekämpft werden solle. Vielmehr rückte die Frage in den Mittelpunkt, ob Washington in gefährlichen Zeiten seine Ziele selbst gegen internationale Widerstände durchsetzen kann. Die Demonstration der eigenen Macht sollte allen potenziellen Feinden verdeutlichen, dass die USA nach 9/11 uneingeschränkt handlungsfähig waren. Aber das konnte nur gelingen, so glaubte man im Weißen Haus, wenn die Bush-Regierung ihren Willen auch gegenüber Partnern, Rivalen und internationalen Organisationen bekam.

Die Eigendynamik der Irakpolitik

Persönlichkeit, Führungsstil sowie innen- und außenpolitische Ambitionen Bushs trugen maßgeblich dazu bei, dass die Irakpolitik eine fast unaufhaltbare Eigendynamik entwickelte, seit sich der Präsident im April 2002 erstmals für einen Regimewechsel ausgesprochen hatte. Schon einige Wochen zuvor hatte Bush seine Entschlossenheit in dieser Frage dokumentiert. Als Sicherheitsberaterin Rice mit drei Senatoren über den Irak sprach, steckte er seinen Kopf kurz durch ihre Bürotür und sagte: «Fuck Saddam. Wir schalten ihn aus.»[15] Angesichts dieser Attitüde des Präsidenten überrascht es nicht, dass der Hauptadvokat eines Militärschlags, Richard Cheney, in der Regierung an Boden gewann. Woodward beschrieb ihn als «mehr als entschlossen» [*beyond hell-bent*], gegen Saddam vorzugehen; es schien, als ob nichts anderes für ihn existierte.[16] Da Cheney fast unbegrenzten Zugang zu Bush hatte und einmal in der Woche – meist am Donnerstag – mit dem Präsidenten allein zu Mittag aß, konnte er immer wieder seine Schreckensszenarien entfalten und seine Ratschläge erteilen. Im Gegensatz zu früheren Vizepräsidenten nahm Cheney an den Treffen der *Principals*, der Chefs der außenpolitischen Behörden, teil und erschwerte damit die Rolle von Sicherheitsberaterin Rice, weil er alle Anwesenden an Rang überragte. Sekundiert wurde der Vizepräsident von Verteidigungsminister Rumsfeld, seinem ehemaligen Chef in der Ford-Regierung der 1970er Jahre und engen Vertrauten, der ebenfalls für ein hartes Vorgehen gegen Saddam plädierte. Larry Wilkerson, Powells langjähriger Stabschef, erklärte später, er habe nie zuvor eine solche Verdrehung des außenpolitischen Entscheidungsprozesses gesehen. Der Vizepräsident und der Verteidigungsminister hätten in einer «Kabale» wichtige Entscheidungen getroffen, von denen die Bürokratie nie erfuhr, dass sie getroffen wurden.[17] Cheneys außenpolitischer Stab – mit 14 Mitarbeitern der größte, den je ein Vizepräsident beschäftigte – unter der Leitung von I. Lewis «Scooter» Libby stimmte sich eng ab mit Rumsfelds wichtigsten Mitarbeitern Wolfowitz und Staatssekretär Douglas Feith. Darüber hinaus arbeitete Rice' Stellvertreter Hadley so eng mit Cheneys Büro zusammen, dass ihn Vizeaußenminister Armitage als «Cheneys Maulwurf» im Weißen Haus bezeichnete.[18] Libby war nicht nur Stabschef und Sicherheitsberater des Vizepräsidenten, sondern auch Cheneys engster Vertrauter und Alter Ego – «Cheneys Cheney», nannte ihn ein Biograph des Vizepräsidenten.[19] Zudem erhielt Libby, den Bush kaum kannte, auf Cheneys Betreiben den Titel *Assistant to the President*. Damit rangierte er in der Hierarchie des Weißen Hauses vor fast allen Mitarbeitern des Präsidenten und stand auf einer Stufe mit der Sicherheitsberaterin und dem Stabschef. Das gab ihm das Recht, jede Rede Bushs, jede Verordnung und jede Gesetzesvorlage zu sehen und zu kommentieren, bevor sie den Schreibtisch des Präsidenten erreichte.

Schützenhilfe erhielt diese Truppe von Richard Perle, der grauen Eminenz der außenpolitischen Falken in Washington. Er war als Vorsitzender des *Defense Policy Board* zwar kein Regierungsmitglied, aber einer von Rumsfelds zentralen Militärberatern. Außerdem trug Perle durch seine große Medienpräsenz die Argumente für eine Entmachtung Saddams in die Öffentlichkeit. In den konservativen Denkfabriken Washingtons, der *Heritage Foundation* und dem *American Enterprise Institute*, fielen solche Argumente sowieso auf fruchtbaren Boden. Auch an anderen Think Tanks gab es Befürworter einer Intervention. Kenneth Pollack, ein Forscher an der liberalen *Brookings Institution* und ehemaliger Abteilungsleiter für die Golfregion in Clintons NSC, gelangte in seinem einflussreichen Buch *The Threatening Storm. The Case for Invading Iraq* zu dem Schluss: «Unglücklicherweise ist es die einzige vernünftige und realistische Handlungsoption, die die Vereinigten Staaten übrig haben, eine groß angelegte Invasion des Irak zu unternehmen, die irakischen Streitkräfte zu zerschlagen, Saddams Regime zu stürzen und das Land von den Massenvernichtungswaffen zu säubern.»[20]

Dieser Phalanx der Kriegsbefürworter hatte Colin Powell, der ursprünglich als dominierende Figur in Bushs außenpolitischem Team gehandelt worden war, wenig entgegenzusetzen. Im Juli 2002 verdichteten sich die Anzeichen, dass der Präsident zu einem Angriff auf den Irak neigte. Haass berichtete später, Sicherheitsberaterin Rice habe ihm damals gesagt, der Krieg sei eine ausgemachte Sache, wenn Saddam nicht vollständig einlenke. Auch der britische Geheimdienstchef Sir Richard Dearlove hielt nach einem Washington-Besuch in einem Memorandum fest, er habe den Eindruck gewonnen, eine Militäraktion sei unausweichlich.[21] Angesichts dieser Entwicklungen sah sich Powell Anfang August 2002 genötigt, ein persönliches Gespräch mit dem Präsidenten zu suchen, um ihm seine Bedenken vorzutragen. In der Unterredung legte der Außenminister dar, welche destabilisierende Wirkung ein Krieg gegen den Irak im Mittleren Osten, vor allem für die befreundeten Länder Saudi-Arabien, Ägypten und Jordanien seiner Meinung nach hätte. Auch würde die eigene außenpolitische Agenda dadurch auf den Kopf gestellt. Eine Militäraktion, so Powell, zöge «den Sauerstoff aus allem heraus, was die USA taten, nicht nur im Krieg gegen den Terrorismus, sondern auch aus allen anderen diplomatischen, militärischen und nachrichtendienstlichen Beziehungen».[22] Eine erfolgreiche Invasion lasse sich auch nicht unilateral bewältigen, warnte er Bush, sondern allein mit

Hilfe der Partner in der Region. Wahrscheinlich würde ein Krieg Saddam sogar dazu verleiten, was man am meisten fürchtete: einem Einsatz seiner Massenvernichtungswaffen und einem Angriff auf Israel. Zudem warteten nach einem Sieg enorme Herausforderungen auf die Besatzer. «Sie werden der stolze Herrscher über 25 Millionen Menschen werden», sagte Powell dem Präsidenten. «All ihre Hoffnungen, Wünsche und ihre Probleme werden Ihnen gehören. Alles wird Ihnen gehören.»[23] Unter vier Augen nannten der Außenminister und sein Vize Armitage dies die Porzellanladen-Regel: Wenn Du es zerbrichst, gehört es dir. Was Powell Bush jedoch nicht explizit sagte, war: Tun Sie es nicht!

Powell wusste, dass Bush von ihm über Einwände hinaus auch einen Alternativvorschlag hören wollte. Er regte deshalb an, sich um eine internationale Koalition oder eine UN-Aktion gegen den Irak zu bemühen, um den Druck auf Saddam zu erhöhen. Dem Präsidenten gefiel die Idee. Flankenschutz erhielt Powell von allen wichtigen Außenpolitikern der letzten republikanischen Regierung von George H. W. Bush. Dessen Sicherheitsberater Brent Scowcroft betrachtete das Kriegsgetrommel von Cheney und Co. mit wachsender Besorgnis. In einem Artikel für das *Wall Street Journal* warnte er unter der Überschrift *Don't Attack Saddam* am 16. August 2002, ein Krieg gegen den Irak würde den Anti-Terrorkrieg schwächen und befreundete arabische Regime destabilisieren.[24] Die ehemaligen Außenminister James Baker und Lawrence Eagleburger hielten ebenfalls nichts von einem Waffengang zu diesem Zeitpunkt und rieten zur Einschaltung der Uno. Sie alle waren multilateral gesinnte Realpolitiker, die den in der Regierung dominierenden Unilateralisten zutiefst skeptisch gegenüberstanden. Auch der Oberkommandierende des Golfkriegs von 1991, General Norman Schwarzkopf, und der Oberkommandierende der Nato während des Kosovokriegs, General Wesley Clark, sprachen sich gegen die Invasion des Irak aus.

Die erste Gelegenheit für Bush, den von Powell angeratenen Weg einzuschlagen, bot die bereits angesetzte Rede des Präsidenten zur Eröffnung der Generalversammlung der Vereinten Nationen in New York am 12. September 2002. Cheney und Rumsfeld stimmten Powells Vorschlag zu, vorausgesetzt, Bush würde seinen Auftritt nutzen, um der Uno ihr Versagen bei der Abrüstung des Irak vorzuhalten und konkrete Aktionen einzufordern. Während sich der Präsident noch im Urlaub auf seiner Ranch im texanischen Crawford befand, versuchte Cheney allerdings, den Regierungskurs festzulegen und die öffentliche Meinungsführerschaft zu übernehmen. Das war ungewöhnlich, hatte der Vizepräsident doch seinen Einfluss bisher primär hinter den Kulissen ausgeübt und das Rampenlicht gescheut. Es zeigte, wie überaus wichtig ihm ein hartes Vorgehen gegenüber Saddam war. Am 26. August betonte Cheney in einer Ansprache vor dem Veteranenverband, weitere UN-Waffeninspektionen seien gefährlich, weil sie nur vortäuschten, Saddam sei unter Kontrolle [*back in his box*]. «Einfach gesagt», so der Vizepräsident, «es gibt keinen Zweifel, dass Saddam Hussein jetzt Massenvernichtungswaffen hat. Es gibt keinen Zweifel, dass er sie anhäuft, um sie gegen unsere Freunde, unsere Alliierten und gegen uns einzusetzen.» Aber so eindeutig, wie Cheney das vorgab, waren die Geheimdienstinformationen nicht. Trotzdem wiederholte er einen Satz, den er schon seit längerem wie ein Mantra herunterbetete: «Die Risiken des Nicht-Handelns sind größer als das Risiko des Handelns.»[25] Wegen ihres unnachgiebigen Tons wurde die Rede national und international als Beleg interpretiert, die Regierung habe sich bereits auf eine militärische Konfrontation mit Bagdad festgelegt.

Einen Tag nach der Ansprache des Vizepräsidenten legte Rumsfeld mit der Aussage nach, er wisse nicht, «wie viele Länder sich beteiligten, wenn der Präsident entscheide, dass die Risiken des Nicht-Handelns größer seien als die des Handelns».[26] Damit schien es, als ob die USA unilaterale Maßnahmen erwogen. Allerdings hielt Bush auf Drängen Powells, aber auch des wichtigsten amerikanischen Verbündeten, des britischen Premierministers Tony Blair, zunächst am eingeschlagenen Kurs fest. Dem Außenminister gelang es sogar gegen den Widerstand von Cheney und Rumsfeld, eine Passage in Bushs Rede vor den Vereinten Nationen am 12. September 2002 einzufügen, in der der Präsident neue Resolutionen gegen den Irak forderte:

> Wenn uns das irakische Regime wieder täuschen sollte, muss die Welt den Irak bewusst und entschieden zur Rechenschaft ziehen. Wir werden mit dem UN-Sicherheitsrat an den notwendigen Resolutionen arbeiten. Aber über die Absichten der Vereinigten

Staaten sollten keine Zweifel bestehen. Die Resolutionen des UN-Sicherheitsrates werden umgesetzt, den gerechtfertigten Forderungen nach Frieden und Sicherheit muss Folge geleistet werden – oder ein Vorgehen gegen den Irak wird unvermeidlich.[27]

Wie sehr ein möglicher Krieg gegen Bagdad im Herbst 2002 die Außenpolitik der USA dominierte, zeigte sich auch daran, dass Bush fast die gesamte Rede den irakischen Verstößen gegen die UN-Auflagen widmete, obwohl er sie fast genau am Jahrestag der Anschläge von 9/11 hielt. Bewusst ließ die amerikanische Administration Antiterrorkrieg und Irakkrieg immer mehr verschmelzen. Trotzdem erfuhr die Ansprache national und international breite Zustimmung, weil sie ein hartes Vorgehen gegen Saddam mit der Bereitschaft, dies im UN-Rahmen zu erreichen, zu kombinieren schien. Für Powell stellte sie auf den ersten Blick einen Sieg dar, hatte sich der Präsident doch augenscheinlich für seinen Multilateralismus und gegen den Unilateralismus des Vizepräsidenten und des Verteidigungsministers entschieden und ihm wie beim Beschluss für den Afghanistankrieg im Oktober 2001 den Rücken gestärkt. Aber es war ein taktischer Sieg, der nur den Weg, nicht die grundsätzliche Entscheidung für einen Feldzug gegen den Irak betraf. Um den Präsidenten für die Einschaltung der Vereinten Nationen zu gewinnen, übernahmen Powell und andere Kriegsskeptiker nämlich inhaltliche Positionen der Befürworter. So argumentierte der Außenminister, es gehe nicht darum, *ob* man Krieg gegen den Irak führen werde, wenn er sich den Inspektionen weiter verweigere, sondern um das *Wie*.

Für Bush war der Gang zu den Vereinten Nationen auch politisch wichtig. Zwar sprachen sich 64 Prozent der Amerikaner für eine Militäraktion gegen den Irak aus, aber diese Zahl schmolz auf 33 Prozent zusammen für den Fall, dass die USA ohne Bündnispartner angriffen.[28] Die vom Präsidenten und den Hardlinern angestoßenen Entwicklungen ließen allerdings einen Krieg mit Bagdad immer wahrscheinlicher werden. Während der UN-Sicherheitsrat über eine neue Resolution beriet, die den Irak zur Einhaltung der Auflagen zwingen sollte, rüstete Washington militärisch und politisch auf. Seit dem Spätsommer verlegten die Streitkräfte schweres Gerät in die Golfregion, um es für eine eventuelle Invasion zur Verfügung zu haben. Bis zum

Oktober 2002 gaben führende Regierungsmitglieder fast einhundert Verlautbarungen ab, die dem Irak den Besitz von Massenvernichtungswaffen und Verbindungen zu Al Khaida unterstellten.[29] Bush selbst verlieh der Auseinandersetzung mit dem Irak sogar eine persönliche Komponente, indem er Saddam direkt angriff: «Das ist ein Kerl, der einmal versuchte, meinen Vater zu ermorden.»[30]

Am 10. und 11. Oktober ermächtigte der Kongress den Präsidenten zu einem militärischen Vorgehen gegen den Irak. Mit der überwältigenden Mehrheit von 296 zu 133 Stimmen im Repräsentantenhaus und 77 zu 23 Stimmen im Senat übertrugen die Parlamentarier Bush die Autorität, das amerikanische Militär einzusetzen «wie es ihm notwendig und angemessen erscheint» [*as he determines to be necessary and appropriate*], um 1) «die nationale Sicherheit der USA gegen die fortgesetzt vom Irak ausgehende Gefahr zu verteidigen» und 2) «alle relevanten Irak-Resolutionen des UN-Sicherheitsrats durchzusetzen». Als zentralen Kriegsgrund nannte das Gesetz: «Der Irak ... besitzt und entwickelt weiterhin bedeutende chemische und biologische Waffenbestände, sucht aktiv nach Nuklearwaffen und unterstützt und beherbergt terroristische Organisationen.»[31] Damit berief sich der Kongress auf eine *Nationale Lageeinschätzung* der Geheimdienste, die *National Intelligence Estimate* (NIE), mit dem Titel *Der Irak produzierte weiterhin Massenvernichtungswaffen.* Sie war vom Senatsausschuss für die Nachrichtendienste, nicht vom Weißen Haus, angefordert worden. Aber nur die Ausschussvertreter bekamen den streng geheimen 90-seitigen Bericht zu Gesicht, der immer wieder auf die problematische Quellenlage und einen breiten Spielraum bei der Interpretation der Erkenntnisse hinwies. Alle anderen Parlamentarier erhielten am 4. Oktober eine 25-seitige Zusammenfassung. Sie war deutlich alarmistischer und beschwor die von Saddams Massenvernichtungswaffen ausgehende Gefahr. Der Ausschussvorsitzende, Senator Bob Graham, sah darin eine bewusste Politisierung von Geheimdienstinformationen durch CIA-Chef Tenet.[32] Die Angaben und Folgerungen dieser öffentlich zugänglichen Lageeinschätzung sollten sich später als unzutreffend herausstellen. Parallelen zur *Gulf of Tonkin-Resolution* von 1964 drängen sich auf, mit welcher der Kongress Präsident Johnson zur Kriegführung in Vietnam ermächtigte. Das Weiße Haus hatte damals angegeben, nordvietnamesische Kreuzer hätten US-Aufklärungsschiffe in internationalem Gewässer beschossen. Später kam heraus, dass die Angaben nicht korrekt, vielleicht sogar bewusst falsch waren.

In den Verhandlungen über die Kriegsermächtigung hatte das Weiße Haus akzeptieren müssen, weiter an einer Lösung des Konflikts im Rahmen der Vereinten Nationen zu arbeiten. Aber dieses Zugeständnis und das wochenlange intensive Lobbying der Regierung bei den Abgeordneten zahlten sich aus. Letztlich lehnten am 10. und 11. Oktober nur sechs Republikaner im Repräsentantenhaus und einer im Senat die Resolution ab, bei den Demokraten waren in der großen Kammer 81 dafür und 126 dagegen, in der kleinen 29 dafür und 21 dagegen. Dabei spielten auch politische Überlegungen eine Rolle. Viele Parlamentarier wollten in einer Zeit nationaler Bedrohung nicht den Anschein erwecken, die USA seien gespalten; obwohl Bushs Zustimmungsraten in der Bevölkerung nicht mehr bei gut 90 Prozent lagen wie unmittelbar nach den Anschlägen vom 11. September, waren sie mit mehr als 60 Prozent hoch genug, um Abgeordnete von dem Gedanken abzubringen, sich einem populären Präsidenten zu widersetzen; wichtige Politiker der Demokraten wie der Minderheitsführer im Haus, Richard Gephardt, oder die Senatoren Tom Daschle, Hillary Clinton, John Kerry, John Edwards und Joe Biden liebäugelten mit einer Präsidentschaftskandidatur und wollten durch ein «Nein» zu der Vorlage nicht als außenpolitisch schwach erscheinen. Sie alle dürften sich noch an das Schicksal von Senator Sam Nunn erinnert haben, der 1990 im ersten Irakkrieg dem Präsidenten die Gefolgschaft versagte und nach dem überwältigenden Sieg der US-Truppen seine Ambitionen auf einen Einzug ins Weiße Haus begraben musste. Kriegsgegner Dick Armey, dem als republikanischem Mehrheitsführer im Haus eine zentrale Rolle im Kalkül der Regierung zukam, wurde von Cheney solange mit Horrorszenarien und dubiosen Informationen bearbeitet, bis er unter Tränen für die Kriegsermächtigung stimmte.[33] Zu den bekanntesten Demokraten, die ihre Zustimmung verweigerten, zählten Senator Edward Kennedy sowie die Abgeordnete und spätere Sprecherin des Repräsentantenhauses Nancy Pelosi. Auch ein junger, weitgehend unbekannter Politiker im Bundesstaat Illinois sprach sich gegen einen Krieg aus, weil der Präsident dafür keine überzeugende Begründung geliefert habe. Sein Name: Barack Obama.

Im Spätherbst 2002 hatten Bush und sein engstes Beraterteam innenpolitisch eine Situation geschaffen, in der es fast nur noch um das *Wie*, kaum mehr um das *Warum* eines Militärschlags gegen den Irak ging. Scowcroft, Powell und andere Kritiker des Kriegskurses waren durch den Gang zu den Vereinten Nationen ruhig gestellt, die Demokraten nach ihren herben Verlusten bei den Kongresswahlen am 5. November noch weniger als zuvor bereit, den Präsidenten öffentlich herauszufordern. Im Grunde gab es nur zwei Personen, die der Präsident in der Kriegsfrage konsultierte: Cheney und Rice. Außer Rice, sagte Bush im Gespräch mit *Washington Post*-Journalist Bob Woodward, müsse er keinen seiner außenpolitischen Berater fragen, ob sie meinten, man solle einen Krieg gegen den Irak führen.

Auch schien es, als ob die amerikanische Drohpolitik erfolgreich sei. Am 16. September 2002 kündigte Saddam überraschend an, den Waffeninspektoren nach vier Jahren die Rückkehr in den Irak «ohne Bedingungen» zu erlauben. Knapp zwei Monate später, am 8. November, verabschiedete der Sicherheitsrat mit 15:0 Stimmen eine neue Resolution gegen Bagdad. Nach Aufzählung aller früheren Resolutionen und irakischen Verstöße räumte Resolution 1441 dem Land unter Verweis auf Kapitel VII der UN-Charta «eine letzte Chance» ein, «seinen Abrüstungsverpflichtungen nach den einschlägigen Resolutionen des Rates nachzukommen». Weiter stellte die Resolution fest, dass der Irak seine Waffenstillstandsauflagen von 1991 «erheblich verletzt hat und nach wie vor verletzt», und wies ihn an, «uneingeschränkt zu kooperieren». Die Unmovic und die IAEA sollten ihre Inspektionstätigkeit innerhalb von 45 Tagen aufnehmen. Würde Bagdad weiter gegen seine Verpflichtungen verstoßen, drohten «ernsthafte Konsequenzen» [*serious consequences*].

Die propagandistische Vorbereitung des Kriegs

Einiges deutet darauf hin, dass sich Bush Ende 2002, Anfang 2003 definitiv auf einen Krieg gegen den Irak festlegte. So traf er sich am 21. Dezember mit einer kleinen Gruppe von Mitarbeitern im Oval Office, um zu besprechen, wie man die Invasionspläne der internationalen Gemeinschaft am überzeugendsten darlegen könnte. Anwesend waren Cheney, Rice, Card, Tenet und sein Stellvertreter John

McLaughlin. McLaughlin, ein CIA-Veteran, präsentierte alle Informationen, die seine Behörde über Massenvernichtungswaffen im Irak hatte. Der Präsident war skeptisch. «Das ist nichts, womit der Mann auf der Straße etwas anfangen kann und was ihn besonders überzeugen würde», sagte er und wandte sich an Tenet: «Ständig ist mir von den famosen Geheindienstinformationen über Massenvernichtungswaffen erzählt worden. Und das ist alles, was ihr habt?» Der CIA-Direktor soll laut Woodward darauf geantwortet haben: «Das ist eine todsichere Sache, ... ein Volltreffer» [*It's a slam dunk case!*].[34] Tenet bestätigt dies in seinen Memoiren zwar, betont aber, die Formulierung sei «komplett aus dem Kontext» genommen.[35] Dort betont er auch, er habe der Invasion skeptisch gegenübergestanden, weil sie die Arbeit der CIA im Anti-Terrorkrieg unterminiere. Seine Missbilligung brachte er gegenüber dem Präsidenten und seinen wichtigsten Beratern jedoch nie klar zum Ausdruck. Gelegenheiten dazu hätte er unzählige gehabt, sah er Bush doch meist sechs Tage in der Woche um 7.30 Uhr, um ihm den täglichen *Lagebericht der Geheimdienste* zu erläutern. Aber dazu war er zu konfliktscheu und diensteifrig.

Tenets Rolle ist wohl nur vor dem Hintergrund seiner engen persönlichen Beziehung zu Bush zu verstehen. Der neu gewählte Präsident hatte ihn als einzigen von Clintons Behördenleitern in seinem Amt belassen und ihm auch nach den Anschlägen von 9/11 die Treue gehalten. Der CIA-Direktor schien ihm dies durch eine Politik der größtmöglichen Loyalität zurückzahlen zu wollen. Das schloss ein, Bush mit Nachrichten zu erfreuen, die dieser hören wollte, und ihm solche vorzuenthalten, die dessen Ansichten widersprachen. Damit machte er die CIA zum Handlanger der Politik. Unbestritten ist ebenfalls, dass es bei dem Treffen am 21. Dezember 2002 nicht um eine Diskussion der Belastbarkeit der Beweise gegen Saddam, sondern um die bestmögliche Verkaufsstrategie für eine Militäraktion ging. Ex-Pressesprecher Scott McClellan schrieb später sogar, Bush habe auf Propaganda gesetzt, um der Öffentlichkeit den Irakkrieg zu verkaufen.[36]

Seit längerem stand die CIA unter Dauerdruck des Weißen Hauses, politisch verwertbare Belege für die von Saddams Massenvernichtungswaffen ausgehende Gefahr zu liefern. Libby, Cheneys Stabschef, und Hadley, der Stellvertretende Sicherheitsberater, fragten immer wieder beim Geheimdienst an, ob es nicht die geringste Möglichkeit gebe, dass zum Beispiel die 3000 von Bagdad in China bestellten Aluminiumröhren für Uranzentrifugen bestimmt waren, der Irak im Niger Uran zu kaufen versucht oder der 9/11-Attentäter Mohammed Atta einen irakischen Geheimdienstvertreter in Prag getroffen hatte. Bush selbst hatte bei einer Rede in Cincinnati am 7. Oktober 2002 von «hochrangigen Kontakten» zwischen dem Irak und Al Khaida gesprochen, die ein Jahrzehnt zurückreichten.[37] Eindeutige Belege blieb er aber schuldig. Entsprechende Informationen, mit denen Mitarbeiter des Präsidenten, des Vizepräsidenten und des Verteidigungsministers Jami Miscik, die Stellvertretende Direktorin für nachrichtendienstliche Analysen bei der CIA, regelrecht bombardierten, stellten sich regelmäßig als unhaltbar heraus. Anfang Januar 2003 gelangte Miscik zu dem Ergebnis, dass es keine Beweise für Verbindungen zwischen Saddam und Al Khaida gab.[38] Paul Pillar, der CIA-Abteilungsleiter für den Nahen Osten und Südasien zwischen 2000 und 2005, schrieb später, die Bush-Regierung sei «vom professionellen Standard abgewichen, nicht nur indem sie politische Vorgaben benutzte, um nachrichtendienstliche Informationen zu steuern, sondern auch indem sie diese Informationen aggressiv dazu nutzte, die öffentliche Zustimmung für ihre Entscheidung zu gewinnen, in den Krieg zu ziehen».[39]

Wenn man ein Datum nennen muss, an dem sich Bush zur Invasion des Irak entschloss, dann ist es der 13. Januar 2003. An diesem Tag eröffnete er Powell, er habe sich entschieden – die USA müssten in den Krieg ziehen. Der Außenminister versicherte dem Präsidenten, er stehe auf seiner Seite.[40] Aber nach wie vor mangelte es an zweifelsfreien Beweisen gegen Saddam. Als Bush am 28. Januar 2003 der Nation seine Gründe für eine mögliche Militäraktion gegen den Irak darlegte, musste er auf Hinweise auf eine Unterstützung von Al Khaida durch Saddam verzichten. Nichtsdestoweniger führte der Präsident eine lange Reihe von Gründen an, die einen Militärschlag gegen Bagdad rechtfertigen sollten. Ein Fünftel der Rede verwendete Bush darauf, Saddams Missachtung der UN-Auflagen und den ungeklärten Verbleib von chemischen Waffen zu geißeln. Darüber hinaus wies er auf Geheimdienstquellen hin, die davon ausgingen, dass der

Irak «mehrere mobile Labore für biologische Waffen» unterhielt sowie «Uran aus Afrika» und «Aluminiumröhren zur Nuklearwaffenproduktion» erwerben wollte. Saddam strebe Massenvernichtungswaffen an, weil er die Region dominieren wolle. Außerdem könne er die Waffen an Terroristen weitergeben. Das lasse den USA nur eine Option:

> Vor dem 11. September glaubten viele in der Welt, dass Saddam eingedämmt werden könne. Aber chemische Wirkstoffe, tödliche Viren und dunkle Terrornetze sind nicht leicht einzudämmen. Stellen sie sich diese 19 Flugzeugentführer mit anderen Waffen und anderen Plänen vor – dieses Mal bewaffnet durch Saddam Hussein. ... Wir werden alles in unserer Macht tun, um sicherzustellen, dass dieser Tag niemals kommt.
>
> Einige haben gesagt, dass wir nicht handeln dürfen, bis die Bedrohung direkt bevorsteht. Seit wann haben Terroristen und Tyrannen ihre Absichten angekündigt, indem sie uns freundlich in Kenntnis setzten, bevor sie zuschlugen? Wenn dieser Bedrohung erlaubt wird, voll und plötzlich zu entstehen, kommen alle Handlungen, alle Worte und alle Gegenbeschuldigungen zu spät. Der Zurechnungsfähigkeit und Zurückhaltung Saddam Husseins zu vertrauen, ist keine Strategie, und es ist keine Option. ...
>
> Und heute Abend habe ich eine Botschaft für das tapfere und unterdrückte Volk des Irak: Euer Feind kreist nicht das Land ein – euer Feind beherrscht euer Land. Und der Tag, an dem er und sein Regime von der Macht entfernt werden, wird der Tag eurer Befreiung sein.
>
> Die Welt hat 12 Jahre auf den Irak gewartet abzurüsten. Amerika wird eine ernste und wachsende Bedrohung für unser Land, für unsere Freunde und Alliierten nicht hinnehmen. Die Vereinigten Staaten werden den UN-Sicherheitsrat bitten, am 5. Februar zusammenzutreten, um die Tatsache der andauernden Missachtung der Welt zu beraten. Außenminister Powell wird Informationen und Geheimdienstbelege über das illegale Waffenprogramm des Irak vorlegen und über seinen Versuch, diese Waffen vor den Inspektoren zu verstecken und über seine Verbindungen zu terroristischen Gruppen.

Wir werden konsultieren. Aber lassen Sie kein Missverständnis aufkommen: Wenn Saddam Hussein nicht völlig abrüstet, werden wir für die Sicherheit unseres Volks und für den Frieden in der Welt eine Koalition anführen, um ihn zu entwaffnen.[41]

Angesichts der breiten Skepsis, auf die die US-Regierung mit ihrer Begründung eines Kriegs gegen den Irak stieß, war Bush schon Wochen zuvor zu der Auffassung gelangt, seinen Berater mit dem größten nationalen und internationalen Renommee zum öffentlichen Ankläger der irakischen Massenvernichtungswaffen-Ambitionen zu machen: Außenminister Colin Powell. Powell hatte sich durch seine Umsicht, seine politische Urteilsfähigkeit und seinen Pragmatismus im In- und Ausland höchsten Respekt erworben. Er stellte zu Beginn der 1990er Jahre als Vorsitzender des Generalstabs und damit wichtigster Militär des Landes einen Katalog von sieben Kriterien auf, die positiv beantwortet werden sollten, bevor die USA ihre Streitkräfte einsetzten. Diese Powell-Doktrin machte einen Einsatz unter anderem abhängig von der Bedrohung vitaler nationaler Sicherheitsinteressen, der Formulierung eines klaren militärischen Ziels, der offenen Analyse der Risiken und Kosten, einer plausiblen Exit-Strategie sowie der Aufstellung einer überwältigenden Streitmacht. Sein Kriterienkatalog trug Powell den Ruf eines «zurückhaltenden Kriegers» [*reluctant warrior*] ein, eine Charakterisierung, die er in seinen Memoiren nicht ohne Stolz akzeptierte.[42] Mehrmals war er als Präsidentschaftskandidat gehandelt worden, und Bush hatte im Wahlkampf alle Angriffe auf seine außenpolitische Unerfahrenheit auch damit gekontert, dass er Powell bei jeder Gelegenheit als seinen künftigen Außenminister ins Spiel brachte. Jetzt wählte er den General, der schon den letzten drei Präsidenten in hohen Funktionen gedient hatte, um der Weltöffentlichkeit die angeblichen Beweise der US-Geheimdienste für das irakische Massenvernichtungsprogramm zu präsentieren. «Wir müssen unsere Sicht wirklich vortragen, und ich will, dass Sie es tun», sagte Bush seinem Außenminister am 27. Januar, «Sie haben die Glaubwürdigkeit, das zu tun. Vielleicht glauben sie Ihnen.»[43] Powell, ganz der pflichtbewusste Soldat, willigte ein. «Ich habe gerade meine Befehle erhalten», sagte er später seinen Mitarbeitern.[44]

Eine Woche vor der Präsentation in New York am 5. Februar schickte Powell ein Team unter Leitung seines Stabschefs Larry Wilkerson ins CIA-Hauptquartier nach Langley, wo sie die Geheimdienstinformationen sichten und eine wasserdichte Rede vorbereiten sollten. Powell selbst stieß jeden Tag für mehrere Stunden dazu. Rasch wurde ihm, seinen Mitarbeitern und den CIA-Experten klar, dass der 48-seitige Entwurf des Weißen Hauses, den Cheneys Stabschef Libby maßgeblich ausgearbeitet hatte, nicht stichhaltig war. Das galt insbesondere für Vorwürfe, der Irak sei an 9/11 beteiligt gewesen und habe versucht, Uran in Afrika zu kaufen. Wilkerson und seine Mitarbeiter gingen Satz für Satz durch das Dokument und strichen alle zweifelhaften Passagen. Als sich dieser Prozess als zu langsam herausstellte, beschlossen sie, den Entwurf des Weißen Hauses zur Seite zu legen und eine ganz neue Rede zu schreiben. Tenet schlug vor, sie auf die *National Intelligence Estimate* vom Oktober 2002 zu stützen, in der die Geheimdienste alle Belege für die Massenvernichtungswaffen-Programme des Irak zusammengestellt hatten. Aber auch die dort präsentierten Anschuldigungen erschienen Powell zu indirekt, die Quellen dubios, die Fakten unterschiedlich interpretierbar.[45] Für die Richtigkeit eines zentralen Vorwurfs gegen Saddam verbürgte sich der Direktor der CIA aber: Die mobilen Labore dienten der Herstellung von biologischen Kampfstoffen – dafür gebe es mehrere unabhängige Quellen. Das sei eine «völlig zuverlässige Information», bestätigte Tenet dem Außenminister auf mehrmalige Nachfragen.[46] Diese Anklage sollte denn auch den Kern von Powells Beweisführung vor dem Sicherheitsrat bilden. Trotzdem war Powell mit dem Text unzufrieden. Einmal warf er einige Manuskriptseiten in die Luft und meinte: «Das trage ich nicht vor. Das ist Bullshit.»[47] Auch Wilkerson hegte Zweifel an der Qualität der Informationen. Aber am Ende der Diskussionen in Langley waren beide überzeugt, eine belastbare Anklageschrift gegen den Irak zusammengestellt zu haben.

Am 5. Februar 2003 präsentierte der Außenminister die angeblichen Beweise der USA für die Massenvernichtungswaffen-Programme des Irak dem UN-Sicherheitsrat und, da viele nationale und internationale Fernsehsender die Rede live ausstrahlten, der Weltöffentlichkeit. Um sicherzustellen, dass nicht nur er, sondern auch die CIA hinter den Vorwürfen gegen Saddam stand, insistierte Powell,

Außenminister Colin Powell präsentiert dem UN-Sicherheitsrat am 5. Februar 2003 die amerikanischen «Beweise» für Saddams Massenvernichtungswaffen-Programm. Dahinter CIA-Direktor George Tenet und Amerikas UN-Botschafter John Negroponte.

dass Tenet während der Rede links hinter ihm saß und damit direkt in die Kameras blicken musste. Der Außenminister warf dem Irak «schwerwiegende Verstöße» gegen die UN-Auflagen vor und betonte, alle seine Ausführungen beruhten auf «soliden Quellen». Er legte Satellitenaufnahmen, Tonbandmitschnitte und Graphiken vor. Sie sollten die Einschätzung der USA stützen, Bagdad behindere systematisch die Arbeit der Inspektoren und verfüge über Langstreckenraketen, Chemiewaffen und mobile Labore zur Herstellung biologischer Kampfstoffe. Powells Angaben zum Biowaffen-Programm stellten den dramaturgischen Höhepunkt der Rede dar, weil sie so plastisch wie keine andere Anschuldigung Saddams Bruch der UN-Auflagen vor Augen führen sollten: «Die Quelle war ein Augenzeuge, ein irakischer chemischer Ingenieur, der eine dieser Anlagen leitete. Er war sogar während der Produktion biologischer Wirkstoffe anwesend. Er war auch vor Ort, als 1998 ein Unfall geschah. Zwölf Techniker starben, als sie den biologischen Wirkstoffen ausgesetzt wurden.» Der Redeteil beruhte auf den Informationen eines irakischen Flüchtlings, den der deutsche Bundesnachrichtendienst (BND) befragt hatte. Vor allem diese Passagen sollten später die Glaubwürdigkeit Powells und der gesamten US-Regierung erschüttern. Jetzt bildeten sie das Präludium für apokalyptische Warnungen des Außenministers: «Saddam Hussein noch ein paar Monate oder Jahre im Besitz von Massenvernichtungswaffen zu lassen, ist keine Option, nicht in einer Welt nach dem 11. September.» Der Irak befinde sich weiter «in materieller Verletzung» seiner in UN-Resolution 1441 festgestellten Verpflichtungen, und der Tag rücke näher, an dem ihm «ernsthafte Konsequenzen» drohten.[48]

Auch wenn Skeptiker sofort nach Powells 81-minütiger Rede die Belastbarkeit seiner Aussagen anzweifelten, so erfüllte sein Auftritt vor dem UN-Sicherheitsrat doch seinen Zweck. Selbst nach Bushs Ansprache zur Lage der Nation am 28. Januar sagten noch 57 Prozent der Amerikaner, sie würden vor einem Militärschlag gegen den Irak gern mehr Beweise für die Notwendigkeit eines solchen Vorgehens sehen.[49] Nach Powells Rede wandelte sich das Bild. Die Zustimmung der amerikanischen Öffentlichkeit zur Drohpolitik des Präsidenten schoss nach oben, der innenpolitische Widerstand gegen ein militärisches Vorgehen schmolz in sich zusammen. 71 Prozent der US-Zuschauer gaben an, der Außenminister habe eine «überzeugende Begründung» für einen Krieg mit dem Irak geliefert, 56 Prozent meinten sogar, Powell habe «harte Belege vorgelegt, die beweisen, dass der Irak Massenvernichtungswaffen besitze»; letzteres glaubten nur 21 Prozent der Amerikaner, die die Rede nicht gesehen hatten.[50] Mit solchen Zahlen im Rücken verstärkte die US-Regierung ihre Kampagne, die Bürger und die Welt von der Notwendigkeit einer Militäraktion zu überzeugen. Wenige Tage nach Powells Rede legte Tenet mit der Bemerkung gegenüber dem Geheimdienstausschuss des Senats nach, die UN-Inspektionen hätten nur geringen Wert, aber US-Truppen würden «ganz bestimmt geheime Lager mit Massenvernichtungswaffen» finden.[51]

Unter dem propagandistischen Trommelfeuer der Regierung sprachen sich Anfang März 59 Prozent der Amerikaner dafür aus, Saddam notfalls mit Waffengewalt und ohne Autorisierung durch den

UN-Sicherheitsrat zu entwaffnen und zu stürzen. 37 Prozent hielten dies für eine schlechte Idee. Bemerkenswert war die parteipolitische Polarisierung: Während 86 Prozent der Republikaner einen Militärschlag befürworteten, taten es bei den Demokraten nur 37 Prozent und den Nicht-Parteigebundenen 55 Prozent.[52] So gestärkt setzte Bush Saddam am 17. März 2003 in einer Ansprache an die Nation ein letztes, 48-stündiges Ultimatum und begründete es mit dem zentralen Vorwurf der Kampagne der letzten Monate: «Nachrichtendienstliche Informationen, die diese und andere Regierungen gesammelt haben, lassen keinen Zweifel daran, dass das irakische Regime weiter einige der tödlichsten Waffen, die je erdacht wurden, besitzt und versteckt.»[53] Was Bush nicht sagte: Selbst, wenn Saddam und seine Söhne das Land verlassen hätten, wären US-Verbände im Irak eingerückt, um die Massenvernichtungswaffen sicherzustellen und die obersten Baath-Funktionäre aus ihren Positionen zu entfernen.[54] Aber Saddam blieb in Bagdad. Zwei Tage nach seiner Rede erteilte der Präsident General Franks, der sich auf der Prinz-Sultan-Luftlandebasis in Saudi-Arabien befand, per Videoschaltung den Angriffsbefehl: «Um des Weltfriedens willen und zum Nutzen und für die Freiheit des irakischen Volks gebe ich hiermit den Befehl zur Ausführung der Operation ‹Iraqi Freedom›. Möge Gott mit unseren Soldaten sein.»[55] Der Irakkrieg hatte begonnen.

4. Die internationale Dimension

Nicht nur in Amerika debattierte man die Möglichkeit eines Kriegs gegen den Irak heftig. Vielmehr dominierte die Konfrontationspolitik der Bush-Regierung vom Sommer 2002 an auch die internationalen Diskussionen, sei es auf bilateraler Ebene, in der Nato oder im Sicherheitsrat der Vereinten Nationen.

Kurz nach den Anschlägen von 9/11 hatte der Präsident betont, jede Nation müsse jetzt eine Entscheidung treffen: «Sie sind entweder auf unserer Seite oder auf jener der Terroristen».[1] Das richtete sich in erster Linie an Länder wie Pakistan und Saudi-Arabien, die in der Vergangenheit religiöse Fundamentalisten unterstützt hatten, obwohl sie enge sicherheitspolitische Beziehungen zu den USA pflegten. Aber Bush machte damit auch klar, dass er in einer als existentiell erachteten Frage wenig Rücksicht auf Staaten nehmen würde, die sich der eigenen Politik entgegenstellten. Aus dem Kosovokrieg der Nato 1999 zog Washington die Lehre, die militärisch und politisch wenig hilfreichen Bündnispartner am Krieg gegen den Terror nur marginal zu beteiligen. Das Taliban-Regime stürzten die USA im Alleingang, ohne dass die Nato oder einzelne Länder an den Kämpfen mitwirkten. Nach dem raschen Sieg in Afghanistan wollte der Präsident auch gegenüber dem Irak durch entschlossenes Vorgehen die Handlungsfähigkeit und den Führungswillen der USA demonstrieren. Die Reaktionen anderer Staaten spielten für Bush und die Kriegsbefürworter in der Regierung zunächst eine untergeordnete Rolle.

Die Kriegsskeptiker um Powell hingegen versuchten, die Irak-Debatte zu internationalisieren. Dadurch wollten sie verhindern, dass Cheney, Rumsfeld und Wolfowitz mit ihren Argumenten die Oberhand gewannen. Bushs Entschluss von Anfang August 2002, die Vereinten Nationen einzuschalten, folgte auf den ersten Blick dem Rat der Skeptiker. Allerdings errangen sie mit der Internationalisierung der Kriegsfrage nur einen taktischen Erfolg. Je mehr sich die Diskussion nämlich in den UN-Sicherheitsrat und auf die globale Bühne verlagerte, desto stärker gerieten die USA in Gegensatz zu Ländern, die eine gewaltsame Lösung ablehnten. Damit fand sich der amerikanische Außenminister auf einmal zwischen den Fronten: Nach innen suchte Powell den Präsidenten von der Notwendigkeit zu überzeugen, diplomatischem Druck Zeit zu geben und eine möglichst breite internationale Koalition zu schmieden; nach außen musste er die Kritiker Washingtons in die Schranken weisen und dazu Argumente der Kriegsbefürworter übernehmen. Die Internationalisierung der Irakkriegsdebatte half also den Falken in der Regierung, die Auseinandersetzungen als *wir* gegen *sie*, also die USA und Großbritannien gegen Frankreich, Russland und Deutschland darzustellen und damit die innenpolitische Opposition zu schwächen.

Spannungen im transatlantischen und innereuropäischen Verhältnis

Ihren ersten Höhepunkt erreichte die Debatte zwischen Washington und den Kriegsgegnern nach Cheneys kriegerischer Rede am 26. August 2002. Viele europäische Politiker sahen ihre schlimmsten Befürchtungen bestätigt. Schon Bushs Wort von der «Achse des Bösen» im Januar hatte Frankreichs Außenminister Hubert Védrine «simplistisch» genannt, sein deutscher Kollege Joschka Fischer beschwerte sich, dass Allianzpartner nicht wie «Satelliten» behandelt werden sollten.[2] Das Kriegsgetrommel des Vizepräsidenten schien die Analyse eines neokonservativen Vordenkers, Robert Kagan, die USA und Europa drifteten auseinander, eindrucksvoll zu belegen: «In großen strategischen und internationalen Fragen der heutigen Zeit sind die Amerikaner vom Mars und die Europäer von der Venus: Sie stimmen in wenigem überein und verstehen einander weniger und weniger.»[3] In der Tat hatten sich die Fähigkeiten, Perspektiven und Strategien der USA und Europas seit dem Ende des Kalten Kriegs auseinanderentwickelt. «Die transatlantischen Beziehungen brauchten nur das richtige Problem, um sich rapide zu einer ernsten Krise zu verschlechtern», befanden Philip Gordon und Jeremy Shapiro in ihrem Buch *Allies at War*, «und der Irak war genau das richtige Problem.»[4]

Am Anfang stand der Streit mit Deutschland, dem traditionell wichtigsten und zuverlässigsten kontinentaleuropäischen Verbündeten der USA. Dort genoss Bush wegen seiner Opposition zum Kyoto-Protokoll und zum Internationalen Strafgerichtshof und wegen seiner aggressiven Rhetorik ohnehin wenig Sympathien. Einen Irakkrieg lehnte die überwiegende Mehrheit der Deutschen kategorisch ab. Auch die Bundesregierung fürchtete, ein militärisches Vorgehen gegen Saddam würde die Anti-Terror-Koalition spalten und den Mittleren Osten destabilisieren. Allerdings gab es zwischen Bundeskanzler Schröder und dem amerikanischen Präsidenten ein Stillhalteabkommen. Bush hatte dem Kanzler bei einem Treffen in Berlin am 23. Mai 2002 zugesichert, es lägen keine Kriegspläne auf seinem Tisch und er werde ihn vor einer Entscheidung konsultieren. Schröder sagte dem Präsidenten, er wolle den Bundestagswahlkampf im Spätsommer nicht gegen einen möglichen Irakkrieg der USA führen. Bush und seine Berater glaubten nach dem Gespräch, der Kanzler werde sich den USA nicht in den Weg stellen, wenn sie entschlossen und schnell handelten.[5] Schröder verwahrte sich später gegen diese Interpretation. Er habe betont, Deutschland würde «zuverlässig an der Seite der USA stehen», sollte sich «der Irak wie zuvor Afghanistan tatsächlich als Schutzraum und Zufluchtsort für al-Qaida-Kämpfer erweisen». Allerdings habe es dafür keine Belege gegeben.[6]

Offenbar gewann der Kanzler angesichts der amerikanischen Kriegsrhetorik in den Sommermonaten den Eindruck, Bush habe ihn über seine wahren Absichten im Dunkeln gehalten und den neuen Kurs auch nicht mit ihm beraten. Auf jeden Fall sah sich Schröder nicht mehr an seine Zusage gebunden, als er am 5. August in Hannover die heiße Phase des Bundestagswahlkampfs einläutete.[7] Überraschend sprach er von einem «deutschen Weg» und verkündete, eine Regierung unter seiner Führung werde sich nicht an einem Irakkrieg beteiligen, nicht einmal finanziell: «Spielerei mit Krieg und militärischer Intervention, davor kann ich nur warnen. Das ist mit uns nicht zu machen. ... Für Abenteuer stehen wir nicht zur Verfügung, und die Zeit der Scheckbuchdiplomatie ist endgültig zu Ende.»[8] Angesichts des Applauses bei diesen Passagen erkannte Schröder die Möglichkeit, mit diesem Thema bei den Wählern zu punkten und den drohenden Machtverlust seiner Partei abzuwenden. Bush betrachtete den öffentlichen Konfrontationskurs des Kanzlers als Wortbruch. Im Rückblick überrascht die gegenseitige Fehleinschätzung nicht: Für den amerikanischen Präsidenten war der Krieg gegen den Irak ein Teil des Kriegs gegen den Terror, für den deutschen Kanzler waren dies zwei unterschiedliche Problemfelder.[9]

Nach Cheneys Rede am 26. August verschärfte die Bundesregierung ihre Gangart. Ende des Monats kündigte sie an, die deutschen Spürpanzer zur Erkennung biologischer und chemischer Kampfstoffe aus Kuwait abzuziehen, falls die Amerikaner den Irak angriffen. Einen solchen Schritt hatte der Kanzler noch im Frühsommer mit der Bemerkung kommentiert, niemand könne die Folgen für das deutsch-amerikanische Verhältnis der nächsten 30 bis 50 Jahre verantworten, wenn es zu einem Abzug der Spürpanzer komme und dann tatsächlich ABC-Waffen eingesetzt würden.[10] In einem *New York Times*-Interview legte er am 5. September nach. Die Argumente gegen einen Krieg seien so wichtig, dass er «gegen eine solche Intervention sei, wenn – aus welchen Gründen und in welcher Form auch immer – der UN-Sicherheitsrat ‹Ja› dazu sagen würde».[11]

Auch Frankreichs Präsident Jacques Chirac verurteilte «Versuche, unilaterale und präventive Gewaltanwendung zu legitimieren»,[12] legte sich aber in der Frage einer potentiellen Kriegsbeteiligung nicht fest. Russland hielt sich ebenfalls bedeckt. Andere europäische Staaten wie Spanien, Italien und Polen dagegen stellten sich hinter die USA. Als energischster Unterstützer eines harten Anti-Saddam-Kurses erwies sich der britische Premierminister Blair. Er hatte Bush schon im April 2002 bei einem Treffen auf dessen Ranch in Crawford versichert, Großbritannien würde eine Militärintervention unterstützen, wenn folgende Bedingungen erfüllt seien: 1) verstärkte Anstrengungen, eine internationale Koalition zu schmieden und die öffentliche Meinung hinter sich zu bringen, 2) den israelisch-palästinensischen Konflikt zu entschärfen und 3) Ausschöpfen aller Möglichkeiten, Saddams Massenvernichtungswaffen durch UN-Inspektoren zu beseitigen.[13] Am 7. September 2002 traf Blair erneut mit Bush zusammen, um sich für eine Sicherheitsratsresolution einzusetzen. Dieser versicherte ihm, dass er dazu bereit sei, aber ein Regimewechsel in Bagdad wahrscheinlich Krieg bedeuten würde und London möglicherweise Truppen entsenden müsse. «Ich stehe an Ihrer Seite», soll der Premierminister laut Woodward gesagt und versprochen haben, sich im Falle des Falls ohne Wenn und Aber mit britischen Streitkräften am Sturz Saddams zu beteiligen.[14]

Dagegen eskalierten die Auseinandersetzungen zwischen den USA und Deutschland und führten kurz vor der Bundestagswahl am 22. September 2002 zu einem Eklat. Schröders Generalkritik an Washingtons Irakkurs schuf ein Klima, das seine Parteigänger zu antiamerikanischen Tiraden ermutigte. So behauptete Justizministerin Herta Däubler-Gmelin auf einer Wahlkampfveranstaltung, Bush wolle mit einem Krieg von innenpolitischen Problemen ablenken, was eine «beliebte Methode seit Adolf Hitler» sei. Der Sprecher des Weißen Hauses, Ari Fleischer, wies diese Äußerungen als «ungeheuerlich und unerklärlich» zurück, Sicherheitsberaterin Rice nannte die Atmosphäre «vergiftet». Rumsfeld kündigte an, sich bei einer Nato-Konferenz in Warschau nicht mit «jener Person» – gemeint war der deutsche Verteidigungsminister Peter Struck – zu treffen.[15] Schröder bedauerte in einem knappen Brief an Bush, dass «der Eindruck entstanden ist, der Deine Gefühle tief verletzt hat» und stellte in Aussicht, im Falle seiner Wiederwahl niemanden ins Kabinett zu berufen, «der den amerikanischen Präsidenten mit einem Verbrecher in Verbindung bringt». Aber er entschuldigte sich nicht, weil seine Justizministerin öffentlich erklärt habe, die ihr zugeschriebenen Äußerungen nicht gemacht zu haben.[16] Diese inkonsistente und gewundene Begründung zerrüttete das Verhältnis zwischen Schröder und Bush vollends. Ein Anruf des Kanzlers wurde nicht zum Präsidenten durchgestellt.[17] Bush gratulierte Schröder auch nicht zur Wiederwahl – eine Geste, die er kaum einem Wahlsieger in einem demokratischen Land verweigerte. Intern nannte er den Kanzler einen «Lügner» und «diesen Typ, der mich zum Buhmann gemacht und so eine Wahl gewonnen hat».[18] Während der gesamten Irakkrise telefonierten die beiden nur ein einziges Mal.

Verlagerung der Debatte in den UN-Sicherheitsrat

In der Debatte um ein militärisches Vorgehen gegen Saddam ging es primär darum, ob die USA ihren politischen Willen auch gegen massive internationale Widerstände durchsetzen würden. Da dies aber in der Welt der Diplomatie nicht so offen angesprochen werden konnte, kulminierte die Debatte in der Frage nach der rechtlichen Zulässigkeit eines möglichen Irakkriegs. Folgerichtig rückte der UN-Sicherheitsrat, der als einziges Organ den Einsatz von Gewalt in der internationalen Politik legalisieren kann, in den Mittelpunkt der Auseinandersetzungen. Der Rat handelt durch Resolutionen, für deren Verabschiedung die Zustimmung von 9 der 15 Mitglieder nötig ist. Dabei haben die fünf ständigen Mitglieder USA, Russische Föderation, China, Großbritannien und Frankreich ein Vetorecht.

Bushs Ankündigung vor der Generalversammlung am 12. September 2002, Saddam mit einer neuen Resolution zur bedingungslosen Offenlegung seiner verbotenen Waffenprogramme zu veranlassen, machte den Sicherheitsrat zur zentralen Instanz. Zwar warnte der amerikanische Präsident, dass der Irak die bisherigen Auflagen einseitig missachtet habe und die Vereinten Nationen «irrelevant» zu werden drohten, wenn sie dies weiterhin zuließen. Aber er bekannte sich auch zu einem Prozess innerhalb des Rahmens der Vereinten Nationen. Wörtlich sagte Bush: «Wir werden mit dem UN-Sicherheitsrat für die notwendigen Resolutionen arbeiten.»[19] Der Präsident unternahm diesen Schritt nicht nur aufgrund der Tatsache, dass ein unilaterales Vorgehen gegen den Irak innenpolitisch auf großen Widerstand stieß, sondern auch, weil ihn wichtige Verbündete wie Blair, der australische Premierminister John Howard und der spanische Ministerpräsident José María Aznar dazu drängten.

Nach Bushs UN-Rede legten seine außenpolitischen Hauptberater die Strategie fest, was in der angestrebten neuen Resolution stehen sollte.[20] Dabei kristallisierte sich rasch heraus, dass Saddams brutale Menschenrechtsverletzungen nicht als Hauptbegründung für einen Regimewechsel herangezogen werden konnten. Vielversprechend erschien dagegen der Vorwurf des systematischen Verstoßes gegen die vielen Resolutionen, mit denen der Sicherheitsrat den Irak zur Offenlegung und Aufgabe seiner Massenvernichtungswaffen verpflichtet hatte. Paul Wolfowitz bekannte gegenüber der Zeitschrift *Vanity Fair* später, dass man sich auch deshalb auf die Massenvernichtungswaffen als Hauptkriegsgrund festgelegt habe, weil ihm jeder in der Regierungsbürokratie zustimmen konnte.[21] Cheney und Rumsfeld plädierten dafür, in der neuen Resolution möglichst harte Forderungen aufzustellen. Sollte ein «materieller Verstoß» gegen sie festgestellt werden, so ihre Idee, würde dies die USA und andere Staaten automatisch zum Einsatz «aller erforderlichen Mittel» ermächtigen.

Seit dem Golfkrieg von 1991 steht diese Formel in der UN-Sprache als Chiffre für Militärgewalt. Powell gelang es allerdings im Sicherheitsrat nicht, auch nur die Unterstützung eines Mitglieds für dieses Vorgehen zu gewinnen.

In einem neuen Entwurf vom 23. Oktober 2002 gab die US-Regierung deshalb den Kriegs-Automatismus auf. Stattdessen sollte der Sicherheitsrat bei Verstößen des Irak die neue Situation beraten. Frankreichs neuer Außenminister Dominique de Villepin forderte allerdings, dass eine Beratung nicht genug sei, sondern jede Gewaltanwendung in einer zweiten Resolution autorisiert werden müsse. Dies suchten die USA zu verhindern, indem sie Saddam eine Erklärung abverlangen wollten, in der er erschöpfend über alle ABC-Waffenprogramme Auskunft gab. Der irakische Diktator sollte so in eine auswegslose Lage manövriert werden: Egal, ob er die Zusammenarbeit verweigerte, die Existenz von Massenvernichtungswaffen leugnete oder deren Besitz eingestand, jedes Mal lag «ein materieller Verstoß» gegen frühere Resolutionen vor. Paris akzeptierte, beharrte aber auf einer expliziten Kriegsermächtigung. Am Ende kulminierte der Streit in der Verwendung eines einzigen Worts. De Villepin bestand darauf, dass falsche Angaben in der Erklärung über die Waffenbestände «und» fehlende Kooperation einen materiellen Verstoß darstellen sollten, Saddam also *zwei* Auflagen brechen musste vor der Verhängung von Gewaltmaßnahmen. Powell dagegen beharrte auf dem Wort «oder», was implizierte, dass *eine* Zuwiderhandlung ausreichte. Angesichts des kategorischen «Neins» aus Paris lenkte der amerikanische Außenminister jedoch ein. Dem Weißen Haus versicherte er, Frankreich werde am Ende eine zweite Resolution und damit einen Waffengang gegen den Irak unterstützen. Aufgrund dieser Zusicherung gab Rice Powell grünes Licht, und Powell verständigte de Villepin. Umgehend erklärten Chirac und sein russischer Kollege Wladimir Putin ihr Einverständnis.

Am 8. November stimmte der Sicherheitsrat über Resolution 1441 ab, die Saddam für den Fall weiterer «materieller Verstöße» gegen seine Abrüstungsverpflichtungen «ernsthafte Folgen» [*serious consequences*] androhte. Alle 15 Mitglieder votierten mit «Ja». Selbst Syrien, das als einziges arabisches Land dem Sicherheitsrat angehörte, unterstützte die Resolution. Aber die einhellige Zustimmung war nur möglich, weil die entscheidenden Fragen ausgeklammert beziehungsweise durch mehrdeutige Formulierungen verwässert worden waren. Als Folge des Taktierens blieb vieles diffus, vage und widersprüchlich. Auf den ersten Blick erschien die Resolution wie ein Sieg der Anhänger einer diplomatischen Lösung des Konflikts. Aber sie war so scharf gefasst, dass man sie auch als Legitimierung für ein militärisches Vorgehen heranziehen konnte. Für den Augenblick waren aber beide Seiten froh, einen Formelkompromiss gefunden zu haben, der es ihnen erlaubte, das Gesicht zu wahren. Zudem stellte sich zumindest ein Erfolg ein: Angesichts des Drucks der USA und des Sicherheitsrats akzeptierte der Irak die Resolution und wiederholte seine bereits am 16. September erklärte Bereitschaft, die seit 1998 verweigerten Inspektionen bedingungslos wieder zuzulassen.

Am 27. November 2002 nahmen die Leiter der beiden Inspektorenteams, der Schwede Hans Blix und der Ägypter Mohamed El Baradei, ihre Arbeit im Irak auf. Selbst zu den Präsidentenanlagen, die bisher tabu gewesen waren, erhielten die Unmovic-Inspekteure nun Zutritt. Am 7. Dezember legte Bagdad die geforderte umfassende Erklärung vor. Sie war gut 12 000 Seiten lang und beruhte zum Großteil auf alten und unvollständigen Dokumenten. Die Erklärung mündete in der Behauptung der Regierung des Irak, das Land habe keine Massenvernichtungswaffen. Blix berichtete dem Sicherheitsrat später, die Deklaration liefere keine Anhaltspunkte, «die eine Klärung bisher ungeklärter Abrüstungsfragen ermöglichten».[22] Tatsächlich war man danach so klug wie zuvor. Weder gab es Belege, die dem irakischen Bericht widersprachen, noch solche, die ihn unterstützten. Beide Seiten, Kriegsgegner und -befürworter, fühlten sich bestätigt. Der amerikanische UN-Botschafter Negroponte sah den Nachweis für einen Bruch der in Resolution 1441 gemachten Auflagen erbracht. Seine Kollegen aus Frankreich und Russland meinten hingegen, die USA verfügten über keine Beweise für ihren Verdacht, der Irak besitze Massenvernichtungswaffen. Bush betonte gegenüber dem spanischen Premierminister Aznar: «Diese Erklärung bedeutet überhaupt nichts, sie ist wertlos, ein Witz, aber wir werden maßvoll darauf reagieren.»[23] Allerdings machte er auch deutlich, dass er sich von Saddam nicht hinhalten lassen werde.

Dagegen drängten die wichtigsten Kriegsgegner in den Vereinten Nationen, Frankreich, Russland und Deutschland, das am 1. Januar 2003 als nicht-ständiges Mitglied in den Sicherheitsrat eingezogen war, den Inspektoren mehr Zeit zu geben. Mitte Januar schlug Blix einen Zeitplan vor, der dem Irak klare Pflichten auferlegte, aber erst am 27. März 2003 fertig sein sollte. Die USA antworteten, sie würden nicht so lange warten und lehnten den Vorschlag ab. Damit brach der mit Resolution 1441 verschleierte Konflikt wieder auf: Die Kriegsgegner verdächtigten Washington, nur nach Vorwänden zu suchen, um eine Legitimation für die geplante Militäraktion zu erhalten. Die Bush-Regierung sah sich in ihrer Befürchtung bestätigt, die Kriegsgegner und der Unmovic-Chef wollten den Prozess verschleppen und seien an einer endgültigen Lösung des Problems nicht interessiert. Beide Seiten gingen nun auf Konfrontationskurs. Bei einem Treffen mit Blix am 17. Januar 2003 sagte Chirac, ein Krieg sei die schlechteste Lösung, weil er in der muslimischen Welt die antiwestliche Stimmung schüren werde; Frankreich sei nicht bereit, sich in eine Militäraktion hineinziehen zu lassen.[24] Drei Tage später erklärte de Villepin auf einer Pressekonferenz nach einer Sitzung des Sicherheitsrats, «nichts, gar nichts» rechtfertige einen Krieg.[25] Powell war außer sich. Wenn man die Androhung von Gewalt vom Tisch nahm, so befürchtete der US-Außenminister, werde Saddam nie einlenken. Außerdem glaubte er seinen französischen Kollegen im Herbst so verstanden zu haben, dass Frankreich nicht prinzipiell gegen eine Militäraktion sei. Mit dem kategorischen «Nein» de Villepins verlor Powell auch jeden Hebel innerhalb der Regierung, weil ihm die Hardliner vorhalten konnten, es werde sowieso keine internationale Front gegen Saddam geben.

Bei einem Treffen anlässlich der Feierlichkeiten des 40. Jahrestags des Elysée-Vertrags am 22. Januar in Paris vollzog Chirac in der Irakkriegsfrage den Schulterschluss mit Schröder. «Deutschland und Frankreich beurteilen die Krise gleich», betonte der französische Präsident.[26] Kurz zuvor hatte der Kanzler bei einem Landtagswahlkampfauftritt im niedersächsischen Goslar angekündigt, weder Frankreich noch andere Staaten sollten damit rechnen, «dass Deutschland einer den Krieg legitimierenden Resolution zustimmt».[27] Auch stellte die Bundesregierung klar, deutsche Soldaten würden aus den Nato-Überwachungsflugzeugen Awacs abgezogen, sobald diese für eine Kriegsführung im Irak eingesetzt würden.

In Washington war man erzürnt. Wie gereizt die Stimmung dort mittlerweile war, belegte auch eine Äußerung von Verteidigungsminister Rumsfeld. Während einer Pressekonferenz am 22. Januar 2003 prägte er einen Begriff, der seine ganze Wut auf Chirac und Schröder zum Ausdruck brachte: «Nun, sie denken von Europa als Frankreich und Deutschland. Ich tue das nicht. Ich denke, das ist das alte Europa. ... Aber schauen sie auf die riesige Zahl anderer Länder in Europa. Sie stehen nicht hinter Frankreich und Deutschland in dieser Frage, sie stehen hinter den USA.»[28] Damit hatte Rumsfeld insofern Recht, als sich eine Mehrheit der europäischen Staaten demonstrativ hinter die amerikanische Irakpolitik stellte. Im *Wall Street Journal* und einigen europäischen Zeitungen sprachen sich am 30. Januar fünf der damals 15 EU-Mitglieder und die drei mittelosteuropäischen Länder, die zum 1. Mai 2004 der Union beitreten würden, für einen harten Kurs gegen Saddam aus. Die Unterzeichner des *Brief der Acht* waren die Staats- beziehungsweise Regierungschefs Spaniens, Portugals, Italiens, Großbritanniens, Dänemarks, Tschechiens, Ungarns und Polens.[29] Sechs Tage später schlossen sich die Außenminister zehn weiterer mittel- und südosteuropäischer Länder in einer *Gemeinsamen Stellungnahme* dieser Position an, nämlich Albanien, Bulgarien, Estland, Kroatien, Lettland, Litauen, Mazedonien, Rumänien, Slowenien und die Slowakei. Die Länder dieser *Vilnius-Gruppe*, die auf einen baldigen Beitritt zur Nato hofften, beschworen die besondere Verantwortung von Demokratien, die gemeinsamen Werte zu verteidigen, und stärkten Präsident Bush noch deutlicher als die ‹Acht› den Rücken.[30]

Beide Verlautbarungen verdeutlichten, wie tief der Irakkrieg nicht nur Europa, sondern auch die EU spaltete. Der Politikwissenschaftler Jürgen Schuster hat überzeugend erklärt, warum sich die einzelnen Staaten wie positionierten. Die Länder, die nach dem Zerfall der Sowjetunion ihre Freiheit gewannen oder aus dem serbisch dominierten Jugoslawien ausscherten, fanden sich an der Seite der USA, weil sie in einem als prekär erachteten Umfeld die amerikanische

Sicherheitsgarantie für unverzichtbar hielten. Im Gegenzug waren sie bereit, in einer für Washington vitalen Frage Solidarität zu zeigen. Die Westeuropäer hingegen nahmen ihr sicherheitspolitisches Umfeld als wenig gefährlich wahr und benötigten deshalb keine US-Garantien. Dort entschieden sich die Regierungen meist nach ihren ideologischen Präferenzen: Linke Regierungen wie in Deutschland, Belgien oder den Niederlanden sprachen sich gegen die Irakpolitik der USA aus, konservative Regierungen wie in Italien, Spanien, Portugal oder Dänemark unterstützten sie.[31] Es kam hinzu, dass man in London, Rom, Madrid, Warschau und anderen Hauptstädten einen französisch-deutschen Führungsanspruch für die EU, wie ihn Chirac und Schröder erhoben, ablehnte.

Deutschland und Frankreich waren wütend über die Briefe und warfen ihren Unterzeichnern eine Schwächung der *Gemeinsamen Außen- und Sicherheitspolitik* (GASP) der Union vor. Allerdings hatten sie ihre Aussagen vom 22. Januar 2003 ebenfalls nicht mit der EU abgesprochen. Auf einer Pressekonferenz nach dem Gipfel des Europäischen Rats in Brüssel am 17. Februar warf Chirac den mittelosteuropäischen Beitrittskandidaten vor, durch ihre einseitige Parteinahme für die USA die europäischen Interessen geschwächt zu haben: «Diese Länder sind ... nicht besonders wohlerzogen und ein wenig ahnungslos, hinsichtlich der Gefahren, die ein zu schnelles Einschwenken auf die amerikanische Position mit sich bringt. ... Ich glaube, dass sie eine gute Gelegenheit zum Schweigen verpasst haben.»[32] Unverhohlen drohte Chirac, ihren EU-Beitritt von ihrem außenpolitischen Wohlverhalten abhängig zu machen. Die Kandidatenländer reagierten empört auf diese Maßregelungen. Wie im transatlantischen, so förderte der Irakkrieg auch im binneneuropäischen Verhältnis unterschiedliche Gefahrenperzeptionen und klassische machtpolitische Überlegungen zu Tage.

Selbst die Nato geriet in den Strudel des transatlantischen und innereuropäischen Disputs. Seit Anfang Dezember 2002 entwickelte die Allianz Notfallpläne, falls es zu einem Irakkrieg kommen sollte. Dazu zählte, Awacs-Aufklärungsflugzeuge und Patriot-Abfangraketen in der Türkei zu stationieren oder US-Truppen auf dem Balkan, die in den Nahen Osten abkommandiert würden, durch Nato-Einheiten zu ersetzen. Am 22. Januar 2003 blockierten Frankreich, Deutschland und Belgien jedoch formal alle Planungen, um ihre Ansicht zu unterstreichen, dass ein Krieg nicht unausweichlich war. Im Gegenzug beriefen sich die USA auf Artikel IV des Nato-Vertrags, der Konsultationen vorschreibt, wann immer die Sicherheit eines Mitglieds gefährdet ist. Ein Treffen der Nato-Botschafter am 10. Februar in Brüssel endete in gegenseitigen Vorwürfen und vertiefte die Gräben. Powell fürchtete sogar, die Allianz könne «zerbrechen, weil sie ihrer Verantwortung nicht gerecht wird».[33] Als die USA wenige Tage später einen abgespeckten Notfallplan vorlegten, lenkte die Bundesrepublik, die stärker von Nato-Sicherheitsgarantien abhing als Frankreich, ein. 24 Stunden später gab auch Belgien seinen Widerstand auf. Damit war der zweimonatige Streit innerhalb der Nato zwar beigelegt, aber beide Seiten hatten die Krise mutwillig angefacht. Die USA, indem sie trotz des Widerstands wichtiger Nato-Mitglieder die Notfallplanungen vorantrieben und die Nato-Unterstützung für die Türkei zum Lackmustest für die Loyalität zur Allianz erhoben; das hatte Washington bei *Out of area*-Aktivitäten im Kalten Krieg nie getan. Frankreich, Deutschland und Belgien, indem sie den Eindruck erweckten, die Vorbereitungen der Nato seien etwas anderes als eine kluge Notfallplanung und ein Ausdruck der Bündnissolidarität. Das Ergebnis waren eine geschwächte Nato und ein Amerika, das noch skeptischer war als ohnehin, seine Interessen innerhalb der Allianz zu verfolgen.[34]

Schröders politischer Fehler bestand nicht darin, den Irakkrieg nachdrücklich abgelehnt zu haben – in diesem Punkt war ihm selbst der Kanzlerkandidat der Opposition, Edmund Stoiber, im Wahlkampf gefolgt. Vielmehr gab er mit dem demonstrativen Gestus seines «Nein» zum Irakkrieg die traditionelle Rolle der Bundesrepublik preis, als Mittler zwischen Paris und Washington sowie als Anwalt der Interessen der mittelosteuropäischen Länder zu fungieren. Dieses Vorgehen isolierte Berlin in Europa, reduzierte seinen politischen Einfluss und schuf Misstrauen gegenüber dem «deutschen Weg» in der Außen- und Sicherheitspolitik.

Die Blix-Berichte und der Streit um eine zweite Resolution

Während sich Kriegsbefürworter und Kriegsgegner politisch beharkten, waren die Waffeninspektionen weitergelaufen. Am 27. Januar 2003 berichteten Blix und IAEA-Chef El Baradei dem Sicherheitsrat über die ersten beiden Monate ihrer Arbeit. Blix' Bilanz fiel gemischt aus. Die Zusammenarbeit mit den irakischen Behörden sei zwar prozedural zufriedenstellend, es mangele aber an Substanz. Wichtige irakische Fachleute sprächen nur in Anwesenheit eines Regierungsvertreters mit den Inspektoren. Auch gebe es «deutliche Hinweise», berichtete Blix, dass der Irak mehr Anthrax hergestellt habe als angegeben und dass ein Teil davon noch immer vorhanden sei. Außerdem hätten die Inspekteure leere, für chemische Kampfstoffe ausgelegte Sprengköpfe gefunden, die nicht deklariert worden waren, ebenso Unterlagen über das Atomprogramm. Nach wie vor scheine der Irak die Abrüstungsverpflichtungen nicht «aufrichtig» zu akzeptieren, um das Vertrauen der Welt zu gewinnen und in Frieden zu leben.[35] Insgesamt war der Bericht kritischer als von den Skeptikern in der US-Regierung erwartet. In seinen Memoiren schrieb Blix, der Irak machte zu diesem Zeitpunkt keine Anstalten, spontan bei der Klärung offener Fragen zu helfen, und es sei schwer einschätzbar gewesen, ob Bagdad an einer ernsthaften Aufklärung der Vergangenheit interessiert war oder sein Katz-und-Maus-Spiel wieder aufnehmen wollte. Auch bekannte der oberste Waffeninspekteur, sein Gefühl habe ihm gesagt, dass der Irak immer noch in illegale Aktivitäten verwickelt war und über verbotene Anlagen verfügte.[36]

Aber der Bericht lieferte keinen eindeutigen *Casus Belli.* Zudem betonte Blix, sein Inspektorenteam weiter ausbauen zu wollen. Der Direktor der Internationalen Atomenergiebehörde El Baradei meinte in seiner Stellungnahme sogar, seine Mitarbeiter hätten «keine Beweise» dafür gefunden, «dass der Irak sein Atomwaffenprogramm seit dessen Beendigung in den neunziger Jahren wiederaufleben» habe lassen und seine Behörde in einigen Monaten glaubhaft darlegen können werde, «dass der Irak kein Nuklearprogramm betreibt».[37] Der Bericht machte deutlich, dass das Weiße Haus die Dynamik des Inspektionsprozesses falsch eingeschätzt hatte. Dort war man davon ausgegangen, Blix würde vom Irak entweder massiv in seiner Arbeit behindert oder verbotene Waffen finden. Beides wäre ein Kriegsgrund gewesen. Die Möglichkeit, dass der Irak zwischen Kooperation und Widerstand lavieren und die Inspektionen unklare Erkenntnisse liefern würden, hatte die Bush-Regierung offenbar nicht bedacht. Cheneys Warnungen vor dem Gang zu den Vereinten Nationen schienen sich zu bewahrheiten.

Nach dem klaren «Nein» aus Paris zu einem Krieg versuchten die USA, Russland zu bewegen, sich bei der angestrebten zweiten Resolution zumindest zu enthalten. Sollte das gelingen, so kalkulierte man, würde auch China kein Veto gegen einen Waffengang einlegen, und Frankreich wäre isoliert. Um Moskau für sich zu gewinnen, stellte die amerikanische Regierung sogar in Aussicht, dass ein Irak ohne Saddam seine Schulden bei Russland in Höhe von acht Milliarden Dollar schneller begleichen werden könne. Aber trotz aller Bemühungen der USA näherte sich Putin zusehends an die französische und deutsche Position an. Wenn das Weiße Haus eine minimale Chance gehabt hätte, seinem Argument von der Kooperationsverweigerung des Irak Gehör zu verschaffen und damit einen Krieg zu legitimieren, dann wäre es wohl unmittelbar nach Blix' kritischem Bericht gewesen. Zu diesem Zeitpunkt gingen die meisten westlichen Geheimdienste davon aus, dass Saddam nennenswerte Mengen an Massenvernichtungswaffen verbarg. Selbst Blix und seine Unmovic-Inspektoren hielten das für plausibel.[38] Zudem glaubten weder der amerikanische Präsident noch seine wichtigsten außenpolitischen Berater, eine neuerliche Resolution sei nötig. In dieser Frage waren sich sogar Cheney und Powell einig. Bush nahm jedoch Rücksicht auf seinen wichtigsten Verbündeten Blair, der bei einem Kurzbesuch im Weißen Haus am 31. Januar 2003 betonte, aus innenpolitischen Gründen unbedingt eine zweite Resolution im Sicherheitsrat für ein bewaffnetes Vorgehen zu brauchen und diese auch erhalten zu können.[39]

In Großbritannien war die Mehrheit der Bevölkerung gegen einen Krieg. In Presse und Unterhaus wurde der Premierminister wegen seiner Unterstützung der amerikanischen Irakpolitik als «Bushs Pudel» verspottet.[40] Zwar war der Vorwurf ungerechtfertigt: Blair war zutiefst von der Notwendigkeit einer Drohpolitik gegenüber Saddam überzeugt, hatte Washington 1998 bei der Operation *Desert Fox* unterstützt und war schon im Kosovokrieg 1999 Hauptadvokat einer humanitären Militäraktion sogar unter Einschluss von Bodentruppen gewesen. Aber gleichzeitig musste er der britischen Öffentlichkeit beweisen, dass er Bush auf dem eingeschlagenen Weg der Sicherheitsrat-Resolutionen halten könne. Seinen innerparteilichen Kritikern hielt der britische Premier entgegen: «Ich sage Ihnen, dass wir an der Seite Amerikas stehen müssen. Wenn wir das nicht tun, werden wir unseren Einfluss darauf verlieren, was sie tun.»[41] Letztlich stellte sich Blair also nicht allein aus weltanschaulichen Gründen an die Seite Bushs, sondern auch weil er hoffte, über die enge Kooperation mit den USA auf sie einzuwirken und Großbritannien eine herausgehobene Position im internationalen System als Juniorpartner der Supermacht zu sichern. Der amerikanische Präsident gab wohl auch in der Hoffnung dem Drängen Blairs nach, die für den 5. Februar angesetzte Präsentation Powells vor dem Sicherheitsrat werde die Kritiker seines Kurses zum Verstummen bringen. Damit verstrich die Gelegenheit, Blix' Bericht vom 27. Januar zum Anlass für eine Militärintervention zu nehmen. Langsam schien Saddam nämlich den Ernst der Lage zu erkennen, und er begann, mit den Inspektoren zusammenzuarbeiten.

In seinem nächsten Bericht an den Sicherheitsrat am 14. Februar beurteilte Blix denn auch den Kooperationswillen Bagdads weniger kritisch als beim letzten Mal.[42] Im Anschluss an die Berichte von Blix und El Baradei entspann sich eine heftige Debatte zwischen den Außenministern, die diesmal ihre Länder im Rat vertraten und mit ihrer Anwesenheit die ganze Dramatik der anstehenden Entscheidungen unterstrichen. Auf der einen Seite erklärten die Vertreter der USA, Großbritanniens und Spaniens, Saddam habe seine Haltung nicht geändert und der Zeitpunkt rücke näher, an dem dies Folgen haben müsse. Auf der anderen Seite argumentierten die Repräsentanten Frankreichs, Chinas, Russlands und Deutschlands, es gebe Fortschritte bei den Inspektionen und jedes Nachdenken über Gewaltmaßnahmen sei verfrüht. Die britische Idee, Bagdad ein Ultimatum für einen nachprüfbaren Sinneswandel zu stellen, kam deshalb gar nicht erst zur Beratung. Stattdessen schlug der russische Außenminister Iwanow vor, für die Inspektionen einen Kriterienkatalog für die noch offenen Fragen aufzustellen, anhand derer sich die Kooperation des Irak beurteilen lasse. Während sich Großbritannien offen für ein solches Vorgehen zeigte, wenn es mit einem Ultimatum einherginge, erlosch das anfängliche amerikanische Interesse rasch. Einen entsprechenden Vorschlag von Blix', der als Frist den 15. April 2003 nannte, lehnte US-Außenminister Powell als zu spät ab.

Während der Verhandlungen in New York wuchs in Europa der Widerstand gegen eine militärische Lösung. In Frankreich etwa stieg der Anteil der Kriegsgegner von 65 Prozent im September 2002 auf 77 Prozent im Februar 2003. Der 15. Februar sah in vielen europäischen Städten zudem die größten Massenproteste seit Jahrzehnten. In London, Madrid und Barcelona demonstrierten jeweils fast eine Million Menschen gegen den Krieg, in Rom zwischen einer und zwei Millionen, in Berlin 300 000 bis 500 000. Die Zeit arbeitete nicht, wie von Washington erhofft, für, sondern gegen eine Invasion des Irak.

Aus Rücksicht auf Blair entschloss sich Bush, eine zweite Resolution im Sicherheitsrat anzustreben. Frankreich sprach sich vehement gegen ein solches Vorgehen aus, weil es eine Eskalation des Streits mit Washington vermeiden wollte. Damit erhielt die Debatte eine ironische Wendung: Die USA, die behaupteten, keine zweite Resolution für ein militärisches Vorgehen gegen Saddam zu benötigen, drängten nun auf eine weitere Abstimmung im Sicherheitsrat. Zugleich riet Frankreich, das einen möglichen Krieg immer durch eine zweite Resolution legitimiert sehen wollte, von einem solchen Vorgehen ab.[43] Am 21. Februar unterbreitete der französische UN-Botschafter Jean-David Levitte auf direkte Anweisung des Elysée Vize-Sicherheitsberater Hadley im Weißen Haus ein ‹Gentlemen's Agreement›. Washington würde Frankreich nicht zu einem Veto im Sicherheitsrat zwingen, und Paris würde den Gewalteinsatz gegen den Irak zwar verurteilen, aber keine diplomatische Krise provozieren. Hadley antwortete, in der Tat bräuchten die USA keine zweite Resolution, aber Blair brauche sie, und die USA bräuchten Blair. Zudem sei man zuversichtlich, die für eine Annahme nötigen neun Stimmen zu erhalten.[44]

Während einer Telefonkonferenz Bushs und Aznars, die auf der Ranch des Präsidenten in Crawford zusammengekommen waren, mit Blair und dem italienischen Ministerpräsidenten Berlusconi beschlossen die vier am 22. Februar, eine weitere Resolution im Sicherheitsrat einzubringen. Zwei Tage später ließen die UN-Botschafter der USA, Großbritanniens und Spaniens einen entsprechenden Entwurf zirkulieren. Er konstatierte, der Irak sei den Forderungen von Resolution 1441 nicht nachgekommen, weil er nicht vollständig kooperiert und in seiner Erklärung vom 7. Dezember falsche Angaben gemacht habe. Damit habe er seine «letzte Gelegenheit» zur sofortigen und bedingungslosen Zusammenarbeit verpasst. Dieses Fehlverhalten stelle eine Bedrohung des internationalen Friedens und der Sicherheit dar. Selbst wenn keine «ernsthaften Konsequenzen» gefordert wurden, so ermöglichte die Wortwahl doch die Anwendung von Gewaltmaßnahmen. Frankreich, Russland und Deutschland erklärten dagegen in einem Memorandum an den Ratsvorsitzenden, die Inspektionen sollten fortgesetzt und die Abrüstung des Irak mit friedlichen Mitteln erreicht werden. Aber auch die Tatsache, dass Saddam Anfang März 70 seiner 100 Al-Samud-2-Raketen, die die vom Sicherheitsrat erlaubte Reichweite von 150 km überschritten, unter Unmovic-Aufsicht zerstören ließ, wurde in Washington nicht mehr als ernstzunehmender Ausdruck eines substantiellen Abrüstungswillens gesehen. Dort wuchs Tag für Tag die Entschlossenheit, den Weg der Inspektionen zu verlassen.

Demgegenüber versicherten die Außenminister Frankreichs, Russlands und Deutschlands in einer Erklärung in Paris am 5. März, sie würden «keinen Resolutionsentwurf mit der Genehmigung zur Gewaltanwendung passieren lassen». Frankreich und Russland seien entschlossen, «als Ständige Mitglieder des Sicherheitsrats ihre volle Verantwortung zu übernehmen». Damit lag die Veto-Drohung gegen eine Resolution auf dem Tisch, die dem Irak eine Missachtung von Resolution 1441 vorwarf. Der Streit zwischen den USA und Frankreich trieb jetzt surreale Blüten. So war der für die Versorgungseinrichtungen des Repräsentantenhauses zuständige Abgeordnete so erzürnt über den Widerstand Chiracs gegen den Kriegskurs, dass er alle Cafeterias seiner Parlamentskammer anwies, «French fries» auf ihrer Speisekarte in «Freedom fries» umzubenennen.[45]

Showdown im Sicherheitsrat

Anfang März 2003 lief alles auf einen Showdown im Sicherheitsrat zu. Colin Powell erklärte, die USA würden den nächsten Bericht der beiden Inspektoren abwarten und dann entscheiden, ob sie auf die Abstimmung über eine neue Resolution dringen wollten. Am 7. März berichtete Blix, dass die Inspektionen Fortschritte machten, aber eine verifizierbare Abrüstung noch Monate brauche. El Baradei dagegen präsentierte eindeutige Ergebnisse: Die sichergestellten Aluminiumröhren seien nicht für Zentrifugen zur Urananreicherung gedacht gewesen, und der Vertrag zwischen dem Irak und dem Niger über den Kauf von Uran sei gefälscht. Es gebe keinerlei Belege oder plausible Anzeichen dafür, dass der Irak sein Atomwaffenprogramm wieder aufgenommen habe. In der anschließenden Diskussion im Sicherheitsrat hielten beide Seiten an ihrer unterschiedlichen Einschätzung fest. Die USA, Großbritannien und Spanien waren aber bereit, ihren Resolutionsentwurf vom 24. Februar zu modifizieren. Statt einfach zu «beschließen», dass der Irak «die letzte Gelegenheit versäumt hat», sollte sie jetzt erst dann als versäumt gelten, wenn der Rat nicht am 17. März oder davor festgestellt habe, dass Bagdad seine volle Kooperation bewiesen und alle verbotenen Waffen und entsprechenden Dokumente übergeben habe. Die Kriegsgegner lehnten den Vorschlag aber ab, weil sie befürchteten, die USA und Großbritannien würden auch den veränderten Resolutionstext nach seiner Verabschiedung als Blankoscheck für eigenmächtiges Handeln betrachten. Sie beharrten darauf, der Unmovic für die Abarbeitung konkreter Abrüstungsforderungen mehrere Monate zu geben. Chirac erklärte am 10. März sogar, «was auch immer die Umstände sind, Frankreich wird mit ‹Nein› stimmen».[46] Kurz zuvor war de Villepin durch Afrika gereist, um dessen drei Repräsentanten im Sicherheitsrat zu einer Ablehnung der amerikanischen Resolution zu bewegen. Sicherheitsberaterin Rice war so frustriert über das Verhalten der Kriegsgegner, dass sie Bush riet, nach der Militäraktion «Frankreich zu bestrafen, Deutschland zu ignorieren und Russland zu vergeben».[47]

Trotz der französischen Vetoankündigung bemühten sich die USA, die für die Verabschiedung der Resolution erforderlichen neun Stimmen im Rat zusammenzubringen. Dies hätte ihnen erlaubt, die Mehrheitsentscheidung als Legitimierung eines militärischen Vorgehens darzustellen. Angesichts Blairs innenpolitischer Schwierigkeiten bot Bush sogar an, ihn lieber aus der Koalition ausscheren zu lassen, als seinen Sturz zu riskieren. Aber der britische Premier versicherte ihm, er stehe «bis zum Ende» an seiner Seite.[48] Neben Großbritannien unterstützten Spanien und Bulgarien die USA im Sicherheitsrat, der

Opposition um die drei erklärten Kriegsgegner Frankreich, Russland und Deutschland schlossen sich China und Syrien an. Washington und London übten deshalb diplomatischen und ökonomischen Druck auf die unentschlossenen Ratsmitglieder aus. Blair rief den chilenischen Präsidenten Ricardo Lagos täglich an, manchmal sogar dreimal am Tag.[49] Auch Bush telefonierte persönlich mit einigen Staats- und Regierungschefs der *Mittleren Sechs*, wie Angola, Kamerun, Chile, Mexiko, Guinea und Pakistan genannt wurden. Aber kein Land wollte dem amerikanischen Präsidenten eine Zusage geben. Selbst der mexikanische Präsident Vicente Fox und Lagos, enge lateinamerikanische Partner der USA, erteilten Bush am 13. März eine Abfuhr.

Statt dessen lancierten die *Mittleren Sechs* unter Führung Chiles einen eigenen Entwurf, der einen 45-tägigen Aufschub einer Entscheidung über die zweite Resolution vorsah. Washington lehnte ab. Damit war auch der letzte Kompromissversuch gescheitert. Alle Zeichen deuteten nun auf Krieg. Auch zwei der wichtigsten Verbündeten der USA im Nahen Osten, Saudi-Arabien und Jordanien, rieten zum Losschlagen. Zwar hatten beide Länder eine Militäraktion gegen den Irak ursprünglich abgelehnt, weil sie eine Destabilisierung der Region befürchteten und die überwältigende Mehrheit ihrer Bürger dagegen war. Aber das Lavieren im Sicherheitsrat war in ihren Augen schlimmer als Krieg.[50] Gegenüber dem irischen Premierminister Bertie Ahern, den er am 13. März in Washington traf, wies Bush Frankreich und Deutschland eine Mitschuld an der Eskalation zu: Hätten sie größere Bereitschaft gezeigt, sich Saddam in den Weg zu stellen, wäre die Angelegenheit friedlich beigelegt worden. In Europa hingegen sah man Bush als Kriegstreiber, der von Anfang an und grundlos eine Invasion des Irak betrieb. Aber die Realität war komplizierter, als es diese Karikaturen der gegenseitigen Positionen nahelegten. Vielmehr setzten unvereinbare diplomatische Ansätze, kompromisslose Rhetorik und Fehlkalkulationen eine Eskalationsspirale in Gang, die die transatlantischen Beziehungen an den Rand des Zusammenbruchs brachte. Letztlich gelang es den Hardlinern in den USA und einigen Fundamentalisten in Europa, die diplomatischen Vermittlungsversuche zu unterminieren und den Interessenkonflikt eskalieren zu lassen.

Am 16. März 2003 trafen sich Bush, Blair und Aznar für eine Stunde auf der Azoreninsel Terceira, um einen letzten Aufruf an die Mitglieder des Sicherheitsrats zu richten, ihrem Resolutionsentwurf und damit de facto einer Kriegsermächtigung zuzustimmen. Als Gastgeber fungierte der portugiesische Ministerpräsident José Manuel Barroso, ebenfalls ein Mitglied der Kriegskoalition. «Es [das Treffen] wurde als Niederlage gesehen», gestand Außenminister Powell später ein, «und es war eine Niederlage.»[51] Denn es war klar, dass Frankreich sein Veto gegen die Resolution einlegen und selbst Washington freundlich gesonnene nicht-ständige Ratsmitglieder wie Chile und Mexiko sie nicht unterstützen würden. Die Kriegsbefürworter brachten ihren Entwurf deshalb nicht zur Abstimmung. Die Würfel waren gefallen. Noch am Nachmittag des 16. März teilte ein Mitarbeiter des US-Außenministeriums Blix mit, es sei an der Zeit, die Inspekteure aus dem Irak abzuziehen. Einen Tag später bereitete Bush die Nation und die Welt in einer Fernsehansprache auf den Krieg vor:

> Die Ereignisse im Irak nähern sich den letzten Tagen der Entscheidung. ... Der Sicherheitsrat hat seine Verantwortung nicht wahrgenommen, deshalb werden wir unsere wahrnehmen. ... Saddam Hussein und seine Söhne müssen den Irak innerhalb von 48 Stunden verlassen. Ihre Weigerung, das zu tun, wird zu einem militärischen Konflikt führen. ... Die Sicherheit der Welt erfordert es, Saddam Hussein jetzt zu entwaffnen.[52]

Am Morgen des 18. März telefonierte Bush mit den Präsidenten Chinas und Russlands, Hu Jintao und Putin, um ihnen zu versichern, dass der Krieg gegen den Irak keine negativen Auswirkungen auf die bilateralen Beziehungen haben werde.

Völkerrechtliche Zulässigkeit und die Koalition der Willigen

Das machtpolitische Ringen um den Irakkrieg fand seinen Ausdruck letztlich auch im Streit über seine völkerrechtliche Zulässigkeit. Gegenüber den Vereinten Nationen nannten die USA als offiziellen Kriegsgrund, es gehe darum sicherzustellen, dass der Irak die Abrüstungsresolution von 1991 erfülle. In einem Schreiben an den

Vorsitzenden des Sicherheitsrats betonte der amerikanische UN-Botschafter, John Negroponte, am 21. März 2003:

> Es ist seit langem anerkannt und so verstanden, dass ein materieller Bruch dieser Verpflichtungen dem Waffenstillstand die Grundlage entzieht und die Ermächtigung für eine Gewaltanwendung unter der Resolution 687 wiederaufleben lässt. Angesichts der materiellen Brüche ist dem Waffenstillstand die Grundlage entzogen und die Anwendung von Gewalt autorisiert.[53]

Großbritannien und Australien übergaben dem Sicherheitsrat ähnliche Schreiben. Allerdings hatte der britische Generalstaatsanwalt Lord Goldsmith wohl unter Druck Blairs die Rechtmäßigkeit des Gewalteinsatzes erst drei Tage vor der Invasion bestätigt. Die Kriegsgegner dagegen argumentierten, Resolution 1441 enthalte keine Autorisierung für eine Militäraktion. Die überwiegende Mehrheit der Völkerrechtler hielt den Gewalteinsatz ebenfalls für illegal.[54] So schrieb etwa der deutsche Völkerrechtler Christian Tomuschat, dass «der Sicherheitsrat selbst sich [mit Resolution 1441] mit einer gewissen Selbstverpflichtung vorbehält, nötigenfalls die geeigneten Schritte zu unternehmen».[55] Nur in den USA und Großbritannien fanden sich einige Stimmen, die einen Krieg für zulässig erachteten. Chef-Waffeninspektor Blix dagegen nannte den Angriff völkerrechtswidrig.[56] UN-Generalsekretär Kofi Annan unterstrich im September 2004: «Aus unserer Sicht und der Sicht der UN-Charta war er [der Krieg] illegal.»[57] Auch eine niederländische Expertenkommission verneinte im Januar 2010 die völkerrechtliche Legitimität der Irakinvasion. Aber wo kein Kläger, da kein Richter: Kein Land brachte die Frage der Zulässigkeit des Kriegs vor den Sicherheitsrat der Vereinten Nationen oder den Internationalen Gerichtshof in Den Haag.

Wie immer man auch den juristischen Sachverhalt beurteilt, ohne Zustimmung des Sicherheitsrats zu einem militärischen Vorgehen gegen Saddam mangelte es dem Irakkrieg an völkerrechtlicher Legitimität. Das war auch der Bush-Regierung bewusst. Deshalb bemühte sie sich in den Wochen vor dem Kriegsbeginn, eine möglichst große Zahl von Nationen für ihre «Koalition der Willigen» [*coalition of the willing*] zu gewinnen und so zumindest den Anschein einer multilateralen Aktion zu erwecken. Die Liste der Unterstützer-Staaten veröffentlichte das Weiße Haus am 27. März 2003 auf seiner Homepage. Allerdings zeigten Recherchen, dass die Zahl mehrfach verändert wurde. Am Vorabend der Invasion hatte die Koalition der Willigen 45 Mitglieder, aber durch Revisionen der Liste stieg ihre Zahl auf 49, ohne dass das Weiße Haus das Datum der Veränderungen angab. Durch Nachlässigkeit oder Absicht verfälschte die amerikanische Regierung damit die historische Wahrheit.[58] So strich das Weiße Haus Costa Rica und Angola, nahm sie aber später wieder auf und fügte Tonga sowie die Ukraine hinzu. Die Koalition der Willigen umfasste laut amerikanischer Regierung Afghanistan, Albanien, Angola, Aserbeidschan, Äthiopien, Australien, Bulgarien, Costa Rica, Dänemark, die Dominikanische Republik, El Salvador, Eritrea, Estland, Georgien, Großbritannien, Honduras, Island, Italien, Japan, Kolumbien, Kuwait, Lettland, Litauen, die Marshall-Inseln, Mazedonien, Mikronesien, die Mongolei, Nicaragua, die Niederlande, Palau, Panama, die Philippinen, Polen, Portugal, Ruanda, Rumänien, Singapur, die Slowakei, die Solomonen, Südkorea, Spanien, Tonga, Tschechien, die Türkei, Uganda, die Ukraine, Ungarn, die USA und Usbekistan.[59] Aber Costa Rica bat um seine Tilgung von der Liste, und die Türkei verweigerte sich trotz ihrer Auflistung dem Wunsch Washingtons, amerikanische Truppen über ihr Territorium zu transportieren. Sechs Staaten verfügten über kein eigenes Militär. Nach dem Krieg baten die USA 70 Länder um Hilfe bei der Stabilisierung des Irak. Allerdings entsandten nur 33 meist kleine Kontingente für die Besatzung und den Wiederaufbau. Erst im September 2003 waren zwei nicht-amerikanische Divisionen, eine unter britischem, eine unter polnischem Kommando, einsatzbereit. Die Zahl der Unterstützer konnte nicht darüber hinwegtäuschen, dass der Irakkrieg ein amerikanisches Unterfangen mit britischer Hilfe war und auch die politische Verantwortung für die Nachkriegsphase fast ausschließlich in Washington und London lag.

5. Die Kriegsgründe: Was wir heute wissen

Nach der Invasion erwies sich, dass der Irak weder nukleare, biologische oder chemische Waffen besaß noch aktive Programme für ihre Herstellung unterhielt. David Kay, der Chef der 1400 US-Inspektoren, musste nach einem knappen Jahr ergebnisloser Suche eingestehen, es gebe keine Arsenale verbotener Waffen im Irak. «Wir lagen fast alle falsch», bekannte er am 28. Januar 2004 vor dem Streitkräfteausschuss des Senats.[1] Kurz darauf erklärte Außenminister Powell gegenüber der BBC, dass «die Informationen scheinbar nicht sehr solide gewesen sind», später drückte er noch seine «tiefe Enttäuschung» über das Material aus, das die Geheimdienste ihm und «dem Rest von uns» vorgelegt hatten.[2] Im Frühjahr 2006 ging Powells Stabchef Wilkerson einen entscheidenden Schritt weiter und klagte öffentlich, von der CIA-Leitung getäuscht worden zu sein: «Meine Beteiligung an dieser Präsentation bei den Vereinten Nationen stellt den Tiefpunkt meines Berufslebens dar. Ich beteiligte mich an einem Schwindel [*hoax*] gegenüber dem amerikanischen Volk, der internationalen Gemeinschaft und dem UN-Sicherheitsrat.»[3] Pressesprecher McClellan offenbarte in seinen Memoiren, Bush und sein Weißes Haus hätten von Herbst 2002 an «eine sorgfältig orchestrierte Kampagne» betrieben, um die öffentliche Zustimmung «zu formen und zu manipulieren».[4] In weiten Teilen der nationalen und internationalen Öffentlichkeit setzte sich der Eindruck fest, die US-Regierung habe bewusst Lügen über Iraks Massenvernichtungswaffen-Programm verbreitet, um einen Grund für die Invasion zu haben.

Die Untersuchungsberichte

Mittlerweile liegt eine Unzahl von Untersuchungsberichten und Studien vor, die sich mit diesem Vorwurf auseinandersetzen. Kaum eine Frage in der Geschichte amerikanischer Kriege dürfte schneller und gründlicher erforscht worden sein als die, ob die Angaben der

Geheimdienste und der Regierung über den Irak vor der Invasion zutrafen. Die Ergebnisse zeichnen ein schonungsloses Bild davon, wie die Dienste Informationen hastig und auf dünner Faktenbasis zusammenstellten und wie die Politik diese Informationen einseitig selektierte und instrumentalisierte. Fehleinschätzungen, Übertreibungen, Selbsttäuschung und Täuschung kennzeichneten das Reden und Handeln der wichtigsten Akteure.

Im Juli 2004 wies eine Studie des Geheimdienstausschusses des Senats schwere Fehler der Dienste bei der Beurteilung der von Saddam ausgehenden Gefahr nach.[5] Der Abschlussbericht von Kays Nachfolger Charles Duelfer und eine interne Untersuchung der CIA gelangten drei Monate später zu dem Ergebnis, dass Saddam nach 1991 keine biologischen oder chemischen Waffenprogramme mehr unterhielt, von nuklearen ganz zu schweigen.[6] Im März 2005 fällte die vom Präsidenten eingesetzte *Robb-Silberman-Kommission*, der hochrangige Persönlichkeiten aus Politik, Wissenschaft und Gesellschaft angehörten, ein ähnlich vernichtendes Urteil: Die Einschätzungen der irakischen ABC-Waffenprogramme, die die Dienste in der Nationalen Lageeinschätzung zusammengestellt und im Oktober 2002 der Regierung übergeben hatten, seien «alle falsch» gewesen. Weiter heißt es im Kommissionsbericht:

> Die Arbeit der Geheimdienste bei der Einschätzung der irakischen Programme für Massenvernichtungswaffen vor dem Krieg war ein schwerer Fehlschlag. Der Fehlschlag bestand nicht nur darin, dass die Einschätzungen der Dienste falsch waren. Es gab auch schwere Versäumnisse in der Art, wie diese Einschätzungen zustande kamen und den Entscheidungsträgern kommuniziert wurden.[7]

Auch Bush, Rice, Powell und viele andere Republikaner schrieben den schweren Glaubwürdigkeitsverlust der amerikanischen Regierung bei der Begründung des Irakkriegs allein dem Versagen der Geheimdienste zu. In einem seiner Abschiedsinterviews sagte Bush, am meisten bereue er während seiner gesamten Präsidentschaft «den Fehlschlag der Nachrichtendienste im Irak».[8] Eine solche Erklärung greift aber zu kurz. Wiederholt hatten das Weiße Haus sowie die Büros des Vizepräsidenten und des Verteidigungsministers versucht, die Arbeit der CIA zu beeinflussen. Cheney selbst brachte mehrmals angebliche Beweise in die Diskussion ein, die auf zweifelhaften Informationen beruhten. Ihre Quelle war Achmed Tschalabi, ein Führer des *Irakischen Nationalkongresses*, einer Dachorganisation der Exiliraker. Tschalabi war mehrere Jahre vom Außenministerium und der CIA mit Geld unterstützt, aber dann fallengelassen worden, als sich seine Angaben als unzuverlässig und sein Finanzgebaren als dubios erwiesen. Im Jahr 2002 fand er in Rumsfelds Verteidigungsministerium aber einen neuen, besseren Förderer, der dem Nationalkongress pro Monat 300 000 Dollar zukommen ließ.[9] Den Höhepunkt seines Einflusses erreichte Tschalabi während Bushs Ansprache zur Lage der Nation Ende Januar 2003, als er auf der Galerie direkt hinter Präsidentengattin Laura Bush platziert wurde und damit immer wieder ins Blickfeld der Fernsehkameras rückte. Im September 2006 stellte der Geheimdienstausschuss des Senats fest, der *Irakische Nationalkongress* habe versucht, «die amerikanische Politik gegenüber dem Irak zu beeinflussen, indem er falsche Informationen durch Überläufer zur Verfügung stellte, die das Ziel hatten, die USA zu überzeugen, dass der Irak Massenvernichtungswaffen besaß und Verbindungen zu Terroristen unterhielt».[10] Für beides gebe es aber keinerlei Belege.[11]

Offenbar steigerten sich Bush und seine wichtigsten Berater in der hochemotionalen Phase nach den Anschlägen vom 11. September in Bedrohungsängste hinein, die eine nüchterne Beurteilung der Fakten kaum mehr zuließen. Jede dubiose Aktivität des Irak, jede noch so zweifelhafte Information beurteilten sie nicht danach, was ihre wahrscheinlichste und plausibelste Erklärung war, sondern danach, ob es auch nur die geringste Chance gab, dass sie in Zusammenhang mit Massenvernichtungswaffen oder terroristischen Aktivitäten stand. «Sie [Bush und seine Berater] wollten zu dem Ergebnis gelangen, dass es Waffen gab», analysierte Chefinspektor Blix ein Jahr nach der Invasion richtig. «Wie in früheren Tagen der Hexenjagden waren sie überzeugt, dass sie existierten, und falls man eine schwarze Katze sieht, nimmt man das als Beweis für eine Hexe.»[12] Abweichende Analysen, die Bush schon vor Kriegsbeginn vorlagen, wurden ignoriert. Die 3000 Aluminiumröhren etwa, die der Irak in China bestellt hatte und die 2001 in Jordanien abgefangen worden waren, hielten die meisten US-Dienste zwar für Zentrifugen zur Urananreicherung.

Aber schon im Oktober 2002 vermerkte eine einseitige Lageeinschätzung für den Präsidenten, dass Außen- und Energieministerium die Röhren für Teile konventioneller Waffensysteme hielten – richtigerweise, wie sich später herausstellte. Bush wusste um die divergierenden Analysen, blieb aber öffentlich und sogar in seiner Ansprache zur Lage der Nation im Januar 2003 seiner Linie treu, die Röhren als Beleg für die nuklearen Ambitionen Saddams darzustellen.

Auch sprach der Präsident im Oktober 2002 in einer Rede in Cincinnati davon, dass «der Irak Mitglieder der Al Khaida im Herstellen von Bomben, Giften und tödlichen Gasen ausgebildet hat».[13] Dabei hatte ein Geheimdienstdossier bereits im Februar 2002 festgestellt, die Quelle, ein hochrangiger Al-Khaida-Gefangener, führe die Verhörspezialisten wahrscheinlich absichtlich irre.[14] Schließlich konnten die Geheimdienste im Januar 2003 keine Indizien dafür finden, dass Saddam aggressive Absichten gegenüber den USA hegte, wie von der Regierung immer wieder behauptet.[15] Die «unmittelbare Bedrohung», die Bush als Grund für einen Präemptivkrieg anführte, gab es im Falle des Iraks einfach nicht. Selbst die Basis für einen präventiven Militärschlag war nicht gegeben. Übrig blieben bestenfalls vage Verdachtsmomente, die die Regierung den Parlamentariern und der Öffentlichkeit jedoch als hieb- und stichfeste Beweise präsentierte. Der Journalist Ron Suskind berichtete später, das Weiße Haus habe in mehreren Fällen von seiner Sichtweise abweichende Geheimdienstnachrichten als Desinformation diskreditiert. Auch ignorierte es die Angaben der beiden höchstrangigen irakischen Informanten westlicher Dienste, Außenminister Sabri und Geheimdienstchef Habbush, Saddam habe keine verbotenen Waffen mehr und gebe das nur aus Gründen des eigenen Machterhalts nicht zu.[16]

Ende Januar 2008 veröffentlichte das *Center for Public Integrity*, ein nicht-kommerzielles Journalismus-Institut, eine Studie zum Wahrheitsgehalt der Regierungsverlautbarungen zu der vom Irak ausgehenden Bedrohung. Die Studie gelangte zu dem Ergebnis, dass der Präsident und seine sieben wichtigsten Regierungsmitarbeiter in den zwei Jahren nach 9/11 insgesamt 935 falsche Aussagen zur Existenz von Massenvernichtungswaffen und Verbindungen Saddams zu Al Khaida gemacht hatten. Bush führte die Liste mit 259 Falschaussagen an, dicht gefolgt von Außenminister Powell mit 254. Daraus schloss

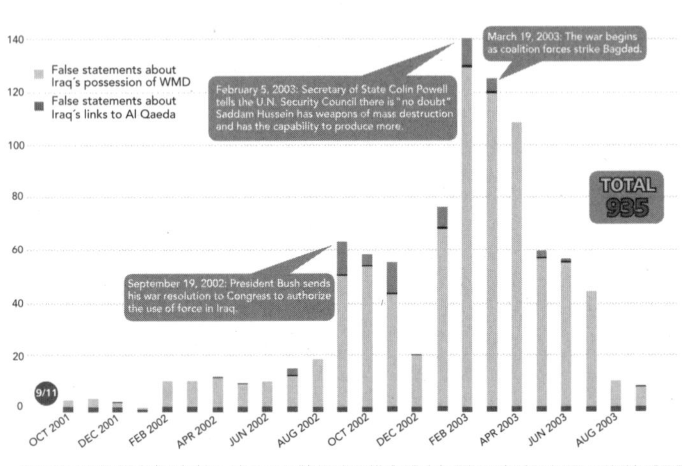

das Institut, die Regierung habe eine Desinformationskampagne orchestriert, um das Land in den Krieg gegen den Irak zu führen.[17] Allerdings ging das Center dabei von der nicht zu belegenden Prämisse aus, Bush und seine engsten Berater hätten gewusst, dass es keine Massenvernichtungswaffen gab. Es ist aber nicht dasselbe, ob die Regierung umstrittene Informationen selektiv auswählt und politisch instrumentalisiert oder wissentlich und gezielt Falschmeldungen verbreitet. Selbst Chefinspektor Blix betont in seinen Memoiren, wie schwierig eine definitive Einstufung der Gefahr damals war.

Objektiver arbeitete der Geheimdienstausschuss des Senats, als er im Juni 2008 nach jahrelangen Verzögerungen die umfassendste Untersuchung der Stellungnahmen vorlegte, mit denen der Präsident und seine wichtigsten Mitarbeiter den Irakkrieg begründet hatten. Der 170-seitige Bericht wurde von zehn der 15 Ausschussmitglieder getragen, darunter allen acht Demokraten. Er wirft Bush, Cheney und anderen Spitzenpolitikern vor, die von Saddams Regime ausgehende Gefahr systematisch übertrieben zu haben. Zwar deckten sich ihre öffentlichen Aussagen über die nuklearen, biologischen und chemischen Waffenprogramme des Irak mit den besten Einschätzungen der Nachrichtendienste, aber kein Mitglied der Bush-Regierung wies darauf hin, dass die Dienste diese Einschätzungen oft selbst als unsicher oder umstritten bezeichneten. Als falsch und irreführend verurteilte der Untersuchungsbericht die Vorwürfe des Präsidenten, des Vizepräsidenten und des Außenministers, der Irak und Al Khaida arbeiteten auf operationeller Basis zusammen, und es bestehe die Möglichkeit, dass Saddam der Terrorgruppe Massenvernichtungswaffen übergebe. Auch fand er keine Belege für ein Treffen irakischer Agenten mit Mohammed Atta, dem operativen Leiter der Terroranschläge vom 11. September. Der Ausschussvorsitzende, Senator John D. Rockefeller IV, warf dem Präsidenten sogar vor, er habe die Nation «unter falschen Prämissen» in den Krieg geführt. Vier republikanische Mitglieder hielten in ihrer Minderheitsmeinung dagegen, dass die CIA durch ihre Fehlinformationen der Bush-Regierung keine andere Wahl als einen Militärschlag gelassen habe. Mit einer Auflistung von Zitaten wiesen sie nach, wie auch demokratische Senatoren – unter anderem Rockefeller selbst – die von Saddam ausgehende Gefahr beschworen und dem Präsidenten eine Vollmacht zur Intervention erteilten.[18] Allerdings gibt es einen Unterschied, ob Parlamentarier, die nicht alle Geheimdienstberichte kannten, oder ob die Spitzen der Exekutive öffentlich eine bestimmte Politik propagieren. Die Bush-Regierung muss sich vorhalten lassen, dass ihr Verdacht, Saddam habe noch verbotene Waffen, kein Beweis war, und sie diesen Unterschied systematisch verwischte.

Wirkliche und angebliche Skandale: Curveball und Wilson/Plame

Ein markantes Beispiel für den politisierenden Umgang mit Geheimdienstinformationen stellt der Curveball-Fall dar. Hinter diesem Decknamen verbarg sich ein irakischer Flüchtling in Deutschland, der dem Bundesnachrichtendienst Anfang 2000 weismachte, er sei ein Projektleiter für Saddams Biowaffen-Programm gewesen und habe mobile Labors gesehen. Der BND reichte seine Erkenntnisse an die CIA weiter, sandte aber widersprüchliche Signale aus, was die Solidität der Quelle anlangte. Während die deutschen Agenten Curveball zunächst in die höchste Informanten-Kategorie einordneten, bekamen sie später zunehmend Zweifel an seiner Zuverlässigkeit und ließen die CIA wissen, dass seine Angaben nicht verifiziert werden könnten. Seine Befragung durch amerikanische Agenten lehnte der BND aber kategorisch ab, obwohl Washington nach den Anschlägen vom 11. September höchstes Interesse an diesen Informationen zeigte. Curveballs Geschichte war an sich nicht unplausibel, hatten die UN-Inspektoren Mitte der 1990er Jahre doch geheime biologische Waffenprogramme Saddams aufgedeckt. Aber die wachsende Skepsis des BND veranlasste Tyler Drumheller, den CIA-Abteilungsleiter für Europa, seine Vorgesetzten vor Curveball zu warnen.[19] Andere CIA-Mitarbeiter hielten ihn indes für glaubwürdig.

Auf höchster Ebene behandelte man die Informationen jedenfalls nicht mit der gebotenen Vorsicht. Wahrscheinlich beruhigten sich CIA-Direktor Tenet und sein Vize McLaughlin mit dem Gedanken, wenn die Massenvernichtungswaffen nach dem US-Einmarsch im Irak erst einmal gefunden seien, spiele es sowieso keine Rolle mehr, ob Curveball die Wahrheit gesagt habe. Damit avancierten die angeblichen mobilen Biowaffenlabors zu einem zentralen Beweisstück gegen Saddam. Bush nannte sie in seiner Ansprache zur Lage der Nation am 28. Januar 2003, Außenminister Powell machte sie sogar zum Eckpfeiler seiner Präsentation vor dem UN-Sicherheitsrat am 5. Februar 2003. Im Verlauf des Jahres kam jedoch heraus, dass Curveball nur kurzzeitig in der Registratur des *Chemischen Ingenieur- und Designzentrums* gearbeitet hatte, als notorischer Lügner galt, dem BND die Geschichte aufgetischt hatte, um einen Asylantenstatus zu bekommen, und sich die Fakten wohl aus den im Internet veröffentlichten Berichten der UN-Waffeninspektoren aus den frühen 1990er Jahren besorgt hatte. Im Juni 2004 teilte die CIA den Geheimdienstausschüssen des Kongresses formell mit, dass Curveball die Geschichte von den mobilen biologischen Waffenlabors erfunden habe und sie zurückgezogen werde. Die Lastwagen mit den verdächtigen Containern waren Samenverarbeitungsmaschinen gewesen, die der Irak 1997 legal in Deutschland erworben hatte.[20] Die Bush-Regierung musste sich vorwerfen lassen, die marginale Information aufgeblasen und den Irakkrieg mit den Lügengespinsten eines Mannes begründet zu haben, den ihr Geheimdienst nicht einmal selbst verhört hatte.

Wie groß der innenpolitische Glaubwürdigkeitsverlust der Regierung war, dokumentiert die Wilson/Plame-Affäre. Sie hatte ihren Ausgangspunkt in einer Reise von Joseph Wilson in den Niger auf Wunsch der CIA. Der Geheimdienst hatte ihn im Februar 2002 dorthin entsandt, weil er als ehemaliger Botschafter in der Region und Afrikaexperte über gute Kontakte verfügte, um der Information nachzugehen, der Irak habe in dem afrikanischen Staat Uran erwerben wollen. Wilson fand heraus, dass 1999 tatsächlich eine irakische Delegation in Niger gewesen, aber kein Urangeschäft explizit diskutiert worden sei; allerdings vermute der damalige nigerische Premierminister Mayaki, so Wilson, die Iraker seien an einem Kauf interessiert gewesen. Das lag auch nahe, weil Niger mit Uranexporten zwei Drittel seiner Ausfuhrerlöse erwirtschaftete. Während Wilson es als «höchst unwahrscheinlich» ansah, dass Bagdad wirklich Uran erworben habe, interpretierte die CIA seine Erkenntnisse als Indiz für einen solchen Versuch. Aber absolut sicher war sich der Geheimdienst nicht. Deshalb ließ er das Weiße Haus einen Satz im Entwurf für eine Bush-Rede in Cincinnati am 7. Oktober 2002 streichen, der den Irak des versuchten Urankaufs in Afrika bezichtigte.

Allerdings fand der Vorwurf wieder Eingang in die Ansprache des Präsidenten zur Lage der Nation am 28. Januar 2003 und zwar in den berühmten «16 Wörtern»: «Die britische Regierung hat erfahren, dass Saddam Hussein kürzlich bedeutende Mengen Uran von Afrika erwerben wollte.» Das war faktisch richtig, in der Tat lagen entsprechende Geheimdienstberichte aus Großbritannien vor. Aber die CIA konnte sie nicht verifizieren. Powell und Tenet befanden die Anschuldigung wenige Tage später als zu wenig stichhaltig, um sie in die Präsentation des Außenministers vor dem UN-Sicherheitsrat aufzunehmen. Am 17. Juni 2003, drei Monate nach der Invasion, distanzierte sich die CIA sogar offiziell von ihrer früheren Einschätzung. Wenige Wochen später nannte Wilson in einem Artikel für die *New York Times* den ursprünglichen CIA-Bericht über den Urankauf manipuliert, «um die irakische Bedrohung zu übertreiben.»[21] An anderer Stelle sprach er sogar von den CIA-Angaben als «Lüge». Tenet und Hadley übernahmen öffentlich die Verantwortung dafür, dass ein unbelegter Vorwurf in die Präsidentenrede gelangt war.

Die Episode stellte nur einen weiteren Beleg für die Tendenz der Regierung dar, jedem noch so schwachen Verdacht über irakische Massenvernichtungsprogramme Glauben zu schenken, wenn er in ihre Vorstellungswelt passte. In diesem Fall ergaben sich daraus aber weitere Verwicklungen. Im Juli 2004 outete der Journalist Robert Novak nämlich Wilsons Frau, Valerie Plame, als Agentin in der CIA-Abteilung für Massenvernichtungswaffen, und mutmaßte, *sie* habe ihren Mann nach Niger gesandt. Die Veröffentlichung des Namens eines Undercover-Geheimdienstmitarbeiters stellt aber ein schweres Vergehen dar und beendete de facto Plames Karriere. Ein Sonderstaatsanwalt nahm Ermittlungen auf. Wilson und viele Gegner des Irakkriegs vermuteten, Regierungsmitarbeiter hätten Novak die Information zugespielt, um sich für seinen Artikel in der *New York Times* zu rächen. Der angebliche Skandal beschäftigte Washington mehrere Jahre. Tatsächlich fand der Sonderstaatsanwalt heraus, dass mindestens vier Personen – Präsidentenberater Rove, Präsidentensprecher Ari Fleischer, der Stellvertretende Außenminister Armitage und Cheneys Stabschef Libby – Plame gegenüber Journalisten als CIA-Agentin identifiziert hatten. Während die ersten drei jedoch ihren Fehler zugaben, verstrickte sich Libby in Lügen, wohl in der Absicht, den Vizepräsidenten zu schützen. Dafür wurde er im März 2007 wegen Meineids verurteilt. Auch wenn wahrscheinlich keine Kabale, sondern Inkompetenz und Geschwätzigkeit die Affäre ausgelöst hatten, trug sie dazu bei, dass die Öffentlichkeit mehr und mehr das Vertrauen in ihre Regierung verlor.

Saddams Fehlkalkulation

Aber nicht nur der amerikanischen Regierung unterliefen vor dem Irakkrieg katastrophale Fehler. Auch die Führung in Bagdad schätzte die Lage falsch ein. So blieb lange Zeit die Frage offen, warum Saddam angesichts der massiven amerikanischen Drohungen nicht voll mit den UN-Inspektoren kooperierte, wenn er doch keine Massenvernichtungswaffen besaß. Erst der *Bericht des Gemeinsamen Streitkräftekommandos*, der auf beschlagnahmten offiziellen Dokumenten und Befragungen zahlreicher Regimevertreter nach der Einnahme Bagdads beruhte, gab im April 2005 Aufschluss.[22] Offenbar dachte der irakische Diktator, seine Herrschaft sei vor allem durch eine Rebellion der Schiiten im Süden des Landes bedroht. Er nährte deshalb den Glauben, er verfüge über geheime Waffendepots, die er gegen Aufständische einsetzen könnte. Zudem fürchtete Saddam einen Militärschlag Israels, wenn er zugebe, keine Massenvernichtungswaffen zu besitzen. Schließlich war er überzeugt, dass nur seine Chemiewaffen die Vereinigten Staaten im Golfkrieg 1991 davon abgehalten hatten, auf Bagdad vorzurücken. Dem FBI sagte Saddam nach seiner Gefangennahme, er habe Ende der 1990er Jahre in Iran eine größere Gefahr als in den USA gesehen und die Rückkehr der Uno-Waffeninspektoren verweigert, weil er nicht wollte, dass seine militärische Schwäche sichtbar werde.[23] Deshalb verfolgte er eine Politik der gezielten Verschleierung, die seinen engsten Führungszirkel einschloss.

Die meisten von Saddams Gefolgsleuten gingen angesichts der notorischen Geheimniskrämerei, der strikt getrennnten Aufgabenbereiche und der den gesamten Staat durchziehenden Lügengebäude davon aus, dass der Irak noch Massenvernichtungswaffen habe, auch wenn sie keiner je zu Gesicht bekommen hatte. Ein hochrangiger Vertreter des Regimes gründete seine Annahme auf die Berichte westlicher Geheimdienste, die sich ihrer Sache absolut sicher schienen. Selbst die irakische Generalität zweifelte nicht an der Existenz chemischer und biologischer Waffen und war überrascht und demoralisiert, als Saddam ihr im Dezember 2002 eröffnete, man habe keine mehr.[24] Der *Bericht des Gemeinsamen Streitkräftekommandos* stellte fest: «Wenn es um Massenvernichtungswaffen ging, versuchte Saddam gleichzeitig, einem Publikum weiszumachen, dass es keine mehr gab, einem anderen, dass er noch welche hatte.» Der Despot hatte sich in eine Zwickmühle manövriert, aus der es kein Entrinnen gab.

Tatsächlich hatte Saddam sein Nuklearprogramm 1991 eingestellt. Der Großteil der chemischen und biologischen Waffen war von den UN-Inspektoren bald nach dem Golfkrieg 1991 aufgespürt und unter ihrer Aufsicht vernichtet worden. Die Restbestände sowie die verbotenen Raketen ließ Saddam kurz darauf aus Angst vor deren Enthüllung zerstören, wie Hussein Kamel, sein 1995 nach Jordanien übergelaufener Schwiegersohn und langjähriger Chef des irakischen WMD-Programms, der CIA und dem britischen Geheimdienst MI-6 offenbarte.[25] Saddam behielt allerdings Produktionsanlagen und hoffte offenbar, die Herstellung nach einem Ende der Inspektionen wieder aufnehmen zu können. Aber amerikanische Raketen vernichteten diese Anlagen weitgehend während der dreitägigen *Desert Fox*-Bombardements 1998. Zum Zeitpunkt der US-Invasion war der Irak schon viele Jahre frei von Massenvernichtungswaffen und entsprechenden Produktionsstätten.

Bis zuletzt erwartete Saddam keinen Angriff der Vereinigten Staaten. Lange Zeit glaubte er, ihre ökonomischen Interessen würden Russland und Frankreich dazu bewegen, die Invasion im UN-Sicherheitsrat zu verhindern. Wenn es doch zu einem Krieg käme, würden die USA wie schon 1991 im ersten Golfkrieg aus Angst vor hohen Opferzahlen nicht nach Bagdad vorrücken. Amerika habe sich aus Vietnam zurückgezogen, so Saddam, als gerade einmal 58 000 ihrer Soldaten gefallen seien; so viele Männer habe der Irak in einer einzigen Schlacht im Krieg gegen Iran verloren. Für ihn waren die USA ein Papiertiger und hatten den Zenit ihrer Stärke überschritten: «Amerika ist nicht mehr in der Blüte seiner Jugend. Amerika ist im letzten Prozess des Älterwerdens und am Beginn der ersten Stufe des Greisendaseins.» Für den unwahrscheinlichen Fall eines Vorstoßes amerikanischer Streitkräfte auf Bagdad war sich der irakische Diktator sicher, seine Truppen könnten ihn zurückschlagen und letztlich den Sieg davontragen. Am Beginn des Kriegs stand also auf beiden Seiten eine Kette horrender Fehlkalkulationen und Selbsttäuschungen. CIA-Direktor Tenet brachte dies in seinen Memoiren treffend auf den Satz: «Im Rückblick lagen wir teilweise deshalb falsch, weil die Wahrheit so unplausibel war. ... Vor dem Krieg verstanden wir nicht, dass er [Saddam] *bluffte*, und er verstand nicht, dass *wir es nicht taten*.»[26]

Die Rolle der Medien, der Öffentlichkeit und gesellschaftlicher Akteure

Die Hauptschuld für die Fehleinschätzung, der Irak verfüge über Massenvernichtungswaffen, trägt die Bush-Regierung. Dazu kamen die dubiosen Informationen der CIA und die mangelnde Skepsis des Kongresses. In die Kette des Versagens reihten sich aber auch die Medien ein, die ihre Überwachungs- und Kontrollfunktion nur unzulänglich erfüllten. Kaum eine Zeitung oder ein Fernsehsender lag richtig mit seiner Einschätzung. Nach dem Krieg rückte vor allem die *New York Times* als angesehenste Zeitung des Landes, deren Leitartikel von zahlreichen Blättern übernommen werden und die vielen anderen Medien als Quelle dient, ins Zentrum der Kritik. Im Mai 2004 entschuldigten sich die Herausgeber, dass zwölf Berichte ihrer Zeitung vor dem Irakkrieg fehlerhaft waren: «Im Rückblick wünschen wir uns, wir hätten die Behauptungen aggressiver nachgeprüft, als neue Indizien auftauchten – oder nicht auftauchten.»[27] Damit bezogen sie sich insbesondere auf eine Artikelserie ihrer Reporterin Judith Miller, die über die Existenz von Massenvernichtungswaffen und entsprechenden Programmen berichtet hatte. Ihre Quellen waren unter anderem Regierungsmitarbeiter und von Tschalabis *Irakischem Nationalkongress* vermittelte Informanten gewesen. Es ist nicht ohne Ironie, dass wichtige Entscheidungsträger der Bush-Administration ihren Kriegskurs mit Berichten der *New York Times* begründeten – Berichte, die Miller nicht zuletzt aus der Administration selbst zugespielt worden waren. Als «eingebettete» Reporterin schrieb sie im April und Mai 2003 von angeblichen Funden von Massenvernichtungswaffen, die sich aber nicht verifizieren ließen. Ende 2005 beendete die *New York Times* die Zusammenarbeit mit ihr.

Die *New York Times* war nicht das einzige Medium, das falsch lag. Der konservative TV-Nachrichtensender *Fox News*, dessen Einschaltquoten deutlich höher als die von *CNN* waren, ließ primär Kriegsbefürworter zu Wort kommen, unterlegte seine Irak-Berichterstattung mit patriotischer Musik und betrieb damit indirekt Propaganda für die Lageanalyse der Bush-Regierung. Alle Kabelsender, aber auch die drei großen Fernsehanstalten boten meistens sterile Bilder von einem High-Tech-Krieg und kaum Aufnahmen von Kämpfen oder irakischen Opfern. Auch nahmen sie die *Human Interest Story* von der Gefreiten Jessica Lynch begierig auf, die nach wenigen Kriegstagen in irakische Gefangenschaft geraten war. Ihre Befreiung nach einer Woche wurde vom Pentagon wie eine *Reality-TV-Show* inszeniert und das entsprechende Material von den amerikanischen Sendern unhinterfragt ausgestrahlt. Kanadische und britische Fernsehanstalten zeigten dagegen ein deutlich anderes Bild vom Krieg im Irak.[28]

Bemerkenswert ist, wie stark die Einschätzungen der Zuschauer mit den Einschätzungen ihrer präferierten Medien korrespondierten. Eine Studie der *University of Maryland* fand heraus, dass ein großer Teil der amerikanischen Öffentlichkeit nachweislich falsche Informationen erhielt und diese eine wichtige Rolle bei ihrer Unterstützung der Invasion spielten. So glaubten knapp 50 Prozent, der Irak sei in die Anschläge des 11. September involviert gewesen und es gebe Belege für eine Verbindung zwischen Al Khaida und Saddam. 22 Prozent meinten, man habe nach dem Krieg Massenvernichtungswaffen im Irak gefunden, 56 Prozent, die Weltöffentlichkeit sei nicht gegen den Krieg gewesen. Personen, die alle drei Falschinformationen teilten, sprachen sich zu 86 Prozent für den Krieg aus, Personen ohne Falschinformationen nur zu 23 Prozent. Der Clou ist: 80 Prozent der Personen, die ihre Nachrichten primär von *Fox News* bezogen, teilten mindestens eine der Falschinformationen; bei Zeitungslesern lag die Quote bei 47 Prozent, bei Zuschauern des öffentlichen TV-Kanals *PBS* und Hörern des öffentlichen Rundfunksenders *NPR* nur bei 23 Prozent. Damit nicht genug: Bei den Republikanern teilten eifrige Mediennutzer mehr Falschinformationen als Medienmuffel, bei den Demokraten war es umgekehrt.[29]

Auch die Wissenschaft war gespalten. Mitglieder konservativer Think Tanks wie der *Heritage Foundation* oder des *American Enterprise Institute* folgten meist der Argumentationslinie der Regierung und lieferten ihr sogar intellektuelle Munition. In liberalen Forschungseinrichtungen wie der *Brookings Institution* gab es zwar auch Advokaten eines militärischen Vorgehens, aber dort dominierten die Skeptiker. Allerdings bleibt festzuhalten, dass sowohl konservative Unilateralisten als auch liberale Internationalisten, wenn auch aus unterschiedlichen Gründen, einer Militäraktion gegen den Irak etwas abgewinnen konnten.

Fast geschlossen sprachen sich dagegen die Vertreter der neorealistischen Schule der Internationalen Politik gegen den Kriegskurs der Regierung aus. Diese Schule argumentiert, dass der Charakter eines Staates unerheblich sei, weil alle Staaten nach Sicherheit und Macht streben und durch Abschreckung, Eindämmung und Gleichgewichtspolitik von aggressiven Vorhaben abgebracht werden können. 33 ihrer führenden Repräsentanten, darunter Kenneth Waltz, Stephen Walt,

John Mearsheimer und Robert Jervis, schalteten am 26. September 2002 in der *New York Times* eine Anzeige mit der Überschrift *War With Iraq Is Not in America's National Interest*. Sie argumentierten, der Irak bedrohe weder die USA noch ihre Verbündeten, ein Krieg würde Ressourcen und Aufmerksamkeit vom Kampf gegen Al Khaida abziehen, und die Kosten für die Eroberung und Besetzung des Landes wären sehr hoch, zumal es keine Exit-Strategie gebe.[30] Zwei dieser Wissenschaftler, Mearsheimer und Walt, legten in einem vielbeachteten Aufsatz mit dem Titel *An Unnecessary War* in der Fachzeitschrift *Foreign Policy* Anfang 2003 nach.[31] Dort betonten sie, Saddam sei abschreck- und eindämmbar, ganz gleich, ob er Massenvernichtungswaffen besitze oder nicht. Der irakische Diktator gehe zwar Risiken ein, aber er agiere doch rational. Auch sei es äußerst unwahrscheinlich, dass Saddam Massenvernichtungswaffen an Al Khaida weitergebe, weil beide ideologisch verfeindet seien und er wisse, dass Washington ihn dafür verantwortlich machen würde. Der Irakkrieg liege nicht im strategischen Interesse der USA, sei nicht von Bagdad erzwungen und deshalb unnötig. Allerdings gab es auch einen Realisten, der den Irakkrieg zögerlich unterstützte. Henry Kissinger, die Ikone dieser Schule, argumentierte, die unmittelbare Bedrohung durch die Proliferation von Massenvernichtungswaffen gepaart mit dem Zusammenbruch des Inspektionsregimes und der erklärten feindlichen Absichten Saddams erzwängen einen Präventivschlag.[32]

Mearsheimer und Walt hoben dagegen hervor, eine amerikanische Invasion im Irak würde Iran und Nordkorea sogar bestärken, eigene Nuklearwaffen zu bauen, um die USA von einem Angriff abzuschrecken.[33] Damit widersprachen sie der Ansicht, ein Regimewechsel in Bagdad werde eine positive Verhaltensänderung anderer «Schurkenstaaten» nach sich ziehen. Angesichts des geringen Einblicks in die Entscheidungsprozesse autoritärer Staaten ist es schwierig, eine Kausalität zwischen dem Irakkrieg und den Nuklearprogrammen Irans, Nordkoreas und Libyens herzustellen. Aber insgesamt scheinen sich die neorealistischen Prognosen bestätigt zu haben. Nordkorea führte im Oktober 2006 einen Atomwaffentest durch, und Iran setzte sich über die Auflagen des UN-Sicherheitsrats hinweg, sein Nuklearprogramm vollständig offen zu legen. Zwar verfolgten beide Staaten ihre atomaren Ziele seit langem, aber die Irakinvasion erwies sich nicht als der von Bush erhoffte «Spielumdreher». Selbst Libyens Verzicht auf Massenvernichtungswaffen im Dezember 2003, den die US-Regierung als Beleg für den Erfolg ihrer Drohpolitik darstellte, scheint weniger auf die *Operation Iraqi Freedom* (OIF) zurückzugehen als vielmehr auf die vom Sicherheitsrat 1992 gegen Tripolis verhängten Sanktionen. Konkreter Auslöser für das Einlenken Gaddafis war dann wohl das Aufbringen eines Frachters im Oktober 2003 mit Ziel Libyen, der Zentrifugenbauteile aus dem Nuklearschmuggler-Netz um den Pakistaner A. Q. Khan an Bord hatte.

Warum die USA den Irakkrieg führten

Der zentrale Grund für den Irakkrieg bestand wohl im Wunsch Bushs und seiner engsten Berater, durch eine Demonstration der eigenen Macht ein Exempel zu statuieren und nach den Anschlägen vom 11. September das Risikokalkül aller potentiellen Feinde der USA zu verändern. Vor allem der Vizepräsident war besessen von der Angst, die Anschläge auf das World Trade Center und das Pentagon bildeten nur den Auftakt für eine Dauerattacke internationaler Terroristen gegen Amerika. Nach der Erniedrigung durch 9/11 brauchte Washington in Cheneys Augen einen Akt imperialer Selbstbestätigung. Er sollte Freund und Feind demonstrieren, dass sich die USA nicht lächerlich machen lassen würden, sondern uneingeschränkt handlungsfähig seien. Er sollte allen Ländern, die mit Terroristen zusammenarbeiteten, signalisieren, dass sie dies einen sehr hohen Preis kosten würde. Und er sollte allen potentiellen Widersachern verdeutlichen, dass es gefährlich war, ein Feind Amerikas zu sein, und damit die durch die Anschläge geschwächte Abschreckung wiederherstellen.

Der Irak wurde vor allem deshalb zur Zielscheibe, weil er der einfachste Gegner in der «Achse des Bösen» war. Es lagen 16 Resolutionen des Sicherheitsrats gegen ihn vor, und er schien im Gegensatz zu Iran und Nordkorea militärisch leicht besiegbar. Saddams Weigerung, sein Massenvernichtungswaffen-Programm offenzulegen, bot den Anlass, ihn zu stürzen. Daneben gab es allerdings noch ein ganzes Bündel von unausgereiften Überlegungen, die kaum öffentlich artikuliert wurden. Es ging Bush auch um geostrategische Ziele, westliche Werte und die Umgestaltung des Mittleren Ostens. Für den Präsidenten und seinen Vize war der Irakkrieg primär ein Demonstrationsobjekt, für Bush der transformativen, für Cheney der militärischen und politischen Macht der USA. Beide verband der unbedingte Wille, Saddams Regime zu vernichten. Aber die Mehrdeutigkeit des Ziels, die den Krieg von Beginn an kennzeichnete, erklärt auch sein Scheitern wesentlich.[34]

Das fing mit seiner Rechtfertigung an. Der Journalist George Packer nannte den Irakkrieg den «Rashomon aller Kriege».[35] Damit spielte er auf einen legendären Spielfilm des Japaners Akira Kurosawa aus dem Jahr 1950 an, in dem ein Gewaltverbrechen aus unterschiedlichen Perspektiven geschildert wird, ohne dass es zu einer objektiven Beschreibung des Tathergangs kommt. Die Konzentration der Regierung auf die umstrittenen Massenvernichtungswaffen und ihre Unfähigkeit, eine überzeugende politische Begründung für ihr Vorgehen zu liefern, schufen ein Erklärungsvakuum. In dieses Vakuum stießen Wissenschaftler, Journalisten und Agitatoren mit ihren Argumenten. Den Irakkrieg sahen sie wahlweise als Kabale neokonservativer Intellektueller, die ihre Ideen vom militärischen Demokratieexport in die Praxis umsetzen wollten, als Ausdruck eines gefährlichen Einflusses der israelischen Lobby, von Öl-Multis und Großunternehmen auf die US-Außenpolitik, als amerikanischen Feldzug zur Eroberung der irakischen Ölquellen oder als Instrument, Bushs Wiederwahl sicherzustellen. Diese alternativen Erklärungen sollen im Folgenden auf ihre Stichhaltigkeit geprüft werden.

Krieg der Neokonservativen?

Wiederholt haben Beobachter argumentiert, die Entscheidung zur Invasion des Irak und zur Entmachtung Saddam Husseins sei eine Kabale der Neokonservativen gewesen. Das Nachrichtenmagazin *Der Spiegel* meinte, ein «geheimnisvoller Zirkel von Beratern und publizistischen Helfern» und von «eifernden Großmachtmissionaren» habe den Krieg vorbereitet, die *Süddeutsche Zeitung* sprach von einer «Clique neokonservativer Eliten», die einen unerfahrenen Präsidenten zur Invasion des Irak bewegten.[36] Der Ökonom Clyde Prestowitz verurteilte den Irakkrieg und die außenpolitische Gesamtstrategie der Bush-Regierung als Ausdruck eines «imperialen Projekts der sogenannten Neokonservativen».[37] Wer sind diese Neokonservativen, und welche Rolle spielten sie in der Irakpolitik?

Bei den Neokonservativen handelt es sich um Intellektuelle, die sich in den 1960er und 1970er Jahren enttäuscht vom isolationistischen und pazifistischen Kurs der Demokratischen Partei abwandten. Aber auch die kalte Machtpolitik der Republikaner Nixon und Kissinger war ihnen ein Gräuel. Die Publizisten Irving Kristol und Norman Podhoretz, der Politiker Henry Jackson und die Politikprofessorin Jeane Kirkpatrick verschmolzen deshalb die beiden Grundstränge der US-Außenpolitik, den wertebasierten, optimistischen, fortschrittsgläubigen Idealismus und den interessegeleiteten, bellizistischen, nationalstaatsfixierten Realismus. In der Tagespolitik fanden die Neocons erst in den 1980er Jahren Resonanz. Reagan sprach ihre Sprache, und sein Antikommunismus, sein Glaube in die Überlegenheit des amerikanischen Gesellschaftssystems und seine Politik der Stärke markierten die Eckpfeiler neokonservativen Selbstverständnisses. Allerdings war Reagan zu pragmatisch, schränkte der Kalte Krieg den Handlungsspielraum der USA zu sehr ein, als dass sich die neue Lehre ungefiltert hätte umsetzen lassen. Der Kollaps der Sowjetunion war für die Neocons Fluch und Segen zugleich. Danach verfügten die Vereinigten Staaten zwar über eine ungeheure Machtfülle, aber der Fixpunkt der Bewegung hatte sich quasi in Luft aufgelöst. Unter Bush sr. dominierten Realisten, die in klassischen Großmachtkategorien dachten, die US-Außenpolitik, unter Clinton liberale Internationalisten mit ihrer Präferenz für Multilateralismus.

Das übriggebliebene Häuflein Neocons überwinterte bei Think Tanks wie dem *American Enterprise Institute* und dem *Project for a New American Century*. Dabei rückte zunehmend der Irak in den Fokus ihrer Aufmerksamkeit. Wolfowitz forderte bereits seit 1997 den Einsatz militärischer Gewalt, um einen Regimewechsel in Bagdad herbeizuführen. Angesichts des schwächer werdenden Sanktionsregimes und des Strebens Saddams nach Massenvernichtungswaffen bleibe Washington nur die Möglichkeit, jede Gelegenheit zum Sturz des irakischen Diktators zu nutzen. Einen mit Zalmay Khalilzad, dem späteren US-Botschafter in Afghanistan und im Irak, verfassten Artikel zur amerikanischen Irakpolitik überschrieb er mit *Stürzt ihn* [*Overthrow Him*]. Der Beitrag gipfelte in dem Satz: «Es muss Teil einer politischen Gesamtstrategie sein, dass sie als ihr Ziel nicht allein die Eindämmung Saddams setzt, sondern die Befreiung des Irak von seiner Tyrannei.»[38] Andere prominente Republikaner schlossen sich dieser Forderung an. Anfang 1998 veröffentlichte das *Project for a New American Century* einen offenen Brief an Präsident Clinton, der zur Entmachtung Saddams aufrief und von 18 Veteranen ehemaliger republikanischer Regierungen unterzeichnet war, darunter Rumsfeld, Armitage, Wolfowitz, Khalilzad, Eliot Abrams und John Bolton.

Im Vorwahlkampf der Republikaner im Jahr 2000 unterstützten führende Neokonservative Senator John McCain, der jedoch gegen Bush verlor. Auch zu Beginn der Bush-Regierung lief es zunächst nicht gut für die Neocons, nahezu alle wichtigen außenpolitischen Posten gingen an Vertreter des Establishments. Nur der Stellvertretende Verteidigungsminister Wolfowitz, Staatssekretär Douglas Feith und einige Mitglieder im Stab von Vizepräsident Cheney teilten die Vorstellung von der missionarischen Aufgabe der USA, Demokratie, Marktwirtschaft und den *American way of life* notfalls mit Gewalt und ohne internationale Unterstützung global auszubreiten. Was sie nach 9/11 mit Bush, Cheney und anderen Spitzenpolitikern verband, war ihre immer wieder erklärte Bereitschaft, sich von der Status-quo-orientierten Außenpolitik abzuwenden und die Welt radikal zu verändern. Damit beeinflussten prominente Neocons Diskussion und Gefahrenperzeption innerhalb der Regierung, dominierten sie jedoch nicht.

Je stärker sich Bush auf einen Krieg gegen Saddam festlegte, desto mehr suchte er nach einem Konzept, das dem Militärschlag Legitimität und moralische Tiefe verleihen sollte. CIA-Chef Tenet vermutete später sogar, die US-Regierung habe den Irakkrieg auch deshalb begonnen, weil sie glaubte, eine demokratische Transformation des Mittleren Ostens durch einen Regimewandel im Irak sei den Preis eines Kriegs wert. Aber er gesteht auch ein, dass diese Ansicht kaum offen artikuliert wurde.[39] In der Tat gibt es keine Belege für seinen Verdacht. Es dauerte vielmehr bis Anfang 2003, dass sich der Präsident erstmals öffentlich der Argumente der Neocons bediente. Aber selbst in seiner Ansprache zur Lage der Nation am 28. Januar gab es in den langen Passagen zum Irak nur einen Satz, in dem er auf die «Befreiung» des irakischen Volkes von Saddam hinwies.

Die Irakinvasion primär auf die Rolle der Neocons zurückzuführen, ist deshalb falsch. Ihre Überzeugungen bildeten eher einen ideologischen und rhetorischen Bezugsrahmen für Bush, Cheney und Rumsfeld, als dass sie zu konkreten Beschlüssen führten. Ihre revolutionären Vorschläge deckten sich zeitweise mit den politischen Zielen des Präsidenten und seiner engsten Berater, trieben diese aber nicht an. Allerdings gelang es den Neocons, durch ihr lautstarkes und selbstbewusstes Auftreten den Eindruck zu erwecken, ihr Wort zähle in der Regierung. Später bekannten Wolfowitz und Perle, dass sie und Feith – das neokonservative Trio – keinen wirklichen Einfluss auf die Entscheidungen und keine operativen Befugnisse hatten. Es ging also nicht in erster Linie um einen Regimewechsel im Irak, vielmehr sei er, so Wolfowitz, «die Folge, aber nicht der Zweck des Kriegs» gewesen.[40]

Als jedoch das Argument, der Irak verfüge über Massenvernichtungswaffen und Verbindungen zu Terroristen, nach der Invasion in sich zusammenbrach, geriet der Präsident in Erklärungsnot. Er schwenkte nun rhetorisch auf das neokonservative Ziel der demokratischen Umgestaltung des Landes und der gesamten mittelöstlichen Region ein. Es war der letzte argumentative Strohhalm, an den sich Bush klammern konnte, um die moralische Deutungshoheit über den Irakkrieg nicht völlig zu verlieren. Auch Patrick Keller gelangt in seiner umfassenden Studie zur neokonservativen Bewegung zu dem Schluss, «dass von einer neokonservativen Verschwörung oder einem religiös aufgeladenen Missionsgedanken als Hauptantrieb für die amerikanische Irak-Politik nicht die Rede sein kann, denn die Sorge vor dem Bedrohungspotential des Irak war unter amerikanischen Sicherheitspolitikern aller Couleur sehr weit verbreitet – die Neokonservativen artikulierten sie lediglich in besonders rabiater Manier».[41]

Krieg für Israel?

Eine weitere, aber ebenso wenig stichhaltige Erklärung für den Irakkrieg legten die beiden schon erwähnten Neorealisten Mearsheimer und Walt vor. In einem Beitrag für die *London Review of Books* argumentierten sie im März 2006, die amerikanische Unterstützung für Israel sei nicht mit strategischen oder moralischen Gründen zu erklären, sondern nur mit der «unvergleichlichen Macht der Israel-Lobby».[42] Mit «Israel-Lobby» bezeichnen die Autoren die Gruppe aus jüdischen und nicht-jüdischen Amerikanern, die sich das Ziel gesetzt hat, die Sache Israels in den USA voranzubringen. Dazu zählen sie neben dem *American Israel Public Affairs Committee* (AIPAC) und ähnlichen Organisationen auch proisraelische Politiker, Wissenschaftler und Leitartikler. Den Einfluss der Israel-Lobby sehe man insbesondere am Irakkrieg. Ihr Druck sei zwar nicht der einzige Faktor hinter der Entscheidung gewesen, den Irak im März 2003 anzugreifen, «aber der entscheidende». Zum Beleg zitieren Mearsheimer und Walt entsprechende Äußerungen israelischer und amerikanischer Politiker. Die Neokonservativen bezeichnen sie als innenpolitische «Haupttriebkraft» hinter dem Irakkrieg. Damit suggerieren die beiden Professoren, die Neocons seien eine zentrale Stütze der Israel-Lobby. Auch wenn viele Neocons Juden sind und einige von ihnen Kontakte zu rechtskonservativen Likud-Partei in Israel pflegen, so ist es doch problematisch, sie deshalb zu Einflussagenten Israels zu stilisieren. Auch die besorgten Stimmen einiger israelischer Politiker und Generäle taugen nicht als Beweis. Die meisten von ihnen betrachteten den Irak als wenig gefährlich und wiesen Washington nachdrücklich darauf hin, dass Iran eine größere Bedrohung für ihr Land und die USA darstelle.

Angesichts der ablehnenden, ja zum Teil hysterischen Reaktionen bauten Mearsheimer und Walt ihren Aufsatz 2007 zu einem Buch aus. Darin wiederholten sie ihr zentrales Argument, das Wirken der Israel-Lobby beschädige die strategischen Interessen der USA im Mittleren Osten, und betonten, der Irakkrieg hätte ohne den Einfluss der Israel-Lobby und der Neokonservativen «fast sicher» nicht stattgefunden.[43] Aber auch in ihrem Buch gelingt es dem Autorenduo nicht, den Einfluss der pro-israelischen Gruppen und Individuen gegenüber den vielen anderen Faktoren abzugrenzen, die Washingtons Irakpolitik mitbestimmten. Die Tatsache, dass Außenministerium, Generalität und Öffentlichkeit einem Krieg mit Bagdad skeptisch gegenüberstanden, heißt nicht automatisch, dass die Israel-Lobby ausschlaggebend für die Entscheidung der US-Regierung war. Auch muss man zum Beispiel die Verweise von hohen Regierungsvertretern, ein Sturz Saddams würde Israel sicherer machen, nicht unbedingt als Beleg für den Einfluss der Israel-Lobby interpretieren. Vielmehr dürfte die Bush-Regierung versucht haben, die skeptische Öffentlichkeit und den Kongress von ihrem Kriegskurs dadurch zu überzeugen, dass sie unterschiedlichen Gruppen die Vorzüge eines solchen Vorgehens möglichst positiv darstellte. Mearsheimer und Walt nehmen die entsprechenden Äußerungen aber für bare Münze und zeigen dabei einen wenig kritischen Umgang mit den Quellen. Der Historiker Detlef Junker hat ihrer Argumentation deshalb zu Recht vorgehalten, sie erfülle das zentrale Kriterium nicht, das Max Weber für jede Ursachenforschung gefordert hat: Im Rahmen eines Gedankenexperiments und einer Theorie der adäquaten Verursachung wichtige von unwichtigen Kausalfaktoren zu unterscheiden.[44] Auch der Politikwissenschaftler Robert Lieberman betont, Mearsheimers und Walts «Behauptung wird weder gestützt durch Logik oder Belege und noch nicht einmal durch ein rudimentäres Verständnis, wie das politische System der USA funktioniert».[45] Ohne klare Kausalkette, untermauert durch empirische Evidenz, sind Folgerungen, wie sie die beiden Autoren anstellen, aber wenig beweiskräftig.

Ohne solche Beweise bekommt das Argument von der Macht der Israel-Lobby rasch einen verschwörungstheoretischen Zungenschlag. Auf der äußersten Rechten hieß es etwa, Bush und die amerikanische Regierung seien die Marionette neokonservativer Juden, die «mit amerikanischem Blut die Welt sicher für Israel machen wollen».[46] Tobias Jaecker stellte in seiner Studie *Antisemitische Verschwörungstheorien nach dem 11. September* fest: «Ungewöhnlich häufig» wird in der Berichterstattung darauf hingewiesen, dass viele Neocons Juden sind, obwohl «ihre politischen Vorstellungen keinerlei religiösen Bezug haben». In fast allen deutschen Printmedien tauche die Deutung des Irakkriegs als Teil einer großen jüdischen Verschwörung auf. Tatsächlich geht, so Jaecker, «die Erzählung von der ‹Junta hinter Bush› ... nur dann auf, wenn man den Neokons mehr als ‹gewöhnliche› politische Interessen und Absichten unterstellt» und das «stereotype Bild vom Zusammenhalt und der Interessenidentität aller Juden» bemüht.[47] Beides lässt sich aber widerlegen. So verfolgten der Präsident und sein Vize mit der Invasion eigene Ziele, in deren Zentrum die Sicherheit der USA stand. Auch zeigten Umfragen vor dem Krieg, dass amerikanische Juden den Waffengang etwas weniger unterstützten als die Bevölkerung im Ganzen, und führende jüdische Intellektuelle sowohl bei den Befürwortern des Kriegs als auch bei seinen Gegnern zu finden waren. Wahlkampftaktische Überlegungen dürften die Bush-Regierung ebenfalls kaum beeinflusst haben. Bei den Präsidentschaftswahlen 2000 und 2004 votierten Amerikaner jüdischen Bekenntnisses wie fast immer mit überwältigenden Mehrheiten für den demokratischen Kandidaten, also für Gore und Kerry. Obwohl die israelische Lobby und Israel wichtige Stimmen in der Debatte vor dem Irakkrieg waren, hält die Behauptung vom jüdisch initiierten Irakkrieg den Fakten nicht stand.

Krieg für Öl?

Laut einer Umfrage vom Dezember 2002 stimmten 76 Prozent der Russen, 75 Prozent der Franzosen, 54 Prozent der Deutschen und 44 Prozent der Briten der Aussage zu, die USA wollten in den Irak einmarschieren, um «das irakische Öl zu kontrollieren».[48] Das Nachrichtenmagazin *Der Spiegel* setzte die Worte «Blut für Öl. Worum es Irak wirklich geht» aufs Cover und lieferte die Antwort gleich mit, indem es über den Sternen der US-Flagge Benzinzapfhähne und Sturmgewehre kreuzte.[49] Selbst einige Vertreter des Establishments sahen das so. In seinen Memoiren schrieb der ehemalige Notenbankpräsident Alan Greenspan etwa: «Es ist traurig, dass es politisch unbequem ist anzuerkennen, was jeder weiß: Im Irak-Krieg geht es hauptsächlich um Öl.»[50]

Eine präzise Aussage, warum dies so ist oder wie die Kausalkette lautet, bleiben die Anhänger dieses Arguments aber schuldig. Bei der Lektüre ihrer Verlautbarungen lassen sich zumindest zwei Varianten destillieren, die beide ihren Ursprung im antikapitalistischen und antiimperialistischen Misstrauen gegenüber Amerika haben. Die erste betont, US-Ölunternehmen hätten die Bush-Regierung in den Krieg getrieben, um sich das irakische Öl anzueignen und ihre Profite zu steigern. Der Regisseur und Politaktivist Michael Moore popularisierte sie im Jahr 2004 mit seinem polemischen Antikriegsstreifen *Fahrenheit 9/11*, der in den Vereinigten Staaten zum erfolgreichsten Dokumentarfilm aller Zeiten avancierte und auch in Deutschland große Aufmerksamkeit erfuhr. Der Linguist und vehemente Bush-Kritiker Noam Chomsky vertritt diese These ebenfalls.[51]

Die zweite Variante besagt, die USA marschierten im Irak ein, um dessen Ölreserven unter ihre Kontrolle zu bekommen und damit künftig Weltwirtschaft und Weltpolitik zu dominieren. Wieder ist Chomsky einer ihrer Hauptadvokaten. So schrieb er in seinem Essayband *Interventionen*:

> Die Gräueltaten vom 11. September dienten auch als Gelegenheit und Vorwand, um seit Langem bestehende Pläne in die Tat umzusetzen, mit denen sich die USA des riesigen irakischen Ölreichtums bemächtigen wollten. ... Die Kontrolle über Energiequellen stärkt die USA ökonomisch wie militärisch, und wer ‹strategische Macht› besitzt, verfügt über ein Druckmittel, mit dem er dem Rest der Welt seinen Willen aufzwingen kann.[52]

Mit seinen Thesen fungiert Chomsky als «Knotenpunkt für all jene Argumente, Frustrationen, Enttäuschungen und Verschwörungstheorien, die sonst im Wildwuchs der Universitäten, Journale und nun auch der Webseiten verpuffen», schreibt SZ-Journalist Andrian Kreye zutreffend.[53] Auch vertrat laut einer Umfrage des *Pew-Instituts* eine Mehrheit der Bevölkerung in Jordanien, Pakistan, Marokko und der Türkei die Ansicht, mit der Invasion wollte Washington die Kontrolle über das Öl des Persischen Golfs erlangen.[54] Aber ist diese Annahme plausibel und belegbar?

Natürlich ist richtig, dass der Mittlere Osten seine herausgehobene Stellung in der amerikanischen Außenpolitik – aber auch in der anderer Staaten – insbesondere einem Umstand verdankt: Er verfügt über zwei Drittel der globalen Ölreserven. Ebenso richtig ist, dass die USA deshalb ein vitales Interesse an der Region haben und nicht zulassen wollen, dass ein ihnen feindlich gesinnter Staat die Herrschaft über den Persischen Golf gewinnt. Auch stimmt, dass amerikanische Ölfirmen – wie die anderer Länder – überaus interessiert an der Ausbeutung der irakischen Ölquellen sind. Aber die Invasion im Irak maßgeblich auf diesen Grund zurückzuführen, ist nicht überzeugend.

Zu These eins: Die Folgerung ‹Die USA sind der größte Ölimporteur, der Irak verfügt über riesige Ölreserven, Bush und Cheney arbeiteten früher für die Ölindustrie, die amerikanische Regierung führte den Irakkrieg für deren Profitinteressen› mag verfangen, wenn man daran glaubt, dass die Wirtschaft die Politik kontrolliert. Aber dieser Verdacht ist nicht haltbar. Es gibt keinerlei Belege, dass die US-Ölindustrie die Invasion des Irak in irgendeiner Form forderte oder förderte. Das Gegenteil war der Fall: Die amerikanischen Ölkonzerne wünschten seit langem eine Aufhebung der US- und UN-Sanktionen, um im Wettlauf um die irakischen Konzessionen gegenüber den Konkurrenten aus Frankreich, Russland und China nicht noch weiter ins Hintertreffen zu geraten. Wie fast immer wollten Großunternehmen Geschäfte machen, nicht Krieg. Die Vorstellung, amerikanische Firmen könnten das irakische Öl unter einem Besatzungsregime unbehelligt und ohne zu bezahlen fördern und verkaufen, ist realitätsfern. Schließlich war die Verstaatlichung der westlichen Ölkonzerne der entscheidende Akt, mit dem sich viele Länder des Mittleren Ostens von ihren ehemaligen Kolonialherren emanzipierten. So naiv dürfte nicht einmal die Bush-Regierung gewesen sein, anzunehmen, die USA könnten die Ausbeutung der irakischen Ölquellen ohne weiteres ihren eigenen Unternehmen übertragen. Man mag Bushs Anordnung vier Wochen vor Kriegsbeginn, der nach der Invasion gebildeten irakischen Regierung so schnell wie möglich die volle Kontrolle über die Ölwirtschaft des Landes zu überantworten, als Propaganda abtun.[55] Aber es fehlen Belege, dass Washington während der Besatzungszeit oder danach Anstrengungen unternommen hätte, US-Konzernen eine privilegierte Stellung in der irakischen Ölindustrie zu verschaffen. Für das von der irakischen Regierung ausgeschriebene Bieterverfahren zur Erschließung von sechs großen Öl- und zwei Gasfeldern qualifizierten sich im Oktober 2008 nicht weniger als 35 Firmen aus der ganzen Welt. Bis zu diesem Zeitpunkt hatten nur die chinesische *CNPC* und die britisch-niederländische *Shell* kleine *Joint Venture*-Verträge mit Bagdad abgeschlossen. Ende 2009 unterzeichneten die russische *Lukoil* und Konsortien aus *British Petroleum* (BP) und *CNPC*, *Shell* und der amerikanischen *Exxon Mobil* sowie der italienischen *Eni*, der amerikanischen *Occidental* und *Korea Gas* Förderabkommen mit dem irakischen Ölministerium. Damit werden US-Energieunternehmen keine herausragende Rolle im Irak spielen.

Zu These zwei: Alle amerikanischen Regierungen seit dem Zweiten Weltkrieg unterhielten enge Beziehungen zu Staaten am Persischen Golf, aber keine erwog, in einen von ihnen einzumarschieren und ihn zu besetzen, um ihre globale Machtposition auszubauen. Vielleicht würden die USA über einen Militärschlag nachdenken, wenn eine Revolution oder ein Embargo den Ölfluss auf die Weltmärkte unterbräche. Aber 2003 war der Irak begierig, die Sanktionen abzuschütteln und sein Öl zu exportieren. Wäre es Washington um eine bessere Ölversorgung und um niedrigere Preise gegangen, hätte es nur dem russischen und französischen Drängen im UN-Sicherheitsrat auf ein Ende der Exportbeschränkungen nachgeben müssen. Hätten sich die USA tatsächlich den Zugriff auf Ölquellen sichern wollen, wären sie nicht mit einer Minimalstreitmacht im Irak einmarschiert und hätten sie nicht den schnellstmöglichen Abzug ihrer Truppen aus dem Land geplant. Auch hätte dann eigentlich Saudi-Arabien, das über größere Vorräte verfügt und militärisch ein einfacherer Gegner gewesen wäre, ins amerikanische Fadenkreuz rücken müssen – nicht der hochgerüstete und bevölkerungsreiche Irak. Wie man also das «Kein Blut für Öl»-Argument auch dreht und wendet, es bleibt ohne ausreichende faktische Basis.

Krieg für Militärbasen?

Eine weitere Erklärung für den Irakkrieg lieferte der ehemalige britische Außenminister Robin Cook. Er sah das Hauptmotiv «in der Sicherung einer neuen amerikanischen Einflussbasis in der Region».[56] Der Publizist Gwynne Dyer pflichtete ihm angesichts der Tatsache bei, dass Saudi-Arabien die US-Soldaten aus dem Land haben wollte: «Also warum nicht Saddam Hussein stürzen, ihn durch eine willfährige proamerikanische Regierung ersetzen und die amerikanischen Militärstützpunkte in den Irak verlegen?»[57] Schließlich hätte eine Verlegung der Truppen Al Khaida eines Arguments beraubt: Osama bin Laden nannte «die Besetzung der Länder des Islam in ihren heiligsten Orten, der arabischen Halbinsel» als zentralen Grund für seinen Terroraufruf gegen die Vereinigten Staaten.[58]

In der Tat waren die Basen, die die USA nach der Invasion Kuwaits 1990 in Saudi-Arabien einrichteten, nicht wie zwischen Washington und Riad vereinbart nach dem Golfkrieg wieder geschlossen worden. Der Grund: Saddam konnte sich unerwartet an der Macht halten. Was der Hypothese aber fehlt, ist die Untermauerung durch Fakten. Natürlich wäre ein US-freundlicher Irak für Washington besser gewesen als Saddams antiamerikanisches Regime. Auch lag eine Schließung der Militärbasen in Saudi-Arabien im Interesse Riads und Washingtons. Aber dies hätte allenfalls einen positiven Nebeneffekt eines gelungen Regimewechsels dargestellt. Wäre die von Cook und Dyer unterstellte politische und/oder militärische Kontrolle des Irak das Hauptziel der Entscheidungsträger im Weißen Haus gewesen, hätten sie ihre Nachkriegsplanung bestimmt systematischer betrieben. Zudem verträgt sich das Argument nicht mit der erklärten Absicht Rumsfelds und Franks', die US-Truppen innerhalb weniger Monate nach dem Fall Bagdads fast vollständig zurückzuholen. Die Hypothese von der «Einflussbasis Irak» ist nicht unplausibel, unterstellt der Bush-Regierung aber mehr machiavellistische Weitsicht, als diese während ihrer Beratungen und Kriegsvorbereitungen an den Tag legte.

Krieg für Machterhalt?

Schließlich führten einige Kritiker des Irakkriegs ins Feld, Bush und seine Berater hätten die Militäraktion gegen Saddam aufgrund eigener innenpolitischer Machtinteressen so zielgerichtet betrieben. Prominentester Advokat dieses Arguments ist der *New York Times*-Kolumnist Frank Rich. In seinem Buch *The Greatest Story Ever Told* behauptet er, Bushs Chef-Wahlkampfstratege Karl Rove habe im Irakkrieg das «politische Viagra» für die Kongresswahlen 2002 und die Präsidentschaftswahlen 2004 gesehen. Der Irakkrieg spiele die zentrale Rolle in seinem Streben, «die politische Macht in den Händen einer Partei zu konsolidieren» und «eine dauerhafte republikanische Mehrheit in Washington zu schaffen».[59]

In der Tat entschieden Bushs innenpolitische Berater um Rove bald nach den Anschlägen, den Präsidenten als entscheidungsstarken Beschützer der Nation zu porträtieren und dieses Image ins Zentrum der kommenden Wahlkämpfe zu stellen. Auch taten sie alles, um den Irakkrieg propagandistisch auszuschlachten. Dabei griff die Regierung zu unlauteren Methoden, indem sie den Medien Meldungen aus dubiosen Quellen zuspielte und eine Hetzkampagne gegen den Irak orchestrierte. Aber all das sind noch keine Belege für Richs Behauptung. Wie Mearsheimer und Walt geht er nach einem wissenschaftlich problematischen Ausschlussverfahren vor: Weil Rich alle anderen von der Regierung angeführten Kriegsgründe nicht zu überzeugen vermögen, müssen es die Machenschaften des Wahlkampfleiters sein, die die USA in den Irakkrieg trieben. Aber die empirische Evidenz, die Rich aufbietet, bleibt dünn, viel basiert auf Mutmaßungen, überhaupt wartet er en passant erst auf den letzten Seiten seines Buchs in wenigen Sätzen und mit wenigen Indizien mit dieser Erklärung auf. Weder basiert der Rest von Richs Buch auf dieser Argumentation noch bemüht er sich, sie systematisch aufzubauen und zu verdichten oder zu überprüfen und mögliche Einwände zu diskutieren. Letztlich bleibt sie, wie so vieles bei Kriegsbefürwortern wie Kriegsgegnern, Spekulation.

6. Kriegsverlauf und Nachkriegsplanung

Am 20. März 2003 begann der Angriff auf den Irak. Die USA stellten mit 245 000 Mann 83 Prozent und Großbritannien mit 45 000 Mann 15 Prozent der Streitkräfte. Die restlichen Soldaten kamen aus Australien (2000) und Polen (200). Diese Zahlen umfassten auch Nachschubeinheiten, die Kampftruppen machten gut die Hälfte aus. Wie gering der Umfang der Streitkräfte war, zeigt ein Vergleich: Bei der Vertreibung Saddams aus Kuwait 1991, als keine Besetzung des Irak geplant war, hatten allein die Vereinigten Staaten eine halbe Million Soldaten in die Region entsandt. Auch zerschlugen sich die Hoffnungen des Pentagon, eine *Free Iraqi Force* aus 5000 Exilirakern Seite an Seite mit den amerikanischen Truppen kämpfen zu lassen. Am Ende «eines der größten und groteskesten Fehlschläge der Vorbereitungsphase» (Woodward)[1] hatten die USA gerade einmal 73 irakische Freiwillige in Ungarn ausgebildet. De facto handelte es sich bei der Militäraktion also um ein angelsächsisches Gemeinschaftsunternehmen. Vorausgegangen war ihr die Entwicklung eines Aufmarsch- und Kriegsplans, die mehr als ein Jahr in Anspruch genommen und mehrfach grundlegend geändert worden war.

Der Angriffsplan

Schon zehn Wochen nach den Anschlägen vom 11. September hatte Bush seinen Verteidigungsminister angewiesen, die Pläne für eine kriegerische Auseinandersetzung mit dem Irak auf den neuesten Stand bringen zu lassen. Rumsfeld griff diesen Auftrag begierig auf. Er war ins Amt gekommen mit dem Ziel, die amerikanischen Streitkräfte radikal umzubauen und auf die Erfordernisse des 21. Jahrhunderts einzustellen. Dazu wollte er die zivile Kontrolle im Pentagon, die seiner Ansicht nach unter Clinton verlorengegangen war, wieder herstellen. Das oberste militärische Gremium der USA, den Generalstab, betrachtete der Verteidigungsminister als bürokratischen Widersacher, dem er seine Idee von einer schlanken, schlagkräftigen Truppe aufzwingen musste. Er scharte deshalb eine kleine Gruppe von zivilen Beratern um sich, die seine Vorgaben – meist nur mit geringem Input der Militärs – durchsetzen sollte. Rumsfelds arroganter und rüder Umgangston tat ein Übriges, um die Beziehungen zu Generälen und Admiralen zu belasten. Wie sehr er der Militärführung misstraute, hatte er noch am Tag vor den Terroranschlägen auf das World Trade Center und das Pentagon bei einer öffentlichen Rede im Verteidigungsministerium deutlich gemacht. Dort beschrieb er in düsteren Farben die stärkste und größte Gefahr für die Sicherheit der Vereinigten Staaten und identifizierte diese Bedrohung mit dem Satz: «Es ist die Pentagon-Bürokratie.»[2]

Die Planungen für einen Irakkrieg sah Rumsfeld als Feldversuch, die Schlagkraft eines nach seinen Ideen umgestalteten US-Militärs zu testen, das auf kleinen, mobilen Einheiten mit High-Tech-Ausrüstung beruhte. Der gültige Notfallplan für eine Militäraktion, der von einer irakischen Aggression und dem Aufmarsch von 500 000 US-Soldaten ausging, war für ihn ein «Produkt alten Denkens und die Verkörperung von allem, was falsch war mit dem Militär».[3] Aber auch der neue Kriegsplan, den General Franks dem Verteidigungsminister Anfang Dezember 2001 vorlegte, war diesem zu umfangreich und zu langsam. Als Franks dem Präsidenten am 28. Dezember 2001 ein revidiertes Konzept erläuterte, ging er nur noch von einer 275 000 Mann starken Invasionsarmee aus. Wolle Bush ab dem späten Frühjahr 2002 die Option eines Militärschlags gegen Saddam haben, so der General, müssten die Streitkräfte systematisch einsatzfähig gemacht werden. Konkret hieß das: Ausbau der Flughäfen und Treibstofflager in Kuwait und Verlegung Tausender zusätzlicher Soldaten an den Golf. Der Präsident stimmte zu.

Rumsfeld stand Truppenstärke und Zeitplan allerdings nach wie vor skeptisch gegenüber. Er schätzte, dass man nicht mehr als 125 000 Soldaten für einen erfolgreichen Feldzug benötige. Der Verteidigungsminister bedrängte deshalb Franks, die Zahl der eingesetzten Soldaten zu reduzieren und den Zeitplan zu beschleunigen. Am 1. Februar 2002 präsentierte ihm der General einen Plan, der auf einer unilateralen Invasion der USA ohne Beteiligung anderer Nationen basierte und 300 000 Soldaten vorsah, die innerhalb von 90 Tagen einsatzbereit wären. Aber auch das war Rumsfeld noch nicht klein und schnell genug. Ein halbes Jahr später, am 5. August, erläuterte Franks dem Präsidenten bei einem Treffen des NSC seine neuesten Überlegungen. Dieser *Hybrid-Plan* verschmolz den früheren, langsamen Aufmarschplan *Generated Start* mit einem Blitzkriegkonzept *Running Start*, der einen sofortigen Luftkrieg mit viel weniger Bodentruppen vorsah. Bush gefiel, was er hörte, weil es den Feldzug effizient, schnell und kostengünstig erscheinen ließ. Powell dagegen hielt den *Hybrid-Plan* für zu optimistisch, weil er zu wenige Soldaten vorsah und die Nachkriegsplanung vernachlässigte. Rumsfeld schien er immer noch überdimensioniert. In insgesamt sechs Fällen bestand der Verteidigungsminister darauf, die Zahl der eingesetzten Bodentruppen drastisch zu reduzieren.[4]

Im Oktober 2002 und damit ein Jahr, nachdem Bush das Pentagon angewiesen hatte, sich für einen möglichen Irak-Feldzug zu rüsten, war der Kriegsplan noch immer nicht ausgearbeitet und die Nachkriegsplanung kaum angelaufen. Nur der Kommandierende aller Bodentruppen war ernannt – Generalleutnant David McKiernan – und der Codename der Operation festgelegt: *Cobra II*, in Analogie zur ersten großen Militäroperation der Alliierten nach der Landung in der Normandie im Juni 1944. Unbeantwortet war auch die Frage, wie die vom Verteidigungsminister geforderte Mini-Invasionstruppe die 946 Produktionsstätten und Lager von Massenvernichtungswaffen, die die CIA identifiziert hatte, sichern sollte. Aus diesem und anderen Gründen plädierte McKiernan für eine größere Streitmacht, wie sie *Generated Start* vorsah. Rumsfeld stimmte im Dezember 2002 widerwillig zu, ließ aber keinen Zweifel daran, nur so viel Nachschub zu schicken, wie unbedingt benötigt, und die Truppen nach dem Sieg schnell abzuziehen. Er ging nach wie vor davon aus, dass der Krieg mit der Einnahme Bagdads beendet sei und eine US-freundliche Regierung ähnlich wie in Afghanistan ein Jahr zuvor die Macht im Land übernehmen werde.

Das Insistieren des Verteidigungsministers auf absolute Kontrolle über den Kriegsplan und die Truppenbewegungen frustrierte die führenden Militärs. Selbst den seit 1. Oktober 2001 amtierenden Vorsitzenden des Generalstabs, Richard Myers, zog Rumsfeld bei seinen Entscheidungen nur am Rande hinzu. Als der Stabschef der Armee,

General Eric Shinseki, bei einer Anhörung im Streitkräfteausschuss des Senats am 25. Februar 2003 schätzte, man brauche für die Invasion und die Nachkriegsphase «einige Hunderttausend Soldaten», diskreditierte Wolfowitz diese Zahl umgehend als «weit danebenliegend».[5] Statt dessen wies Rumsfeld Franks an, mit maximal 140 000 Soldaten zu planen.[6] Er wiederholte, dass er es entscheide und nicht die Generäle, mit wie viel Mann die USA in den Krieg zögen und welche Einheit sich wann und wohin in Marsch setze. Franks und Myers ordneten sich dem Führungsanspruch des Verteidigungsministers fast widerstandslos unter. Kritische Offiziere wechselte Rumsfeld aus, Shinseki desavouierte er, indem er lange vor Ablauf seiner Amtszeit ankündigte, ihn nicht mehr zu nominieren. Als Nachfolger holte der Verteidigungsminister einen General aus dem Ruhestand zurück und demonstrierte damit sein Misstrauen gegenüber der amtierenden Heeresführung.

Dieses Gefühl, es besser zu wissen als die Generalität, ließen Rumsfeld einen Fehler wiederholen, den bereits sein Vorgänger Robert McNamara während des Vietnamkriegs begangen hatte: Im Bestreben, einen Feldzug durch ziviles Mikromanagement zu steuern, verlor er die großen politischen Fragen aus den Augen. Rumsfeld und seine wichtigsten Mitarbeiter bei der Kriegsplanung, Wolfowitz, Feith und Libby, wollten den Krieg durch Präzisionsbombardements entscheiden und die Opferzahlen sowie die finanziellen Kosten möglichst gering halten. Sie waren sich sicher, dass satellitengelenkte Bomben «Shock and Awe» (Furcht und Schrecken) bei den irakischen Streitkräften verbreiten und sie zur raschen Kapitulation veranlassen würden. Innerhalb weniger Monate würden die meisten US-Soldaten das Land wieder verlassen haben. Was die Männer um Rumsfeld vernachlässigten, waren die Erfordernisse eines längeren Feldzugs: Nachschublinien mussten gesichert, Fahrzeuge gewartet, Reserven bereitgehalten und die Versorgung organisiert werden. Die *Phase IV* des Kriegs, die Besetzung und Stabilisierung des Irak, zogen sie fast überhaupt nicht in Betracht.

Das hatte auch damit zu tun, dass der Angriffsplan bis zuletzt modifiziert werden musste und so die gesamte Aufmerksamkeit der Pentagon-Führung auf sich zog. Ursprünglich war vorgesehen, den Irak in einen Zangengriff zu nehmen und US-Truppen nicht nur aus

Kuwait, sondern auch aus Jordanien und der Türkei einmarschieren zu lassen. Aber König Abdullah stand unter immensem Druck seiner großteils palästinensischen Bevölkerung, keine amerikanischen Soldaten auf jordanischen Boden zu lassen. Washington musste sich deshalb begnügen, nur 5000 und nicht wie gewünscht 14 000 in Jordanien zu stationieren. Damit kam der ohnehin für den Aufmarschplan wichtigeren Türkei noch größere Bedeutung zu. Franks hoffte, über eine Invasion aus dem Norden mit 35 000 Soldaten die irakischen Streitkräfte zu spalten und den Vormarsch vom Süden zu erleichtern. Aber Ankara zögerte angesichts massiver innenpolitischer Widerstände mit seiner Zustimmung.

Bis zuletzt versuchte Washington mit allen Mitteln, Ankara die Erlaubnis zur Truppenstationierung abzuringen. Die Bush-Regierung versprach Milliarden von Dollars an Wirtschaftshilfe, zeigte der türkischen Führung die streng geheimen Kriegspläne und gab ihr grünes Licht, mit bis zu 20 000 Soldaten in das irakische Kurdengebiet vorzurücken, sollte es dort nach der Invasion zu Unruhen kommen. Falls der Irak Scud-Raketen oder sogar Massenvernichtungswaffen gegen die Türkei einsetzen sollte, stellte Washington die Unterstützung der Nato in Aussicht. Einige europäische Mitglieder der Allianz wollten aber nicht soweit gehen. Während Luxemburg und Deutschland ihren Widerstand bald aufgaben, blieb Belgien bei seiner Ablehnung. Mitte Februar traf der amerikanische Nato-Botschafter Nicholas Burns deshalb den belgischen Vertreter, um ihm zu eröffnen, dass die Allianz der Türkei notfalls auch ohne die Zustimmung Brüssels beistehen und Belgien für die Spaltung des Bündnisses verantwortlich machen werde. Noch nie in der Geschichte der Nato, wo das Konsens-Prinzip eisern beachtet wurde, war ein Mitglied so massiv unter Druck gesetzt worden. Belgien gab seinen Widerstand auf. Die USA hatten sich durchgesetzt, aber zu einem hohen Preis. Nach der Invasion kam ihnen kaum ein europäischer Partner bei der Besatzung und Stabilisierung des Landes zu Hilfe. Dabei hätte sich Washington die Konfrontation mit Belgien sparen können: Am 1. März 2003 verweigerte das Parlament in Ankara den USA die Erlaubnis, den Irak von der Türkei aus anzugreifen. Die Invasion würde also fast ausschließlich vom Süden aus erfolgen müssen.

Der Kriegsverlauf

Anders als geplant, eröffneten die USA den Krieg schon am frühen Morgen des 20. März Bagdader Zeit mit einem Luftschlag gegen einen Farmkomplex in der Nähe der irakischen Hauptstadt. Angeblich hatten sich Saddam und seine Söhne dorthin in einen Bunker zurückgezogen. Aber der Enthauptungsschlag misslang. Wie bald bekannt wurde, gab es auf der Dora-Farm weder einen Bunker, noch hatte sich der irakische Diktator auch nur in der Nähe befunden. Ein weiteres Mal war man im Weißen Haus einer Fehlinformation des Geheimdiensts aufgesessen. Erfolgreich verliefen dagegen die Operationen der Spezialstreitkräfte, die sofort nach Bushs Ultimatumsrede in den Irak eingesickert waren. Schon am ersten Kriegstag meldeten sie, dass das große Wüstengebiet im Westen des Landes unter ihrer Kontrolle sei und von dort aus keine Scud-Raketen abgefeuert werden konnten. Außerdem waren die meisten Ölfelder im Süden besetzt. Damit konnte Saddam weder versuchen, Israel über einen Raketenbeschuss in den Konflikt hineinzuziehen, noch die Ölquellen in Brand zu stecken, wie er es 1991 getan hatte.

Ursprünglich sah der amerikanische Angriffsplan mehrere Tage des reinen Luftkriegs gegen militärische Ziele wie Kommunikations- und Kommandozentren vor; Kraftwerke, Ölraffinerien und das Stromnetz waren tabu, schließlich hatten die USA versprochen, den Irak nach dem Krieg wiederaufzubauen. Franks hatte diese Phase zuletzt auf neun Stunden verkürzt. Als Satellitenaufnahmen aber zeigten, dass die irakischen Verbände nicht auf einen Bodenangriff eingestellt waren, verlegte er den Einsatz der Infanterie vor. Die Invasionstruppen waren aus Angst vor Saddams angeblichen chemischen und biologischen Waffen mit Schutzmasken und -anzügen ausgerüstet und gegen Anthrax und Pocken geimpft. Nach einer irakischen Raketenattacke auf das Hauptquartier zu Beginn des Kriegs führten selbst der Oberkommandierende der Bodentruppen, McKiernan, und sein Stab ihre Lagebesprechungen in Chemie-Schutzanzügen und Gasmasken durch.[7] Am 21. März begann von Kuwait aus die Invasion des Irak. Dabei trafen die Koalitionstruppen anfangs kaum auf Widerstand und rückten schnell nach Norden vor. Allerdings stellten sich damit auch Probleme ein. Schon in der ersten Kriegswoche wurden Brennstoff, Wasser und Munition knapp, obwohl die Verbände noch gar nicht in Kämpfe mit Saddams Elitetruppen, den Republikanischen Garden, verwickelt waren. Diese Logistik-Probleme hatten mitunter tödliche Folgen. So bog die letzte Einheit eines 600 Fahrzeuge umfassenden Hilfsgüter-Konvois versehentlich nach Nasariyah ab, weil es nicht genug Truppen gab, die den Verkehr regelten, und geriet in eine Serie von Hinterhalten. Elf der 33 Soldaten starben, neun wurden verletzt, und sieben – darunter die Gefreite Jessica Lynch – gefangen genommen. Auch erwies sich die Annahme als falsch, die irakische Armee durch gezielte Bombardements einschüchtern, zur Kapitulation bewegen und so den Krieg allein aus der Luft entscheiden zu können. Durch ihre Fokussierung auf Massenvernichtungswaffen übersahen die US-Geheimdienste, dass Saddam im ganzen Land Depots mit konventionellen Waffen hatte anlegen lassen. Die vorrückenden Truppen entdeckten zwar viele davon, sprengten sie aber nicht – aus Angst, chemische und biologische Kampfstoffe freizusetzen. Neben diesen militärischen standen politische Fehlkalkulationen. Der erhoffte Aufstand der Schiiten im Süden des Irak blieb aus, keine einzige arabische Kampfgruppe stellte sich an die Seite Washingtons.

Allerdings beging auch Saddam schwere Fehler. Er war so überzeugt, dass die Invasionspläne der USA im UN-Sicherheitsrat scheitern würden, dass er seinen Kommandeuren die Verminung des Persischen Golfs untersagte. Saddam wollte Washington keinen Kriegsgrund liefern. Sein Kriegsplan, der die Verteidigung Bagdads und seines Regimes als oberste Priorität ausgab, war einfallslos und voll falscher Annahmen. Bis zuletzt konnte sich der Diktator nicht vorstellen, dass amerikanische Verbände auf die Hauptstadt vorstoßen würden. Allenfalls befürchtete er einen Angriff aus Westen über Jordanien. Noch zwei Wochen nach Kriegsbeginn wollte Saddam die Euphrat-Brücke südlich von Bagdad intakt halten, um notfalls Truppen in den Süden des Landes zum Niederschlagen des befürchteten Schiiten-Aufstands verlegen zu können. Als er sich angesichts der immer näher kommenden US-Truppen doch noch durchrang, die Brücke sprengen zu lassen, war es zu spät. Die Amerikaner konnten sie sichern und über sie nach Bagdad gelangen. Aber das war nicht der einzige katastrophale Fehler. Aus Angst vor Palastcoups und

Militärrevolten stationierte Saddam die reguläre Armee weit weg von der Hauptstadt an der Grenze zu Kurdistan und Iran. Nur die Republikanischen Garden durften nach Bagdad hinein. Zu ihrem Oberkommandierenden ernannte Saddam einen General, der weithin als inkompetenter Trinker galt, aber sein Cousin und ihm absolut ergeben war. Schließlich verfiel der irakische Diktator in ein Mikromanagement des Kriegs und verbot seinen Befehlshabern, Truppen ohne seine Einwilligung zu verlegen. Aus Furcht vor einer Rebellion unterband er auch die Kommunikation zwischen seinen Feldkommandeuren.

Als einzig wirkungsvolles militärisches Instrument erwiesen sich die paramilitärischen Fedayeen. Saddam hatte sie ins Leben gerufen, mit Kalaschnikows und Granatwerfern bewaffnet und seinem Sohn Uday unterstellt, damit sie die Hauptquartiere der Baath-Partei verteidigten und aufständische Schiiten bekämpften. Die Fedayeen leisteten den vorrückenden US-Verbänden erbitterten Widerstand und führten später den Aufstand gegen die Besatzungstruppen an. Die reguläre Armee dagegen wurde von den amerikanischen Streitkräften schnell überrannt. Am 5. April, nicht einmal zwei Wochen nach Kriegsbeginn, unternahmen die US-Truppen ihren ersten Sturmlauf auf die Hauptstadt. Unter Sturmlauf versteht man «einen schnellen, verwegenen, Chaos stiftenden Vorstoß ins Feindesland hinein».[8] «Wir glaubten nicht, dass sie bis Bagdad vorstoßen würden», bekannte ein Offizier der Republikanischen Garden später, «wir dachten, die Koalitionstruppen würden bis Basra vorstoßen, vielleicht bis Amara, und dann würde der Krieg enden.»[9] Einen Tag später rief Saddam seinen innersten Zirkel zusammen und ließ seinen Stellvertreter Tarik Aziz einen achtseitigen Abschiedsbrief verlesen. Sein Terrorregime war zusammengebrochen.

Für alle Welt sichtbar wurde das Ende von Saddams Herrschaft, als sich die US-Truppen nach ihrem zweiten Sturmlauf im Stadtzentrum festsetzten und am 9. April einer Gruppe von Irakern mit einem Bergepanzer vor laufenden Kameras halfen, eine sechs Meter hohe Saddam-Statue umzureißen. In Washington feierten Cheney, Wolfowitz, Libby und Kenneth Adelman, ein weiterer Befürworter der Invasion, den vermeintlichen Triumph und mokierten sich über die Kriegsskeptiker Scowcroft, Baker und Powell.[10] Für einen Augen-

Der Sturz der Saddam-Statue in Bagdad am 9. April 2003 markiert das Ende des 24-jährigen Terrorregimes im Irak.

blick schien es, als ob sich ihr Versprechen, der Regimewechsel im Irak werde problemlos verlaufen, bewahrheiten sollte. Das hatten die neokonservativen Kriegstreiber dem Präsidenten nämlich in Aussicht gestellt – und er schenkte ihnen bereitwillig Glauben. «Wie die Menschen in Frankreich in den 1940ern sehen sie [die Iraker] uns als ihre erhofften Befreier», prognostizierte Wolfowitz eine Woche vor dem Einmarsch. Vier Tage später legte Cheney bei einem Interview in der NBC-Talkshow *Meet the Press* nach: «Wir werden in der Tat als Befreier begrüßt werden.»[11] Daran schloss sich die Erwartung an, es stehe eine Opposition bereit, die breite Unterstützung genieße und schnell die Regierungsgeschäfte übernehmen könne. Nach maximal drei Monaten wollte man die Macht in die Hände der Iraker legen.

Wenn man von solch rosigen Szenarien ausging, ergab auch Rumsfelds Nachkriegsplanung Sinn – nämlich darauf zu verzichten. Die US-Truppen sollten möglichst bald nach dem Sieg abgezogen werden, langwieriges und personalintensives *Nation Building* betrachtete der Verteidigungsminister nicht als Aufgabe des Pentagon. Deshalb bereitete sich das Militär auch nur kursorisch und viel zu spät auf die

«Phase IV» vor, wie die Phase der Stabilisierung und Kontrolle nach einem Sieg im Pentagon-Jargon heißt. «Wir waren außergewöhnlich fokussiert auf die Phase III [die Kampfhandlungen]», klagte der für die Nachkriegsplanung zuständige Offizier Kevin Benson, «es hätte mehr als einen Armeeoberst, mich, gebraucht, der sich über die Details der Phase IV den Kopf zerbricht.»[12] Franks hatte im Gegensatz zu vielen seiner Untergebenen aber keine Erfahrung in Bosnien oder im Kosovo und interessierte sich kaum für die Nachkriegssituation. Rumsfeld wies ihn sogar an, sich keine Gedanken darüber zu machen, weil er fürchtete, dies lenke die Aufmerksamkeit des Generals von der Invasionsplanung ab. Einmal drohte der Verteidigungsminister wutentbrannt, die nächste Person zu feuern, die über die Notwendigkeit für eine Nachkriegsstrategie sprach.[13]

Tatsächlich offenbarte die Idee, die Invasion mit einer möglichst kleinen Streitmacht durchzuführen, schon bald ihre gravierenden Defizite. Eine Untersuchung des amerikanischen Heeres über Lage und Entwicklung im Irak nach der Eroberung Bagdads kam Mitte 2008 zu dem vernichtenden Schluss, dass die Nachkriegssituation völlig anders war als die Annahmen, die auf jeder Ebene vor dem Beginn der Invasion gemacht worden waren. Die Zeit nach dem Sieg sei «nicht gut durchdacht, geplant oder vorbereitet» gewesen.[14] Das wäre umso dringlicher gewesen, als Saddam seinem Geheimdienst, dem Mukhabarat, befohlen hatte, im Falle einer amerikanischen Invasion durch Sabotage und Plünderungen Chaos zu stiften, öffentliche Gebäude niederzubrennen, Dokumente zu vernichten, Kollaborateure zu bestrafen und Agenten über alle Orte zu verteilen.[15]

Nur einige Stunden nach dem Sturz von Saddams Statue begann die Plünderung des Industrieministeriums. Es waren keine US-Truppen entsandt worden, um das zu verhindern, weil niemand in Washington die Notwendigkeit dazu sah. Bei den Kommandeuren vor Ort herrschte Konfusion über ihre Zuständigkeit. Zwei Tage später war alles gestohlen, was nicht niet- und nagelfest war, Computer, Telefone, Möbel, sogar die Kabel waren aus den Wänden gerissen. Solche Szenen wiederholten sich in ganz Bagdad und griffen auf andere Städte über. Selbst als Vandalen das Nationale Antikenmuseum mit seinen Kunstwerken aus mesopotamischer Zeit leerräumten, standen amerikanische Soldaten tatenlos daneben, da sie weder einen Auftrag noch die erforderliche Mannschaftsstärke zum Eingreifen hatten. Auch Kasernen, Polizeistationen, Krankenhäuser, Kläranlagen, Universitäten, Schulen und Fabriken wurden geplündert, oft auch gebrandschatzt – sechs Wochen lang. Die Besatzungsbehörde schätzte den Schaden später auf zwölf Milliarden Dollar. In einer Stadt von fünf Millionen Einwohnern verschwand jede Autorität.

Noch drei Wochen vor der Invasion hatte Wolfowitz bei einer Kongressanhörung gesagt, «es sei schwer vorstellbar, dass man mehr Truppen benötigt, um in einem Irak nach Saddam Stabilität herzustellen, als man Truppen braucht, um den Krieg selbst zu führen».[16] Niemand in der amerikanischen Regierung gestand ein, dass es nicht genug Soldaten im Land gab, um öffentliche Einrichtungen und die Infrastruktur vor Plünderern und Saboteuren zu schützen. Dabei stand eine ganze Division mit fast 20 000 Mann in Kuwait bereit, die zur Stabilisierung eingesetzt hätte werden können. Aber Franks forderte sie nicht an. Die einzigen Regierungsgebäude, die die US-Truppen sicherten, waren Saddams Republikanischer Palast, der den amerikanischen Besatzern als Hauptquartier dienen sollte, und das Ölministerium. Desinteressiert bis zum Zynismus wirkte Rumsfeld, als er am 11. April die Plünderungen mit einem lapidaren «Dinge passieren» [*stuff happens*] kommentierte. Weiter sagte er zum Chaos in Bagdad: «Es ist unordentlich, und Freiheit ist unordentlich, und freie Menschen sind frei, Fehler zu machen und Verbrechen zu begehen und schlimme Sachen zu tun.»[17]

Wie falsch der Verteidigungsminister die Lage einschätzte, zeigte sich auch daran, dass er die Verlegung von zwei bereitstehenden Divisionen mit mehreren zehntausend Soldaten nach Bagdad stoppte. Angesichts der Tatenlosigkeit der USA mutierte die spontane Gewaltexplosion schon bald zum organisierten Verbrechen, angetrieben von vielen der 150 000 Häftlinge, die Saddam im Oktober 2002 in einem präzedenzlosen Akt auf einen Schlag frei gelassen hatte. Die zunehmende Rechtlosigkeit war verheerend für das Ansehen und die Glaubwürdigkeit der Vereinigten Staaten und entfremdete den Besatzern vor allem die städtische Mittelklasse, die man für den Aufbau eines demokratischen und stabilen Irak brauchte. Auch bedrohte das Chaos direkt die Sicherheit der amerikanischen Soldaten. So konnten sich Aufständische, Gewaltkriminelle und Milizen über Monate aus den unbewachten Depots der irakischen Armee mit Waffen versorgen. Allein aus der Militärbasis Al Qaqaa verschwanden in den Monaten nach der Invasion 380 Tonnen Sprengstoff, obwohl entsprechende Hinweise der UN-Inspektoren vorlagen. Außer für Bagdad war die Nachkriegsplanung auch für das sunnitische Dreieck nördlich und nordwestlich der Hauptstadt desaströs.

Von diesen ersten heraufziehenden dunklen Wolken ließ sich der Oberbefehlshaber der *Operation Iraqi Freedom*, General Franks, nicht von Siegesgebärden abhalten, zumal nur 139 amerikanische Soldaten – und damit weit weniger als befürchtet – bei der Invasion gefallen waren. Franks besuchte eine Woche nach der Einnahme Bagdad, streckte triumphierend die Faust in den Himmel und wies seine führenden Offiziere an, die Vorbereitungen für den Abzug aus dem Irak zu treffen. In seiner Euphorie nahm der General voreilig und ohne Kenntnis der politischen und militärischen Realitäten an, die Kriegsziele seien erreicht. Jetzt offenbarte sich auch Franks' größte Schwäche: die Unfähigkeit zu strategischem Denken. Die ersten Einheiten sollten innerhalb von 60 Tagen verlegt, die Gesamtzahl der US-Streitkräfte bis Ende September von 140 000 auf 30 000 reduziert werden. Stattdessen würden sich, so glaubte man irrigerweise auf einer Sitzung des NSC am 14. April, die Nato, der Golf-Kooperationsrat, Polen und Großbritannien mit je einer Division an der Stabilisierung des Irak beteiligen.[18] Der Journalist Thomas Ricks kritisierte später, die gesamte Aktion ähnelte «mehr einem Staatsstreich in einer Bananenrepublik als einem großangelegten Kriegsplan, der den Ehrgeiz einer Großmacht spiegelte, die Politik einer zentralen Weltregion zu verändern».[19]

Trotz der rapide außer Kontrolle geratenden Lage verkündete Rumsfeld in einer *Botschaft an das Volk des Irak* am 30. April: «Mit jedem Tag, der vergeht, verbessern sich die Bedingungen im Irak.»[20] Auch Präsident Bush, dessen Zustimmungsrate nach dem Fall Bagdads auf 77 Prozent schoss, zelebrierte den Sieg. Am 1. Mai 2003 landete der ehemalige Jet-Pilot der Nationalgarde in *Top Gun*-Manier auf dem Deck des Flugzeugträgers *USS Abraham Lincoln*, der bei San Diego dicht vor der Küste lag. In voller militärischer Fliegermontur stieg er aus einer viersitzigen Maschine, unter deren Cockpit-Fenster *George W. Bush Commander-in-Chief* gemalt war, und verkündete: «Die

Am 1. Mai 2003 erklärt Präsident Bush auf dem Flugzeugträger *USS Abraham Lincoln* alle größeren Kampfhandlungen im Irak für beendet.

Haupt-Kampfhandlungen im Irak sind beendet. In der Schlacht um den Irak haben die USA und unsere [sic] Alliierten gesiegt. Und jetzt kümmert sich unsere Koalition darum, dem Land Sicherheit zu geben und es wiederaufzubauen. ... Ihretwegen ist unsere Nation sicherer. Ihretwegen ist der Tyrann gefallen, und ist der Irak frei.»[21] Die *New York Times* berichtete später, dass Mitarbeiter des Weißen Hauses «jeden Aspekt des Ereignisses choreographiert hatten, bis hin zu den koordinierten Hemdfarben der hinter Bushs rechter Schulter aufgestellten Lincoln-Crew und dem ‹Mission accomplished›-Spruchband».[22] Die Inszenierung des vermeintlichen Triumphs auf der Lincoln wurde schon bald zum Symbol der Irakpolitik eines Präsidenten, der Illusionen nachhing und sich der Wirklichkeit verweigerte. General Franks, der einen grandiosen militärischen Sieg errungen hatte, aber sich nicht um die Nachkriegsphase kümmern wollte, verabschiedete sich im Mai in den Urlaub und ging anschließend in den Ruhestand, um eine hochdotierte Autobiographie zu schreiben. Erst sein Nachfolger als Chef des Central Command, General John Abizaid, erkannte im Juli 2003, dass sich die US-Streitkräfte «einem klassischen Guerilla-Kampf» gegenüber sahen. Auch gebrauchte er ein Wort, das die Bush-Regierung in den Wochen zuvor peinlich vermieden hatte: Krieg. «Es ist Krieg», sagte Abizaid, «wie auch immer man es beschreibt.»[23]

Die Nachkriegsplanung

Dabei gab es vor der Invasion zahlreiche Stimmen, die auf die Notwendigkeit einer systematischen Nachkriegsplanung hingewiesen hatten. Der Geheimdienstausschuss des Senats legte am 25. Mai 2007 einen Bericht zu den Aussagen der Dienste vor, mit welchen Schwierigkeiten nach dem Einmarsch im Irak zu rechnen sei. Der Ausschuss gelangte zu dem Schluss, dass zwei Studien des Nationalen Geheimdienstrats – des obersten Koordinierungsgremiums der Analysen aller Dienste – im Januar 2003 viele Probleme richtig vorhergesagt hatten: Der Aufbau einer stabilen demokratischen Regierung im Irak sei ein «langer, schwieriger und wahrscheinlich stürmischer Prozess», der jederzeit in die autoritäre Tradition des Landes abgleiten könne; der Terrorismus werde zumindest zeitweise ansteigen; die irakische Gesellschaft sei tief gespalten und könne ihre Konflikte gewaltsam austragen, falls die Besatzungsmacht das nicht verhindere; und eine Niederlage und Besetzung des Irak werde zu einem Aufflammen des politischen Islam und einem Geldschub für Terrororganisationen führen.[24] Studien des Außenministeriums und der Forschungsinstitute der Armee und des Marine Corps waren von der Möglichkeit verbreiteter Plünderungen und Rechtlosigkeit ausgegangen. Der Bericht der Armee wies darauf hin, dass die Iraker die US-Armee keineswegs mit offenen Armen begrüßen und Feith und Tschalabi sich mit dieser Annahme Wunschdenken hingeben würden, und mahnte: «Die Wahrscheinlichkeit, dass die Vereinigten Staaten im Irak den Krieg gewinnen und den Frieden verlieren, ist real und ernst.»[25] Eine Studiengruppe aus Nahostexperten betonte nach einer Konferenz an der National Defense University, einer der wichtigsten Forschungseinrichtungen des Militärs, die Besetzung des Irak werde «eine der beängstigendsten und komplexesten Herausforderungen sein, die die USA und die internationale Gemeinschaft seit dem Ende des II. Weltkriegs unternommen haben».[26] Selbst Kenneth Pollack, ein glühender Unterstützer der Irakinvasion, hatte im September 2002 gewarnt: «Der Wiederaufbau des Irak kann kein Nachgedanke einer Politik des Regimewandels sein. Vielmehr muss er zentraler Bestandteil der amerikanischen Vorbereitung sein. Er ist wahrscheinlich der wichtigste und schwierigste Teil dieser Politik, und wir würden viele Jahrzehnte mit den Ergebnissen zu leben oder unter den Folgen zu leiden haben.»[27] Aber die Diskussionen in Bushs Kriegskabinett verliefen erratisch und zeigten einen tiefen Riss zwischen den Konzepten des Außenministeriums, der CIA und des NSC auf der einen und des Verteidigungsministeriums und des Büros des Vizepräsidenten auf der anderen Seite. Frustriert hielt Tenet in seinen Memoiren fest: «Kein Konsens wurde je erreicht, kein klarer Plan je ausgearbeitet.»[28]

Rasch offenbarte sich, wie grob Washington die Nachkriegsplanung vernachlässigt hatte. Das hatte auch mit Zeitdruck und Fehleinschätzungen zu tun. Aber es war primär Ausdruck der Tatsache, dass der Präsident *Nation Building* nicht als Aufgabe amerikanischer Streitkräfte ansah. In der ersten Präsidentschaftsdebatte am 3. Oktober 2000 hatte er Al Gore vorgeworfen, «an Nation Building zu glauben». Er dagegen, so Bush weiter, «wäre sehr vorsichtig, unsere Truppen als ‹nation builders› zu nutzen».[29] Diese Einstellung führte dazu, dass er der Nachkriegsplanung keine Priorität zuwies. Auch war der Präsident mit einfachsten Tatsachen der irakischen Politik überhaupt nicht vertraut. So mussten drei irakstämmige US-Bürger bei einem Treffen mit ihm zwei Monate vor der Invasion feststellen, dass Bush mit den Begriffen Sunniten und Schiiten nichts anfangen konnte.[30]

Im Gegensatz zu Bosnien und Afghanistan, wo das Außenministerium die Aufbaubemühungen leitete, übertrug der Präsident auf Betreiben Rumsfelds im Nationalen Sicherheitserlass Nr. 24 am 20. Januar 2003 die Verantwortung für den Irak offiziell dem Pentagon. Der Erlass wies ihm breite Aufgaben zu, die von der Sicherung der Grundversorgung und der Infrastruktur über den Umbau des Militärs bis hin zur Zerstörung der Massenvernichtungswaffen reichte. Angesichts der Indifferenz Bushs, Rumsfelds und Franks' traf im Verteidigungsministerium niemand ernsthafte Vorbereitungen oder entwickelte *Worst-case*-Szenarien. Staatssekretär Feith, in dessen Zuständigkeit die Nachkriegsplanung fiel, sah die Invasion im Irak als Befreiungskrieg. Deshalb ging er davon aus, dass es nach dem Sieg der Vereinigten Staaten nur geringer auswärtiger Hilfe bedürfe, um dem Land auf die Beine zu helfen. Abweichende Studien ignorierte er einfach. Erst acht Wochen vor Kriegsbeginn, am 17. Januar 2003, kontaktierte Feith Ex-Generalleutnant Jay Garner und bat ihn, das Kommando im Nachkriegs-Irak zu übernehmen. Seine Mission werde aber, so versicherte er ihm, nicht länger als 90 Tage dauern.[31] Pentagon und Weißes Haus waren der Ansicht, dass im Irak wie nach dem Sieg in Afghanistan im Dezember 2001 kein personalintensives *Nation Building* erforderlich sein würde. «Nation-building lite» (Daalder/Lindsay) lautete dort die Devise.[32] Das Centcom plante, die reguläre irakische Armee nach ihrer Kapitulation die Landesgrenzen sichern und die öffentliche Ordnung aufrechterhalten zu lassen und die eigenen Truppen schnell wieder abzuziehen.

Garner war ein integrer Mann, der bei der humanitären Hilfsaktion der USA im irakischen Kurdengebiet in den frühen 1990er Jahren gute Arbeit geleistet hatte; er konnte sich aber angesichts des unglaublichen Zeitdrucks nicht systematisch auf seine Aufgabe vorbereiten. Er nahm zudem an, es werde im Irak primär darum gehen, Flüchtlingsströme zu kanalisieren, Lebensmittel zu verteilen, Seuchen zu bekämpfen und vielleicht einige von Saddam in Brand gesteckte Ölquellen zu löschen. Nur einmal vor dem Abflug nach Kuwait konnte Garner sein gesamtes Team zu einer Lagediskussion zusammenbringen. Zudem fehlte ihm die Rückendeckung der höchsten politischen Ebene. Er erfuhr nicht einmal, dass Feith ein eigenes Team für die Planung der Nachkriegsverwaltung leitete. Auch sonst bekamen Garner und sein *Büro für Wiederaufbau und humanitäre Hilfe* (Orha) wenig Unterstützung. Das Pentagon zum Beispiel beschränkte auf Drängen des Büros des Vizepräsidenten systematisch die Zahl der Nahostexperten, die das Außenministerium in die Orha entsenden durfte, weil es sie als politisch unzuverlässig erachtete. Garner musste etwa Tom Warrick, der im *Zukunft des Irak-Projekt* des State Department eine zentrale Rolle gespielt hatte, auf Order Rumsfelds entlassen.

Vor allem Tschalabi, der sich bereits als neuer Herrscher im Irak sah, hintertrieb über seine Kontakte zu Cheneys Büro systematisch Garners Mission. Beim Anlegen einer Liste von 16 zu schützenden Ministerien und Einrichtungen in der Hauptstadt musste das Orha-Team auf das Touristenhandbuch *Lonely Planet* zurückgreifen, um die Orte zu lokalisieren.[33] Auch bestand es lediglich aus 400 Mitarbeitern, die ein Land von 25 Millionen Einwohnern regieren sollten. Noch dazu hatte Garner Schwierigkeiten, das für seine Arbeit erforderliche Geld vom Weißen Haus und vom Pentagon freigegeben zu bekommen. «Wenn Sie glauben, wir geben unser Geld dafür [den Wiederaufbau des Irak] aus, liegen Sie falsch», beschied Rumsfeld einen um Finanzmittel nachsuchenden Garner, «Wir machen das nicht. Die Iraker werden ihr eigenes Geld für den Wiederaufbau ihres Landes ausgeben.»[34]

Garner besaß nicht die Kontakte und die Durchsetzungskraft in Washington, um die wichtigsten Spieler im außenpolitischen Entscheidungsprozess für seine Ziele zu gewinnen. Aber er und seine Mannschaft wurden auch im Stich gelassen, keiner kümmerte sich um sie oder schenkte ihnen irgendwelche Aufmerksamkeit. Wie wenig ernst man das Orha-Team nahm, zeigte sich auch daran, dass man es nicht im militärischen Hauptquartier *Camp Doha* unterbrachte, als es am 16. März in Kuwait eintraf. Statt dessen wartete es im *Hilton* auf seinen Einsatz, viele Kilometer entfernt von der Stelle, wo die kriegswichtigen Entscheidungen getroffen wurden. Wie schlecht Garners Leute auf ihre Mission vorbereitet waren, sah man auch daran, dass viele auf dem Flug nach Kuwait Bücher über die amerikanische Besatzung Deutschlands und Japans nach dem Zweiten Weltkrieg lasen – als ob sie das Vorbild für die auf sie zukommenden Aufgaben sein könnte.[35]

Chaos und Gewalt nahmen in Bagdad schon kurz nach der Eroberung ein solches Ausmaß an, dass sich das Militär weigerte, Garner und seine Mannschaft überhaupt aus Kuwait einreisen zu lassen. Als er am 19. April endlich in die Hauptstadt kommen konnte, waren die irakischen Zivilbeamten, auf deren Unterstützung er beim Aufbau der Verwaltung setzte, verschwunden. Da das Telefonsystem nicht mehr funktionierte, mussten Orha-Mitarbeiter Passanten auf der Straße fragen, ob sie Regierungsangestellte kannten.[36] Damit strahlte der oberste US-Administrator alles andere aus als Führungsstärke und Durchsetzungskraft. Es war ganz einfach naiv zu erwarten, Regierung und Verwaltung würden weiter funktionieren, wenn man die Spitzenleute ersetzte. Denn in der totalitären Diktatur des Irak geschah nichts Wichtiges ohne explizite Anordnung Saddams. Nach dem Sturz des Regimes entstand deshalb ein gigantisches Machtvakuum, das Garner und seine paar hundert Leute trotz einiger vielversprechender Initiativen nicht zu füllen vermochten.

John Sawers, Blairs Sonderbeauftragter für den Irak, rechnete Anfang Mai 2003 in einem vertraulichen Telegramm an Downing Street No. 10 mit der amerikanischen Wiederaufbaubehörde ab: «ORHA ist ein unglaubliches Durcheinander, keine Führung, keine Strategie, keine Koordination, keine Struktur und unzugänglich für normale Iraker. ... Garner und sein Team von 60-jährigen Generälen im Ruhestand meinen es gut, sind aber ratlos.»[37] Hero Talabani, die Frau des Kurdenführers Jalal Talabani, beklagte sich bei Garners Pressesprecherin enttäuscht: «Wir haben mehr von euch Amerikanern erwartet.»[38] Nicht einmal zwei Wochen nach seinem Eintreffen in Bagdad teilte das Pentagon Garner abrupt und ohne Angabe von Gründen mit, es werde ihn durch einen neuen Mann ersetzen. Die Orha wurde hingegen nie formal aufgelöst, die Nachfolgebehörde übernahm aber nur eine kleine Zahl der 400 Mitarbeiter.

7. Besatzungszeit

Als neuen starken Mann im Irak berief der Präsident auf Rumsfelds Vorschlag L. Paul ‹Jerry› Bremer, einen Karrierediplomaten im Ruhestand und Experten für Terrorismusbekämpfung. Ihm eilte der Ruf eines entscheidungsstarken und durchsetzungsfähigen Machers voraus. Außerdem erfüllte er alle Bedingungen des Pentagon: Er unterstützte die Irakmission vorbehaltlos, stand loyal zu Bush und Rumsfeld und hatte nicht für die Clinton-Regierung gearbeitet.[1] Allerdings hatte Bremer auch Defizite: Er war nie im Mittleren Osten gewesen, sprach kein Arabisch, besaß keinerlei Erfahrung mit einer Besatzung oder einem Wiederaufbau-Projekt und hatte nie eine große Organisation geleitet oder ein großes Budget verwaltet. Zu seinen wichtigsten Beratern ernannte er drei junge Leute, die ebenfalls keine Erfahrung in der arabischen Welt mitbrachten, ihm aber loyal ergeben waren. Als persönlicher Gesandter des Präsidenten war Bremer Herr über das gesamte US-Regierungspersonal und alle amerikanischen Ressourcen im Irak. Als Chef der neu geschaffenen *Provisorischen Koalitionsbehörde* (CPA) übernahm er auch die exekutive, legislative und judikative Gewalt im Lande. Damit war, wie eine Studie des Heeres später feststellte, das Mandat Bremers und der CPA «verblüffend anders» als das Garners und der Orha.[2] Dies spiegelte die sich diametral gegenüberstehenden Positionen in der US-Regierung, die Bush nie durch ein Machtwort entschied. Schon bald nannte man den neuen ersten Mann im Irak in Anlehnung an einen entsprechenden Titel im Spanischen Reich «Vizekönig». Militärs klagten über Bremers selbstherrliche und autoritäre Art. Der hatte den Ton gesetzt, als er sofort nach seiner Ankunft im Hauptquartier der US-Streitkräfte in Bagdad verkündete: «Ihr alle arbeitet für mich.»[3] Formal stimmte das, aber Bremers Anspruch auf absolute Kontrolle belastete das Arbeitsverhältnis zwischen CPA und Militärführung und ging auf Kosten der Effizienz und Effektivität der Besatzungspolitik.

Auch zu den Exilirakern um Tschalabi und Ayad Allawi und den Kurdenführern Jalal Talabani und Massoud Barzani ging Bremer auf Konfrontationskurs. Er machte ihnen klar, dass sie entgegen Feiths Plänen keine Übergangsregierung bilden würden: «Eine Sache, die Sie verstehen müssen, ist, dass Sie nicht die Regierung sind. Wir haben die Macht.»[4] Statt dessen setzte er sie im Juli als Mitglieder eines 25-köpfigen Irakischen Regierungsrats ein, der keine wirklichen Kompetenzen besaß. Damit stellte Bremer den ursprünglichen Plan der USA, die Macht im Land schnellstmöglich in die Hände der Iraker zu legen und das Land zu verlassen, auf den Kopf, und begründete ein Besatzungsregime, das nach seinen Vorstellungen mehrere Jahre andauern sollte. Mit Resolution 1483 erkannte der UN-Sicherheitsrat zwar wenig später die CPA an, rief sie aber auf, «die Bedingungen für Sicherheit und Stabilität wiederherzustellen und Bedingungen zu schaffen, unter denen das irakische Volk frei seine eigene Zukunft bestimmen kann».[5]

Da das Pentagon für den Nachkriegs-Irak zuständig war, berichtete Bremer Bush offiziell durch den Verteidigungsminister. Aber Bremer sah sich nicht als «Mann Rumsfelds oder Powells», sondern als «Mann des Präsidenten»[6] und umging das Pentagon häufig. Zudem begriff Rumsfeld die Entwicklungen im Irak nicht. Statt den schweren Fehler zu erkennen, nicht genügend Truppen für die Nachkriegsphase bereitgestellt zu haben, und ihn schnellstmöglich zu beheben, hielt er an den einmal festgelegten Abzugsplänen fest. Nachdem sich der Verteidigungsminister während der Invasion in jedes Detail eingemischt hatte, kümmerte er sich jetzt nicht mehr um konkrete Operationen. Wie bisher überzog er seine Mitarbeiter jeden Tag mit 20 bis 60 Memoranden, in denen er Anweisungen gab oder Arbeitsaufträge erteilte; sie kamen so häufig aus seinem Büro, dass man sie schon bald als «Schneeflocken» [*snowflakes*] bezeichnete. Aber in zentralen Fragen erwies sich Rumsfeld als beratungsresistent und entscheidungsschwach. Selbst wichtigste Beschlüsse fielen ohne eine vertiefte Diskussion möglicher Folgen. Das zeigte sich erstmals bei der Auflösung der Baath-Partei und der irakischen Armee.

Die Auflösung von Baath-Partei und irakischer Armee

Bremer wollte im Irak den neokonservativen Traum verwirklichen und das gesamte Land von Grund auf umgestalten. Das ließ sich seiner Meinung nach nur von Oben und mit einer Politik der harten Hand verwirklichen. Seine Ankunft im Land am 12. Mai 2003 sollte deshalb, wie er in einem Memorandum an das Pentagon schrieb, «durch klare, öffentliche und entschiedene Schritte gekennzeichnet sein, den Irakern zu versichern, dass wir entschlossen sind, den Saddamismus auszurotten». Feiths *Büro für Sonderpläne* entwarf daraufhin unter aktiver Mitwirkung Tschalabis eine eineinhalbseitige Exekutivanordnung mit dem Titel *De-Baathifizierung der irakischen Gesellschaft*, die Rumsfeld, aber nicht Powell und Rice vorgelegt wurde. Als Garner, der noch in Bagdad war, von dem Entwurf hörte, ging er sofort zu Bremer und warnte ihn vor den katastrophalen Folgen einer solchen Verfügung: «Sie werden 50 000 Baath-Mitglieder noch vor dem Abend in den Untergrund treiben. Tun Sie das nicht!»[7] Dieser wimmelte ihn aber ab und erklärte skeptischen Mitarbeitern, über ihre Einwände werde er nicht diskutieren.

Am 16. Mai verkündete Bremer Erlass Nr. 1 der Provisorischen Koalitionsbehörde. Er verbot die Baath-Partei und entfernte alle höherrangigen Mitglieder – insgesamt 25 000 bis 65 000 Personen – aus ihren Ämtern. Das hatte unmittelbare Folgen: Zum Beispiel erschienen am nächsten Tag im Gesundheitsministerium ein Drittel aller irakischen Mitarbeiter nicht zum Dienst, darunter fast alle in Leitungsfunktionen. Auch zwischen 10 000 und 15 000 Lehrer, von denen das Erziehungsministerium viele in die Baath-Partei gezwungen hatte, verloren ihre Arbeit. Später rechtfertigte Bremer die De-Baathifizierung mit dem Hinweis, dass sie auf Anweisung aus dem Pentagon erfolgte und darauf abzielte, die Gruppe von Saddam-Getreuen aus der Regierung zu entfernen. Das war im Prinzip kein falscher Gedanke, aber die Säuberung hätte auf politische Spitzenkader beschränkt werden müssen. Zahllose Staatsbedienstete waren nämlich nur aus Karrieregründen in die Partei eingetreten und bildeten das Rückgrat der Bürokratie. Ohne sie kollabierte der Verwaltungsapparat.

Eine Woche danach löste Bremer trotz aller Warnungen Garners in Erlass Nr. 2 die 500 000 Mann starke irakische Armee einschließlich aller Spezialkräfte wie den Republikanischen Garden und den Fedayeen sowie die Geheimdienste auf, obwohl der ursprüngliche Plan der USA einen Fortbestand der regulären Streitkräfte vorgesehen hatte. Über Nacht standen nicht nur die Angehörigen von Saddams Unterdrückungsapparat, sondern auch 385 000 Soldaten und Rekruten, 285 000 Sicherheitskräfte des Innenministeriums und 50 000 Mitglieder der Schutzgarde des Präsidenten auf der Straße. Sie alle wussten, wie man an Waffen kommt und sie bedient. Außerdem verfügte Erlass Nr. 2 das sofortige Ende aller Soldzahlungen und die Aberkennung aller Dienstgrade und Titel. Die Auflösung der Armee erwies sich als der mit Abstand schwerste Fehler der Besatzungszeit. Zugrunde lag ihr eine völlige Verkennung der Rolle und Bedeutung der regulären Streitkräfte im Irak. Bremer und seine rechte Hand in Militärfragen, Walter Slocombe, glaubten, sie seien integraler Bestandteil von Saddams Herrschaftsmaschinerie, ähnlich den Republikanischen Garden. In Wirklichkeit war die Armee relativ unabhängig und verfügte über ein professionelles Offizierskorps. Aus Angst vor Putschversuchen hatte Saddam sie auch nie in Bagdad oder in seiner näheren Umgebung stationiert. Später behauptete Bremer, die Anordnung habe kaum reale Konsequenzen gehabt, da die irakischen Streitkräfte de facto schon nicht mehr existierten.[8] Tatsächlich hatten viele Soldaten noch während des amerikanischen Angriffs oder gleich nach der Niederlage ihre Posten verlassen und waren nach Hause gegangen. Aber dazu hatten sie die von US-Flugzeugen abgeworfenen Flugblätter ja aufgefordert. Jetzt warteten die Soldaten darauf, von den Besatzern zurückgerufen zu werden und ihren Sold zu erhalten, nur um zu erfahren, dass sie ohne Job und Perspektiven waren. Mit der Auflösung der irakischen Armee verlor die CPA das einzige Instrument, mit dem sie das Land hätte kontrollieren und regieren können.

Bremer traf diese kolossale Entscheidung mehr oder weniger im Alleingang, er konsultierte weder das Außenministerium noch die CIA, den NSC, Centcom oder die Orha. Nur Rumsfeld sandte er eine Kopie des Erlasses vor seiner Verkündung. Die massive Opposition der amerikanischen Offiziere vor Ort gegen einen solchen Schritt wischte Bremer vom Tisch, mehr noch, er und vor allem Slocombe sagten ihnen nicht die volle Wahrheit über ihre Pläne.[9] Bremers spätere Rechtfertigung, die Auflösung der Streitkräfte sei dem Weißen Haus bekannt gewesen, war allenfalls formal richtig. In seinem dreiseitigen Brief an Bush vom 22. Mai beschränkte sich der entsprechende Hinweis auf einen Satz. Der Präsident sagte später, er erinnere sich nicht an den Vorgang, sei aber davon ausgegangen, dass die irakische Armee intakt bleibe.[10] In der Tat konterkarierte Erlass Nr. 2 die Bemühungen Garners und der US-Streitkräfte, neun irakische Divisionen mit knapp 100 000 Mann baldmöglichst zurückzurufen. Dass genügend Soldaten bereitstanden, belegte der Umstand, dass sich 137 000 dafür registriert hatten. Auch waren Soldzahlungen an 300 000 irakische Soldaten, 12 000 Polizisten und zwei Millionen Regierungsangestellte vorbereitet worden. Aber Bremer und Slocombe ließen diesen bereits weit gediehenen Plan fallen. Die von den beiden an ihrer Stelle vorgeschlagene neue irakische Armee sollte erst nach sechs Monaten aufgebaut werden und nach drei Jahren lediglich aus drei Divisionen bestehen.

Das Hin und Her über die Frage, wer wann was wusste und tat, zeigt die ganze Konfusion innerhalb der obersten Entscheidungsebene über Schlüsselfragen der Nachkriegspolitik. Natürlich handelte Bremer autokratisch, aber Bush und Rumsfeld ließen ihn auch agieren, ohne ihren Kontrollpflichten nachzukommen. Auf jeden Fall trugen die beiden Erlasse zum Entstehen eines Reservoirs Hunderttausender Arbeitsloser und Verzweifelter bei, aus dem Verbrecherorganisationen, die sunnitischen Aufständischen, die religiösen Milizen und Dschihadisten Anhänger rekrutieren konnten. Drei Tage nach der Auflösung der Armee erfolgte der erste blutige Anschlag auf die US-Truppen mit einer am Straßenrand versteckten Bombe, einem sogenannten IED (Improvised Explosive Device). IEDs sollten schnell die tödlichste Bedrohung für die amerikanischen Soldaten werden. John Agolia, der Verbindungsoffizier zwischen dem Militär und der CPA nach der Invasion, berichtete später von einem Gespräch zwischen einem US-Offizier und einem Iraker, der beim Versuch, eine Bombe auf einer von amerikanischen Einheiten viel genutzten Straße zu legen, festgenommen worden war. «Haben Sie mir nicht noch vor zwei Wochen am Straßenrand Colas verkauft?», fragte der erstaunte Offizier den Attentäter. Der antwortete:

Ja, das war ich. Ich bin ein Leutnant der irakischen Armee und ich glaubte Euch, als Ihr sagtet, Ihr würdet mich als Teil des neuen Irak zurückholen, um dem neuen Irak und nicht mehr Saddam zu dienen. Wir sind desertiert, weil wir Euch vertraut haben. Aber jetzt nennt Ihr uns Baathisten und Feiglinge, und meine Männer sind zu mir gekommen und haben mir gesagt, man darf Euch nicht trauen. Ihr habt uns entehrt. Wir können den Amerikanern nicht trauen. Wir müssen sie bekämpfen, um unsere Ehre zurückzugewinnen, und deshalb sind wir hier draußen, Euch zu bekämpfen.[11]

Die Episode illustriert, dass die CPA durch die Entlassungen Männer in den Untergrund trieb, die bereit gewesen wären, mit den USA zusammenzuarbeiten. Gleichzeitig widersetzte sich Bremer dem Drängen von Generalmajor David Petraeus und des UN-Sondergesandten Sergio Vieira de Mello, ein Gesprächsangebot von Sunni-Offizieren anzunehmen, die verhandeln wollten, bevor sie sich dem Aufstand anschlossen.[12] Die Entfernung der Baath-Parteimitglieder und die Auflösung der Armee waren Fehler, die sich im Nachhinein auch nicht mehr korrigieren ließen. Die US-Militärs, die die irakischen Streitkräfte für die Stabilisierung des Landes benötigten, verfolgten ungläubig die Beschlüsse der politischen Führung in CPA und Pentagon. General Franks meinte damals sogar, dass Feith, der beide Erlasse maßgeblich befördert hatte, in Bagdad den Ruf erhielt, «der dümmste Scheißkerl des Planeten» zu sein.[13] General McKiernan sah den Sommer 2003 später als verpasste Chance, den Aufständischen den Schwung zu nehmen: «Wir schafften es nicht, die Gunst der Stunde zu nutzen, ... Ordnung in eine chaotische Situation zu bringen.»[14] Das lag auch daran, dass der im Juni 2003 ernannte Oberkommandierende der Koalitionsstreitkräfte im Irak, Generalleutnant Ricardo Sanchez, ein Mikromanager war, dem das Verständnis für strategische Zusammenhänge fehlte. Armitage meinte später in seiner unverblümten Art, nach seinem ersten Gespräch mit ihm habe er den Eindruck gewonnen, dass «er nicht kapiert», worum es gehe.[15] Zudem konnten sich Sanchez und Bremer nicht leiden, was die Effizienz der Zusammenarbeit von Militär- und Zivilverwaltung im Irak und damit der gesamten amerikanischen Besatzungspolitik weiter reduzierte. Eine Studie des Forschungsinstituts der Armee gelangte später zu dem vernichtenden Urteil: «Die allgemeine Ansicht im gesamten Kriegsgebiet ist, dass keine Roadmap für den Wiederaufbau des Irak existiert. Es gibt keinen Plan, der Prioritäten mit kurz-, mittel- und langfristigen Zielen umreißt. ... Die Unfähigkeit, einen Plan zu entwickeln oder zu artikulieren, trägt zu einem Mangel an gemeinsamen Bemühungen der Koalitionsstreitkräfte und der CPA bei.»[16] Ein Iraker flüchtete sich in einem Gespräch mit einem jungen CPA-Mitarbeiter in Galgenhumor. «Sie müssen die Geschichte der britischen Besatzung des Irak gründlich studiert haben», sagte der Iraker zu dem selbstbewussten Amerikaner. «Ja, das habe ich», antwortete der. «Das dachte ich mir», sagte der Iraker, «weil Sie so entschlossen sind, jeden einzelnen ihrer Fehler zu wiederholen.»[17]

Auch die Suche nach den Massenvernichtungswaffen, dem offiziellen Kriegsgrund, erbrachte nur schlechte Nachrichten für Washington. Schon in den ersten Tagen der Invasion begann ein Sondereinsatzteam mit der Inspektion der 946 von der CIA als verdächtig bezeichneten Orte. Alle Meldungen über Funde, die Bush sofort ungeprüft an die Öffentlichkeit trug, stellten sich aber als falsch heraus. Auch eine 1400 Mann umfassende *Iraq Survey Group* des Militärischen Geheimdienstes konnte keine verbotenen Waffen entdecken. Anfang Juni fragte der Präsident Bremer und Rumsfeld, wer denn für die WMD-Suche zuständig sei. Beide antworteten, der jeweils andere. Bush explodierte und übertrug die Aufgabe der CIA. Damit gab er zehn Wochen nach Kriegsbeginn erstmals klare Vorgaben in einer Frage, von der die Glaubwürdigkeit seiner Regierung und der USA wesentlich abhing.[18] Tenet gewann für diese Mission David Kay, einen der führenden Experten für Nuklearwaffen-Inspektionen, der sich umgehend an die Arbeit machte. Aber in der Regierung wuchsen die Zweifel, ob er fündig werden würde. Der Präsident begann nun, seine Wortwahl und damit die bis dato gültige Kriegsbegründung zu verändern. Anstatt von «Massenvernichtungswaffen» zu sprechen, die Saddam angeblich besessen hatte, waren es jetzt nur mehr entsprechende «Programme», also die Möglichkeit, die Waffen herzustellen.[19] Von einer Journalistin auf diese Ungereimtheit angesprochen, antwortete Bush lapidar: «Was ist der Unterschied?»[20]

Konfusion an der Spitze

Zwei Monate, nachdem der Präsident alle «größeren Kampfhandlungen» für beendet erklärt hatte, waren weitere 67 US-Soldaten gefallen und 200 verwundet worden. Von Reportern darauf angesprochen, erklärte Bush martialisch: «Es gibt einige, die glauben, dass die Bedingungen so sind, dass sie uns dort angreifen können. Meine Antwort ist, lasst Sie nur kommen [*Bring them on*]. Wir haben die notwendigen Streitkräfte, um mit der Sicherheitslage umzugehen.»[21] Das sahen die Leute vor Ort ganz anders. Ex-Zivilverwaltungschef Garner mahnte, die Kämpfe im Irak hätten mittlerweile Züge eines Guerillakriegs angenommen, und empfahl eine Erhöhung der Truppenzahl. Bremer bat Bush und Rice im Juli 2003, die Soldaten nicht so schnell zu reduzieren, wie vom Verteidigungsminister gewünscht, da die Koalition sowieso nur halb so viel Soldaten habe wie benötigt.[22] Intern klagte der CPA-Chef, «es sei unmöglich, mit Rumsfeld zu arbeiten».[23] Aber Präsident und Sicherheitsberaterin ignorierten die Warnungen und gaben dem Verteidigungsminister weiter freie Hand. Der beharrte auf den festgelegten Abzugsplänen.

Von Juli 2003 bis Januar 2004 fiel die Zahl der amerikanischen Soldaten im Irak von 150 000 auf 110 000, die der gesamten Koalitionsstreitkräfte von 160 000 auf 135 000. Erst im Verlauf des Jahres 2004 stiegen die Zahlen wieder auf 160 000 beziehungsweise gut 180 000. Damit gab es zwischen 6,6 und 10,3 Besatzungssoldaten pro 1000 irakische Einwohner. Selbst bei der relativ friedlichen Okkupation Bosniens und des Kosovo lag die Quote deutlich höher bei 15 beziehungsweise 21,1. Bei der erfolgreichsten Anti-Guerillaaktion einer westlichen Macht im 20. Jahrhundert, der Aufstandsbekämpfung der Briten in ihrer Kronkolonie Malaya in den 1950er Jahren, standen sogar 24,7 Soldaten pro 1000 Einwohner zur Verfügung.[24] Unter diesen ungünstigen Vorgaben musste sich die US-Militärführung auf einen Anti-Guerilla-Krieg umstellen. Das bereitete enorme Schwierigkeiten, weil das entsprechende Training der Offiziere und Soldaten zeitaufwändig war und während eines gefährlichen laufenden Einsatzes erfolgen musste. Als flankierende Maßnahme verkündete Franks' Nachfolger Abizaid am 8. Juli 2003, die Truppen müssten im Irak zwölf Monate am Stück dienen, nicht nur sechs wie bei den Auslandsmissionen seit Mitte der 1990er Jahre. Die Verlängerung der Rotation sollte helfen, größere Erfahrungen im Land zu sammeln und Beziehungen zu Irakern aufzubauen. Aber nach wie vor setzten die Militärs primär auf die Jagd nach Aufständischen, die oftmals mit unangemessener Gewaltanwendung einherging und viele Iraker gegen die Besatzer aufbrachte. Das klassische Mittel der Antiterrortaktik, der Schutz und die Gewinnung der Zivilbevölkerung, kam bei alledem zu kurz. Die Ratschläge der umfangreichen Literatur zur Aufstandsbekämpfung wurden ignoriert, die Erfahrungen des Vietnamkriegs blieben unberücksichtigt. Bis ins Jahr 2005 hinein spielten das Weiße Haus und das Pentagon die Bedeutung des Aufstands herunter.

In Anbetracht von Rumsfelds Abzugsplänen warnte Bremer, irakische Polizisten könnten die US-Truppen nicht so schnell ersetzen wie vom Pentagon erhofft und öffentlich verkündet. Zudem waren die Polizisten oft korrupt, schlecht ausgebildet, unzureichend bewaffnet und ohne kompetente Führung. Ihr Ansehen in der irakischen Gesellschaft tendierte gegen Null. Anstatt Zehntausende von Polizeiausbildern zu schicken, wie das Experten forderten, entsandte das Weiße Haus nur einen: Bernie Kerik, der als New Yorks Polizeichef durch seine beherzte Koordinierung der Rettungsmaßnahmen während der Anschläge von 9/11 zu einem Nationalhelden aufgestiegen war. Kerik unterschätzte jedoch die Dimension der Aufgabe, verlor das große Bild aus den Augen und versäumte es, Geld und Personal für die Polizeiausbildung zu sichern. Zwar organisierte er einige spektakuläre Einsätze einer irakischen paramilitärischen Einheit gegen Verbrechersyndikate, die für positive Schlagzeilen sorgten, aber er war kein Organisator, der Strukturen für ein systematisches Training der Polizeikräfte aufbauen konnte. Nach drei Monaten verließ Kerik das Land unverrichteter Dinge. CPA-Chef Bremer tat das Seine, um eine rasche Aufstellung von Polizisten zu behindern. Er fürchtete, das Polizeitraining der Streitkräfte könnte dazu beitragen, dass weitere US-Soldaten bei der nächsten Rotation abgezogen würden. Deshalb befahl er Sanchez Anfang Oktober, das Ausbildungsprogramm der Armee zu beenden.[25] Bremers Sorgen waren wenig begründet, stellte die Armee doch gerade einmal 50 Soldaten für diese Aufgabe ab. Das Polizei-Training des Militärs lief so auch bis April 2004 weiter. Auf jeden Fall verzögerten die Rivalitäten zwischen Bremer und der Militärführung den gesamten Prozess. Erst Mitte November 2003 begannen die ersten 456 Polizeirekruten in Jordanien das Ausbildungsprogramm der CPA. Insgesamt war das amerikanische Polizei-Training völlig unzureichend, oft bestanden die Einheiten aus Loyalisten schiitischer Gruppen, die brutal gegen Sunniten zuschlugen, sie entführten und folterten. Wie schon unter Saddam betrachteten viele Iraker Polizisten als Kriminelle und Mörder, als eine weitere Quelle der Gewalt, die sie umgab.[26]

Auch die Schaffung der *Neuen Irakischen Armee* (NIA) blieb Stückwerk. Wo hunderttausende Soldaten gebraucht wurden, um der Anarchie Einhalt zu gebieten, sollten nach dem Plan der zivilen Pentagon-Führung und der CPA im ersten Besatzungsjahr gerade einmal 12 000 ihren Dienst in der Neuen Irakischen Armee antreten. Ihre Ausbildung übernahmen auch nicht amerikanische Militärs, sondern private Sicherheitsfirmen. Angesichts der klaren Vorgaben von Rumsfeld wagte es General Sanchez nicht, eine Aufstockung der US-Truppen zu befürworten. Noch Anfang September 2003, als sich die Sicherheitslage schon deutlich verschlechtert hatte, betonte er, er verfüge über genügend Soldaten für die ihm übertragenen Aufgaben. Zu diesen Aufgaben gehörten damals jedoch nicht die Bekämpfung der Aufständischen, die Kontrolle der Milizen, die Ausbildung der Neuen Irakischen Armee oder die Sicherung der Grenzen. Erst Ende des Monats beschloss die CPA, die drei irakischen Divisionen der Neuen Irakischen Armee schon zwei Jahre früher als geplant im Sommer 2004 einsatzfähig zu haben. Auch vergingen nach der Invasion zwölf Monate, bis das amerikanische Militär ernsthaft versuchte, die Grenzen zu Syrien und Iran, von wo die Aufständischen finanzielle und personelle Hilfe erhielten, unter ihre Kontrolle zu bekommen.

Dabei verschlechterte sich die Sicherheitslage täglich. Zwar feierten die US-Streitkräfte noch einen Triumph, als sie im Juli Saddams Söhne Uday und Qusay stellten und in einem Feuergefecht erschossen; damit waren fast 200 hochrangige Repräsentanten des gestürzten Terrorregimes tot oder in Gewahrsam. Aber die Guerillaattacken nahmen zu. Schon bald konnten die CPA-Mitarbeiter nicht mehr wie in den ersten Wochen nach der Invasion zum Einkaufen oder Essen in die Stadt gehen. Die Grüne Zone, jenes 14 Quadratkilometer große Gebiet, in dem die CPA, die Militärführung und andere amerikanische Einrich-

Der Bombenanschlag auf das Uno-Hauptquartier in Bagdad am 19. August 2003 kostet 22 Menschen das Leben, auch den UN-Sondergesandten Sérgio Vieira de Mello.

tungen ihre Hauptquartiere bezogen hatten, wurde nach und nach zu einer Festung ausgebaut und hermetisch abgeriegelt. Damit ging der Kontakt zwischen Besatzern und irakischer Bevölkerung weiter zurück. Die Zahl der Angriffe auf US-Truppen stieg im Juli auf 500 an. In diesem Monat starben 47, im August 35 Soldaten, 400 erlitten zum

Teil schwere Verwundungen. Ihre ersten dramatischen Höhepunkte erreichte die Terrorwelle am 7. und 19. August mit den Bombardierungen der jordanischen Botschaft mit elf Toten und des Hauptquartiers der Vereinten Nationen in Bagdad, bei der 22 Personen starben, darunter Sérgio Vieira de Mello, der Sondergesandte des UN-Generalsekretärs. Nach einem weiteren Anschlag einen Monat später zog die Uno ihre 600 Mitarbeiter aus dem Irak ab. Andere Hilfsorganisationen folgten diesem Beispiel, Ende 2003 hatten alle das Land verlassen. Hauptopfer der eskalierenden Gewalt waren aber Iraker. Jeden Tag fielen Dutzende Iraker Anschlägen, Raubüberfällen und Kidnappings zum Opfer. In den letzten Augusttagen riss eine Autobombe in Najaf den angesehenen schiitischen Kleriker Muhammad Bakr al-Hakim und 94 seiner Anhänger in den Tod.

Gleichzeitig kam die Wirtschaft des Landes nicht in Gang. Viele Fabriken waren geplündert, das höhere Management der 150 dem Industrieministerium unterstehenden Fabriken im Zuge der Ent-Baathifizierung entlassen worden. Strom gab es nur zwölf Stunden am Tag, Rohstoffe wurden nicht angeliefert. Trotzdem versuchte Peter McPherson, der für die Ökonomie verantwortliche Mann in der CPA, «ein kapitalistisches Utopia im Mittleren Osten zu schaffen», wie der Journalist Rajiv Chandrasekaran süffisant kommentierte.[27] Das hoffte McPherson zu erreichen, indem er in einer Schocktherapie die Grundsätze der reinen marktwirtschaftlichen Lehre auf den Irak übertrug. Er wollte die Staatsbetriebe privatisieren, die hohen Subventionen und die Importzölle abschaffen, die Steuern reduzieren sowie ausländischen Investoren die Möglichkeit eröffnen, irakische Unternehmen zu hundert Prozent zu übernehmen. Und alles sollte quasi über Nacht geschehen: McPherson hatte seinen Arbeitgeber, die *Michigan State University*, nur um 130 Tage Urlaub für seine Mission im Irak gebeten. Allerdings erwies sich die Lage als komplex und schwierig. Saddams sozialistische Planwirtschaft befand sich in einem desolaten Zustand, die vielen Kriege und die UN-Sanktionen hatten sie zusätzlich geschwächt. Allein die Ölförderung verhinderte ihren Kollaps. Da die meisten Staatsbetriebe durch Subventionen am Leben gehalten wurden und auch keine saubere Buchführung betrieben, war unklar, welche überhaupt profitabel arbeiten konnten und damit für Investoren interessant waren. Auch zeigte sich, dass die Banken nicht genug Vermögen hatten, um die Einlagen der Unternehmen und Privatleute zu decken. Steuern zahlte sowieso kaum ein Iraker, egal wie hoch sie waren. Und welche multinationalen Unternehmen angesichts der gezielten Attentate auf Firmenvertreter und der Sabotageakte gegen Ölpipelines und Infrastrukturprojekte der Guerillas überhaupt im Irak investieren sollte, war ebenfalls eine offene Frage. Durch das Versagen, Sicherheit und Grundversorgung zu gewährleisten, gingen das ohnehin geringe Ansehen und die schwache Legitimität, die die USA bei den meisten Irakern hatten, völlig verloren.

Im Laufe des Spätsommers wuchs bei Sicherheitsberaterin Rice die Frustration über den Verteidigungsminister, der sich dem Irak nur widerwillig widmete und dem *Nation Building* kaum Aufmerksamkeit schenkte. Sie dürfte allerdings kaum überrascht gewesen sein, hatte Rumsfeld doch vier Wochen vor dem Krieg öffentlich seine ganze Skepsis gegenüber einer solchen Politik zum Ausdruck gebracht. «In einigen Nation Building-Übungen tauchen wohlmeinende Ausländer auf, schauen sich die Probleme an und sagen ‹Lasst es uns für sie reparieren›. Damit kann man ihnen einen schlechten Dienst erweisen. ... es kann Abhängigkeit schaffen. Eine langfristige Anwesenheit [ausländischer Streitkräfte] kann unnatürlich sein», sagte der Verteidigungsminister und betonte weiter, die USA würden deshalb im Irak «solange wie nötig bleiben und so schnell wie möglich abziehen».[28] Angesichts von Rumsfelds Desinteresse und seinem Hang zur Selbsttäuschung sowie Bremers Alleingängen und Kontrollwut überzeugte ihr neuer Sonderbeauftragter für den Irak, Robert Blackwill, Rice von der Notwendigkeit, die Zügel in die Hand zu nehmen. Anfang Oktober rief die Sicherheitsberaterin mit dem Segen Bushs eine neue *Irak-Stabilisierungsgruppe* unter ihrem Vorsitz ins Leben, mit der das Weiße Haus die politische Kontrolle über die Irakpolitik zurückzugewinnen suchte. Rumsfeld betrachtete dies zwar als Einmischung in seinen Hoheitsbereich, konnte es aber nicht verhindern. Mehr und mehr bestand seine Hauptaufgabe jetzt darin, die Irakpolitik der Regierung gegenüber Kongress, Medien und amerikanischer Öffentlichkeit zu verteidigen.

Jeden Tag um 6.20 Uhr, kurz nach ihrem Eintreffen im Büro, telefonierte die Sicherheitsberaterin mit Bremer und machte ihm damit klar, dass die Irakpolitik jetzt Chefsache sei. Ihre erste Grundsatzentscheidung war, die Regierungsgewalt möglichst bald in irakische Hände zu legen. Bremers siebenstufiger Plan sah vor, den Irakischen Regierungsrat unter amerikanischer Aufsicht eine Verfassung ausarbeiten zu lassen und Wahlen abzuhalten. Danach, etwa 2006, würde er der neuen Regierung alle Souveränitätsrechte übertragen. Das war dem Weißen Haus entschieden zu langsam. Im November 2004 waren Präsidentschaftswahlen in den Vereinigten Staaten, und bis dahin sollte das Besatzungsregime längst beendet sein. Rice und Blackwill machten Bremer klar, dass sich sein Zeitplan für den Aufbau und die Transformation des Irak nach Bushs wahlpolitischen Erfordernissen zu richten habe. Das Ergebnis war, dass die CPA den Irak schon am 30. Juni 2004 in die Souveränität entlassen würde. Damit war die ehrgeizige Umgestaltungspolitik des CPA-Chefs Makulatur. Auch die einzelnen Schritte des Übergabeplans änderten sich. Der einflussreiche schiitische Großayatollah Ali al-Sistani hatte im Sommer eine Fatwa erlassen, wonach die Verfassung von gewählten irakischen Repräsentanten geschrieben werden müsse. Da der Irakische Regierungsrat sich nicht gegen den Großayatollah stellen wollte, war Bremer gezwungen, einzulenken und einen Fahrplan mit umgekehrter Reihenfolge zu akzeptieren – zuerst Souveränität, dann Wahlen, dann die Verfassung. Eine zweite Fatwa Sistanis Ende November durchkreuzte Bremers Pläne, die Irakische Übergangsregierung, die am 30. Juni 2004 die Macht übernehmen sollte, durch Räte in den Regionen bestimmen zu lassen. Wieder beharrte Sistani auf Wahlen, lenkte aber ein, als sie sich wegen der knappen Vorbereitungszeit nicht mehr als durchführbar erwiesen. Jetzt sollte die Übergangsregierung in enger Abstimmung mit dem neuen UN-Sondergesandten Lakhdar Brahimi und dem Regierungsrat erfolgen.

Obwohl die amerikanische Regierung damit acht Monate nach der Invasion erstmals über einen Zeitplan verfügte, wie es im Irak politisch weitergehen sollte, sank ihr Einfluss auf die Gestaltung der künftigen Ordnung im Irak. Das lag auch an der mangelnden Fähigkeit, die Entwicklungen vor Ort richtig einzuschätzen und die wichtigen neuen Spieler im Irak rechtzeitig zu identifizieren. Nach wie vor verfügte die Besatzungsbehörde nur über die Hälfte der erforderlichen Mitarbeiter, von denen die meisten auch nur 90 Tage im Land verbrachten. Kaum einer kannte die Geschichte der Region oder sprach Arabisch, viele waren so jung, dass ein CIA-Mitarbeiter Direktor Tenet berichtete, bei der Besatzungsbehörde gehe es zu wie in einem «Hauptseminar an der Universität».[29] Offiziere spotteten, CPA stehe für «Children Playing Adults».[30] Oft spielte bei einer Entsendung in die Besatzungsbehörde politische Loyalität eine wichtigere Rolle als Erfahrungen im Mittleren Osten. Der Chef der Personalrekrutierung für die CPA nannte etwa einmal einen jungen Mann einen «idealen Kandidaten», dessen Hauptqualifikation darin bestand, im Präsidentschaftswahlkampf der Republikaner in Florida im Jahr 2000 mitgearbeitet zu haben. Sechs junge Männer und Frauen ohne Vorkenntnisse in Finanzfragen managten den 12-Milliarden-Dollar-Haushalt des Irak; das Pentagon hatte sie angeheuert, weil sie sich alle bei der *Heritage Foundation* beworben hatten, einem erzkonservativen Think Tank in Washington.[31]

Die Verschlechterung der Sicherheitslage

Während die Besatzungsbehörde in der Grünen Zone wie in einem Kokon abgeschirmt von der irakischen Wirklichkeit arbeitete, verschlechterte sich die Sicherheitslage im Lande dramatisch. Aber selbst den hochgesicherten Trakt erschütterte am 26. Oktober 2003 ein Anschlag, als Aufständische in einer spektakulären Aktion zehn Raketen auf das Al-Rasheed-Hotel am Rande der Grünen Zone abfeuerten. Ein CPA-Mitarbeiter kam ums Leben, Vizeverteidigungsminister Wolfowitz, der zufällig im Hotel weilte, entging nur knapp dem Tod. Im November starben 82 amerikanische Soldaten und damit mehr als in jedem anderen Monat seit dem Beginn des Kriegs Mitte März. Die Zahl der Attacken auf Koalitionsstreitkräfte stieg auf 1000. Mehr und mehr schien den USA die Kontrolle im Land zu entgleiten. Dazu trug auch der junge schiitische Kleriker Muqtada al-Sadr bei, der mit antiamerikanischer Rhetorik eine wachsende Anhängerzahl um sich scharte und eine eigene Miliz, die Mahdi-Armee, aufbaute. Lange Zeit schwankte die amerikanische Politik, ob sie ihn bekämpfen oder zu kooptieren versuchen sollte. Pläne der US-Militärführung, ihn festzunehmen, stoppte Bremer aus Furcht vor einem Aufstand seiner Gefolgsleute. Am 14. Dezember 2003 kamen endlich gute Nachrichten aus dem Irak. Amerikanische Soldaten hatten Saddam in einem Erdloch nördlich der Hauptstadt festgenommen. Auf einer Pressekonferenz am Tag danach triumphierte Bush: «Jetzt sollte es allen klar sein, dass der Irak auf dem Weg in die Freiheit ist. Und ein freier Irak dient dem Frieden und der Sicherheit Amerikas und der Welt.»[32] Tatsächlich ging die Zahl der Angriffe auf die Besatzungsstreitkräfte im Winter deutlich zurück. In seiner Ansprache zur Lage der Nation betonte Bush am 21. Januar 2004, man mache Fortschritte im Kampf gegen Saddams Unterstützer und die ausländischen Terroristen im Irak.

Die Euphorie im Weißen Haus über die Festnahme des Ex-Diktators währte aber nur kurz. Am 25. Januar 2004 äußerte Powell als erstes hochrangiges Regierungsmitglied Zweifel an der Zuverlässigkeit der Geheimdienstinformationen über Iraks angebliche Massenvernichtungswaffen. Drei Tage später erklärte David Kay, der oberste amerikanische Waffeninspektor, öffentlich, Saddam habe fast sicher keine Massenvernichtungswaffen mehr gehabt. Damit brach die Kriegsbegründung der Bush-Regierung in sich zusammen. Auch die ‹Koalition der Willigen› begann auseinanderzufallen. Bei den spanischen Parlamentswahlen am 14. März 2004 drei Tage nach einem blutigen Bombenattentat von Al-Khaida-Sympathisanten in Madrid mit 191 Toten und 1800 Verletzten verloren die Konservativen die Macht, und der neue sozialistische Premierminister José Zapatero kündigte an, die 1300 Soldaten seines Landes aus dem Irak abzuziehen. Die *Multinationale Division* unter polnischer Führung, die sich aus Einheiten 23 verschiedener Staaten zusammensetzte, verlor damit ihr erstes Mitglied und büßte weiter an ihrer ohnehin geringen Durchschlagskraft ein. Auch mit den amerikanischen Soldaten, insbesondere der Nationalgarde und den Reserveeinheiten, stand es nicht zum Besten. 72 Prozent berichteten, die Moral in ihrer Einheit sei niedrig, viele beklagten sich, für ihren Einsatz unzureichend ausgebildet worden zu sein.[33] Immer mehr Iraker verloren das Vertrauen in die USA. Im November 2003 sagten nur elf Prozent, sie würden sich sicherer fühlen, wenn die amerikanischen Streitkräfte das Land sofort verließen. Im Januar 2004 waren es schon 28 Prozent, im April 55 Prozent.[34]

Diese Zahlen spiegelten die erneute Verschlechterung der Sicherheitslage. Es zeigte sich, dass die Aufständischen keineswegs geschwächt waren, sondern sich in den Wintermonaten neu formiert und ihre Zusammenarbeit verbessert hatten. War es zunächst eine lose Vereinigung sunnitischer Ex-Baathisten gewesen, die die Amerikaner bekämpfte, so vernetzten sie sich nun, und neue Gruppen kamen hinzu. Sunnitische Stämme, ultraradikale religiöse sunnitische Sekten wie die Salafisten und Wahabisten, schiitische Fundamentalistenmilizen wie die Mahdi-Armee und die von Iran unterstützte Badr-Brigade wurden zu den Trägern des Aufstands.[35] Zudem sickerten islamistische Kämpfer über die unzureichend geschützten Grenzen ins Land. Ihre Gesamtzahl betrug zwar nicht mehr als 1000, aber sie wuchs, und die ausländischen Dschihadisten verübten viele der brutalsten Bombenanschläge und Selbstmordattentate. Nach dem Mord an vier privaten Sicherheitsbeamten in Falludschah, das sich zum sicheren Hafen für sunnitische Aufständische entwickelt hatte, ordnete Bush Anfang April 2004 an, die Stadt zu erobern. Aber der Widerstand war so groß und die zivilen Opfer bei den Häuserkämpfen waren so zahlreich, dass drei sunnitische Mitglieder des Regierungsrats und der UN-Sondergesandte Brahimi mit ihrem Rücktritt drohten, wenn Bremer den Angriff nicht abbrechen ließ. Zudem desertierten 106 Soldaten des 695 Mann starken Bataillons der *Neuen Irakischen Armee*, das zu seinem ersten Kampfeinsatz gekommen war; weitere 104 weigerten sich zu kämpfen. Auf Druck Bremers verkündeten die US-Streitkräfte eine einseitige Feuerpause und akzeptierten, dass eine ad hoc gebildete irakische Miliz unter einem General Saddams die Kontrolle über Falludscha übernahm. Aber die Miliz zerstob bald, und die Aufständischen kämpften sich in Falludscha und anderen großen Städten des sunnitischen Dreiecks an die Macht. 82 Prozent der einheimischen Sicherheitskräfte im Westirak verließen ihre Posten. Der Ausgang der ersten Schlacht um Falludscha war ein Tiefpunkt des US-Kriegs im Irak. Die amerikanischen Wiederaufbauprojekte in dieser Gegend kamen zum Erliegen.

Parallel zum Konflikt in Falludscha ließ sich die CPA in eine zweite bewaffnete Auseinandersetzung verwickeln. Nach vielen Provokationen ordnete Bremer an, Sadrs Zeitung zu schließen und ihn gefangen zu nehmen. Sadr befahl daraufhin seiner Mahdi-Armee, amerikanische Soldaten und irakische Polizisten anzugreifen. Zwar behielten die US-Truppen auch hier die Oberhand, aber wie in Falludscha blieb der Sieg temporär und unvollkommen und kam zu einem hohen Preis: Der April 2004 war der blutigste Monat seit Beginn der Invasion. 1200 US-Soldaten wurden verwundet, 138 starben, und damit nur einer weniger als während der gesamten Invasion ein Jahr zuvor. Die schiitischen Milizen zählten 100 000 bewaffnete Kämpfer. Selbst der linientreue Pressesprecher der CPA, Daniel Senor, bekannte gegenüber amerikanischen Journalisten: «Off the record: Paris brennt. On the record: Sicherheit und Stabilität kehren in den Irak zurück.»[36] Damit gestand er ein, wie wenig seine offiziellen Verlautbarungen die Realität im Land wiedergaben. In Washington meinte General Anthony Zinni, ein ehemaliger Centcom-Chef und Kriegsgegner: «Ich habe diesen Film schon gesehen. Er hieß ‹Vietnam›.»[37] Viele amerikanische Journalisten, die ein Jahr zuvor die Invasion unterstützt hatten, geißelten nun die Regierung für ihr Missmanagement der Besatzung. «Diese Administration muss ihre Irakpolitik generalüberholen», wetterte Tom Friedman von der *New York Times*, der wahrscheinlich wichtigste Außenpolitik-Kolumnist in den USA, «andernfalls beschwört sie ein Desaster für uns alle herauf.»[38]

Abu Ghraib

Als es scheinbar nicht mehr schlimmer für Washington kommen konnte, veröffentlichte das TV-Politikmagazin *60 Minutes II* am 28. April 2004 schockierende Fotos aus dem berüchtigten Gefängnis Abu Ghraib in Bagdad. Saddam hatte dort politische Gegner einkerkern und ermorden lassen, das US-Militär nach der Invasion hunderte Anhänger des alten Regimes und Aufständische hierher gebracht, viele von ihnen ohne Anklage. Die amerikanischen Zuschauer sahen Bilder von einem in eine Kapuze und eine Robe gehüllten Gefangenen, der auf einer kleinen Schachtel stand mit Elektrokabeln an seinen ausgestreckten Händen, von nackten Irakern, die übereinander liegend eine menschliche Pyramide formten oder sich aus Angst vor bedrohlichen Schäferhunden am Boden zusammenkauerten. Ein Häftling auf allen Vieren wurde von einer Soldatin wie ein Hund an einer Leine geführt. Die Fotos waren zwischen Oktober und Dezember 2003 im Block 1A aufgenommen

Der Häftlings-Missbrauch im Gefängnis von Abu Ghraib Ende 2003 erschüttert die Glaubwürdigkeit der USA, dem Irak Menschenrechte und Demokratie zu bringen.

worden und zeigten auch lachende Aufseher, einige reckten sogar den Daumen nach oben. Zwei Tage später brachte der *New Yorker* weitere Bilder, dazu einen langen Artikel von Starreporter Seymour Hersh, der 1968 schon das My-Lai-Massaker amerikanischer Soldaten in Vietnam aufgedeckt hatte.[39]

Der Abu-Ghraib-Skandal war der mediale Gau für *Operation Iraqi Freedom*. Es spielte keine Rolle, ob es um brutale Verhörmethoden oder um das sadistische Vergnügen einiger Wärter ging. Da sich die irakischen Massenvernichtungswaffen als Chimäre erwiesen, hatte Bush immer mehr den humanitären Aspekt der Invasion in den Vordergrund gestellt und den Irakern in seiner *Mission Accomplished*-Rede zugerufen: «In den Worten des Propheten Isaiah: An die Gefangenen: ‹Kommt heraus›, an die in der Dunkelheit: ‹Seid frei›.»[40]

Jetzt musste sich der Präsident fragen lassen, wie sich seine Rhetorik von Freiheit und Menschenrechten mit den Misshandlungen und Demütigungen von Abu Ghraib vertrug. Das ohnehin schwer beschädigte Ansehen der USA in der Welt und insbesondere in den arabischen Staaten stürzte ins Bodenlose. Bald kam heraus, dass das Pentagon schon im Januar 2004 von den Vorfällen und den Bildern in Abu Ghraib erfahren und eine Untersuchung eingeleitet hatte. Sechs Aufseher waren angeklagt, elf suspendiert worden. Als der Verteidigungsminister die Bilder zum ersten Mal sah, reagierte er mit dem Satz ‹Ich wusste nicht, dass man Fotoapparate mit in ein Gefängnis nehmen darf›[41] und lieferte damit ein weiteres Beispiel für seine menschliche und politische Gefühlsarmut. Rumsfeld verheimlichte den Gefangenenmissbrauch vor dem Präsidenten, der erst durch den Fernsehbericht davon erfuhr. Am 5. Mai rügte ihn Bush im Oval Office und ließ den Vorgang über seine Mitarbeiter den Medien zuspielen. Einen Tag später drückte der Präsident während einer Pressekonferenz mit Jordaniens König Abdullah öffentlich sein Bedauern aus «für die Demütigung, die irakische Gefangene und ihre Familien erleiden mussten», und sagte, dass ihn die Bilder «krank machen».[42] Während einer Kongressanhörung zu Abu Ghraib übernahm Rumsfeld am 7. Mai «die volle Verantwortung» für die Ereignisse und bot seine «tiefste Entschuldigung» an. Was die Gefangenen erleiden mussten, sei «unamerikanisch» gewesen und «unvereinbar mit den Werten unserer Nation».[43] Rumsfeld bot sogar seinen Rücktritt an, den Bush aber mit der Begründung ablehnte, in einem Krieg könne man den Verteidigungsminister nicht auswechseln.

Der Journalist Philip Gourevitch und der Filmemacher Errol Morris argumentierten in ihrem Buch *Standard Operating Procedure* später, dass die Bilder nicht die Wahrheit wiedergaben.[44] Oft werde zuviel in die fotografierten Szenen hineininterpretiert, die meist nur kurz andauerten und nicht zu physischen Verletzungen führten. Das Erschreckendste an Abu Ghraib, so Gourevitch und Morris, dokumentierten die 280 Bilder von 26 verschiedenen Misshandlungsfällen allerdings nicht: Dass es sich beim Gefangenenmissbrauch um keine singulären Ereignisse handelte, sondern er in den Haft- und Arbeitsbedingungen in Abu Ghraib verwurzelt war. Die zu geringe Zahl an Soldaten, die darüber hinaus mit einem Guerillakrieg und dem täglichen Miterleben von brutalen Anschlägen und Raketenattacken auf das Gefängnis überfordert waren, und die Betonung einer Politik der harten Hand schufen ein Klima, in dem Übergriffe in dem überfüllten Militärgefängnis fast eine zwangsläufige Folge waren. Im September 2003 mussten 360 Wärter 3500 Inhaftierte beaufsichtigen, im nächsten Monat schon doppelt so viele.

Die Wärter waren mehrheitlich keine ausgebildeten Militärpolizisten, sondern Reservisten, die nur selten Erfahrung mit Häftlingen besaßen, keine schriftlichen Anweisungen hatten und auch nicht mit den Regeln der Genfer Konvention vertraut waren. Ihre Aufgabe bestand nicht allein darin, die Gefangenen zu bewachen. Vielmehr «müssen [die Wärter] aktiv in der Schaffung von Bedingungen mitwirken, unter denen die Internierten erfolgreich abgeschöpft werden können»,[45] riet Generalmajor Geoffrey Miller, der Leiter des Gefangenenlagers in Guantánamo, dem Oberkommandierenden im Irak, Generalleutnant Sanchez. Miller war mit 17 Mitarbeitern am 31. August 2003 für zehn Tage nach Bagdad geflogen, um angesichts der rapide steigenden Anschlagszahlen die Verhörtechniken für inhaftierte Terrorverdächtige effektiver zu gestalten. Am 14. September genehmigte Sanchez im Irak Befragungsmethoden, die sich an denen von Guantánamo orientierten. Schlafentzug, Anketten, Nacktheit, Kapuzenüberzug, Stresspositionen, Erschöpfungsübungen und der Einsatz von Hunden gehörten bald zum operationellen Standardverfahren.

Am Ende verurteilte ein amerikanisches Militärgericht nur ein Dutzend Soldaten für den Gefangenenmissbrauch. Der höchstrangige war ein Unteroffizier, die schwerste ausgesprochene Strafe zehn Jahre Haft. Die für die Gefängnisse zuständige Brigadegeneralin und einige andere Offiziere verloren ihr Kommando, erhielten eine Rüge und wurden in ihrem Rang zurückgestuft. Kein Verhörspezialist des Militärgeheimdienstes, von denen die Wärter ihre Methoden gelernt hatten, wurde jemals belangt. Keiner musste je die Verantwortung für den gewaltsamen Tod eines Verdächtigen, Manadel al-Jamadi, nur Stunden nach seiner Inhaftierung übernehmen.[46] Aber Abu Ghraib war nicht die Tat einiger Psychopathen. Vielmehr schuf die Regierung der USA ein politisches Klima, das solche Exzesse begünstigte. Bush bediente sich wiederholt martialischer Rhetorik und sagte auf bin Laden gemünzt: «Ich erinnere mich, dass es ein altes Poster gibt im Westen: Wanted Dead or Alive.»[47] Die Irakinvasion stellte er immer wieder als Teil des Kriegs gegen den islamischen Terrorismus und Antwort auf 9/11 dar, womit für einige US-Soldaten Iraker zu potentiellen Terroristen wurden. Vizepräsident Cheney forderte kurz nach den Anschlägen vom 11. September, Amerika müsse jetzt auch auf «der dunklen Seite» arbeiten.[48] An anderer Stelle betonte er, Terrororganisationen seien nur mit außergewöhnlichen Methoden zu penetrieren: «Man muss einige sehr widerwärtige Typen auf der Gehaltsliste haben. Es ist ein niederträchtiges, ekeliges, gefährliches, schmutziges Geschäft da draußen und wir müssen in dieser Arena operieren.»[49] Ein Präsidentenerlass nahm am 7. Februar 2002 Gefangene im «Krieg gegen den Terror» explizit von der 3. Genfer Konvention aus. Solchen «gesetzlosen Kämpfern» würde auch nicht in normalen Bundesgerichten, sondern in Militärtribunalen der Prozess gemacht. Das Justizministerium definierte ‹Folter› neu.

Wie die angestrebten «verschärften Verhörmethoden» im Falle der CIA aussehen würden, erläuterte deren Direktor Tenet Vizepräsident Cheney, Sicherheitsberaterin Rice und den wichtigsten Ministern im Detail, zum Teil unter Verwendung von Fotos. Bush erklärte später, er habe genau gewusst, was bei diesen Treffen diskutiert wurde, und das Vorgehen gebilligt.[50] Auch dem Militär erlaubte der Verteidigungsminister am 2. Dezember 2002 «aggressivere» Verhörmethoden. In seinen schonungslosen Memoiren warf General Sanchez später der Militärführung vor, mit «grober Fahrlässigkeit» und «Pflichtversäumnis» die Genfer Konventionen beiseite geschoben und den Streitkräften keine Leitlinie an ihrer Stelle gegeben zu haben. «Genauso schuldig, wenn nicht schuldiger, waren zivile Führer auf den höchsten Regierungsebenen», fuhr der General fort, «die Bush-Richtlinie und die Militär-Memoranden, die die Genfer Konventionen aufhoben, hatten die Höllenhunde von der Leine gelassen. Und niemand schien den moralischen Mut aufzubringen, die Tiere zurück in ihren Käfig zu bringen.»[51]

Am 11. Dezember 2008 veröffentlichte der Streitkräfteausschuss des Senats nach 18-monatigen Untersuchungen einen von beiden Parteien getragenen Bericht über die *Behandlung von Gefangenen in US-Gewahrsam*. Er betont, die Aktionen Rumsfelds und einiger Rechtsberater hätten direkt zu den Exzessen in Abu Ghraib, Guantánamo und den geheimen CIA-Gefängnissen geführt. Dabei warnten die Juristen aller Teilstreitkräfte die zivile Führung wiederholt, sie breche das Gesetz und setze die Soldaten möglicherweise strafrechtlicher Verfolgung aus. Der Gefangenenmissbrauch von Abu Ghraib, so der Bericht, war «nicht einfach das Ergebnis einiger Soldaten, die allein handelten», sondern entsprang der Botschaft Rumsfelds und anderer Top-Regierungsmitglieder, «dass physischer Druck und Erniedrigung eine angemessene Behandlung für Gefangene waren».[52] Die Vorkommnisse von Abu Ghraib stellten aber nicht nur einen moralischen Tiefpunkt im Irakkrieg dar. Vielmehr hatten sie auch reale Konsequenzen für die Sicherheit der Koalitionstruppen und der USA insgesamt. Die Bilder des Missbrauchs irakischer Gefangener schienen die schlimmsten Schmähungen zu belegen, mit denen Al Khaida und andere radikale Islamisten die Vereinigten Staaten und den Westen seit Jahren überzogen. Abu Ghraib erwies sich als ein gigantischer Propagandacoup für die Feinde der USA und trieb den Aufständischen im Irak scharenweise Freiwillige in die Arme.

Blackwater und Co.: Das Outsourcing der Besatzung

Abu Ghraib war auch eine Folge davon, dass die USA mit zu kleiner Streitmacht in den Krieg gezogen waren und das Militär mit den Besatzungsaufgaben überfordert war. Rumsfelds Version einer modernen Kriegsführung sah vor, mit möglichst wenig amerikanischen Truppen auszukommen. Zudem gingen er, Cheney und Bush davon aus, den Sturz Saddams ohne Koalitionspartner oder Bündnisse bewältigen zu können. Deshalb standen nach dem Sieg kaum Truppen befreundeter Staaten für die Stabilisierung und den Wiederaufbau des Irak zur Verfügung. Wenige Länder waren bereit, Friedenstruppen in ein Land zu entsenden, das noch eine Kriegszone war, zumal die USA die operative Kontrolle in ihrer Hand behielten. Zwar schickten 33 Mitglieder der Multinationalen Koalition im Laufe des Jahres 2003 Einheiten, aber insgesamt blieb ihre Zahl überschaubar: Im März 2004 gab es neben den 130 000 Amerikanern nur gut 25 000 Nicht-US-Soldaten im Irak, darunter 9000 Briten, 3000 Italiener, 2460 Polen, 1600 Ukrainer, 1300 Spanier, 1100 Niederländer, 800 Australier, 700 Rumänen und 480 Bulgaren. Die restlichen

4000 Soldaten verteilten sich auf weitere 24 Länder.[53] Schon im Verlauf des Jahres 2004 zogen acht Staaten ihre Einheiten wieder ab, 2005 sollten weitere sechs folgen. Mit der ungeplanten Okkupation mussten die USA auch immer mehr Nationalgardisten und Reservisten in den Irak entsenden, deren Ausbildung und Ausrüstung nicht auf dem Niveau der regulären Streitkräfte war.

Die viel zu geringe Truppenzahl führte dazu, dass das Pentagon bestimmte Aufgaben an Privatunternehmen übertrug. Das war unstrittig, solange es um Hilfsdienste wie das Betreiben von Kantinen oder Sicherheitsschulungen ging, und das hatte es schon in den 1990er Jahren gegeben, als das US-Militär nach Ende des Kalten Kriegs massiv Personal abbaute. Ende März 2004 führte jedoch die Ermordung und Verstümmelung von vier privaten Sicherheitsleuten in Falludscha der Öffentlichkeit vor Augen, dass offenbar auch militärisch sensible Dienste nicht mehr von amerikanischen Soldaten ausgeführt wurden. Da die Opfer zu *Blackwater USA* gehörten, rückte dieses Militärunternehmen in den Mittelpunkt des öffentlichen und politischen Interesses. Die Firma war 1990 gegründet worden, aber erst 2002 nach dem Afghanistankrieg mit dem Tochterunternehmen *Blackwater Security Consulting* ins Geschäft der Bereitstellung von Söldnern eingestiegen. Die Irakinvasion war für *Blackwater* «die Gelegenheit des Lebens».[54] Im Auftrag des US-Außenministeriums organisierte es seit 28. August 2003 mit 36 Bodyguards den Schutz von CPA-Chef Bremer, dazu stellte es zwei Hubschrauber für seinen Transport innerhalb des Irak. Damit brach ein Damm, denn erstmals übernahm eine private Sicherheitsfirma eine ureigene Aufgabe des regulären Militärs. Für seine Dienste erhielt *Blackwater* einen Vertrag über 27,7 Millionen Dollar, jeder der Leibwächter kostete 600 Dollar am Tag. Schon bald übertrug das State Department der Firma auch den Schutz anderer Amtsträger und Einrichtungen, *Blackwater* mutierte zur Prätorianergarde der amerikanischen Besatzer im Irak. Keine einzige der von ihr geschützten Personen kam ums Leben oder wurde schwerer verletzt.

Mit *Blackwater* kamen viele andere Söldnerfirmen ins Land. Je mehr sich die Sicherheitslage im Irak verschlechterte, desto stärker wuchs die Nachfrage nach Spezialisten für den Schutz von Regierungsgebäuden, Botschaften und Ölprojekten. Auch Konzerne, die am Wiederaufbau des Irak mitarbeiteten wie *Halliburton*, *General Electric* oder

Bechtel, heuerten Söldner an, um ihre Angestellten und ihre Anlagen schützen zu lassen. Die gefragtesten und bestbezahlten waren ehemalige Spezialeinsatzkräfte von den *Navy Seals*, der *Delta Force*, dem britischen und australischen *SAS* oder den *Green Berets*, danach folgten nepalesische Gurkhas und serbische Kommandos. Der Bedarf nach privaten Sicherheitsfirmen war so groß, dass man ihre Leistungsausweise und ihre Mitarbeiter nicht immer genau überprüfte. Wiederholt kam es zu Betrügereien. *Custer Battles* etwa, die keine Erfahrung in Krisengebieten hatte, organisierte für die CPA Lastwagen und andere Fahrzeuge. Dafür ließ sie sich von Tarnfirmen überhöhte Rechnungen ausstellen, die sie dann mit einem Aufschlag dem US-Verteidigungsministerium vorlegte. Für einen Hubschrauberlandeplatz in Mosul beispielsweise, dessen Bau 97 000 Dollar kostete, berechnete *Custer Battles* 175 000 Dollar. Nach einer Untersuchung verbot das Pentagon im September 2004 jede weitere Auftragsvergabe an die Sicherheitsfirma, die sich zu diesem Zeitpunkt allerdings schon Regierungsverträge im Wert von mehr als 100 Millionen Dollar gesichert hatte.

Als Bremer den Irak Ende Juni 2004 verließ, standen mehr als 20 000 private Soldaten im Land, ein Drittel davon Nicht-Iraker. Diese Söldner stellten nach den USA die mit weitem Abstand vor Großbritannien zweitgrößte Gruppe der Koalitionsstreitkräfte. Allein die US-Regierung kosteten Sicherheitsmaßnahmen bis dahin mehr als zwei Milliarden Dollar, was fast 30 Prozent ihres Wiederaufbau-Etats ausmachte. Die britische Firma *Erinys* baute eine Privatarmee von 14 000 Irakern auf, die von zurückgekehrten Exilirakern und einigen südafrikanischen Söldnern befehligt wurde.[55] Die von den Besatzern bezahlten Sicherheitsleute operierten im rechtsfreien Raum, weil Bremer ihnen in Erlass 17, seiner letzten Anordnung als CPA-Chef, vollumfänglich Immunität gewährte. Diese Tatsache und die Berichte über ihre hohe Gewaltbereitschaft beschädigten das Ansehen der Söldner und damit auch der amerikanischen Präsenz im Lande schwer. Viele Leibwächter waren berüchtigt dafür, mit ihren gepanzerten Fahrzeugen keine Rücksicht auf andere Autos oder Fußgänger zu nehmen und auf der falschen Fahrbahnseite oder sogar auf Bürgersteigen zu fahren. Aber da Rumsfeld nach wie vor jede Truppenaufstockung verweigerte und ihm Bush in dieser Politik folgte, wuchs den privaten Sicherheitsfirmen automatisch eine zentrale Rolle zu. Zwischen 2004 und 2006 beteiligten sich *Blackwater*-Söldner sogar an Geheimoperationen der CIA gegen Aufständische. Auch auf ihre eigentliche Aufgabe, den Personenschutz, fiel immer wieder Schatten, weil sie zu schnell ihre Waffen einsetzten und unbeteiligte Zivilisten töteten. Zwischen Anfang 2005 und September 2007 waren zum Beispiel *Blackwater*-Mitarbeiter in 195 Schusswechsel involviert, wobei sie 167 mal das Feuer zuerst eröffneten. Im Herbst 2007 kam es zum schwersten Zwischenfall, als Sicherheitsleute von *Blackwater* in Bagdad 17 unbewaffnete Zivilisten erschossen. Es folgte eine breite öffentliche Debatte im Irak und in den USA, während der die mangelnde Kontrolle der privaten Sicherheitsunternehmen scharf kritisiert wurde. Das FBI stellte in einer Untersuchung des Vorfalls fest, dass mindestens 14 der 17 Iraker, möglicherweise aber alle ungerechtfertigt getötet worden waren und die Söldner die bestehenden Einsatzregeln verletzt hatten.[56] Gegen fünf *Blackwater*-Angestellte erhob die amerikanische Staatsanwaltschaft Anklage wegen Mordes, ein Sechster gestand einen Totschlag und bot sich als Kronzeuge an. Der Prozess wurde jedoch am 31. Dezember 2009 wegen eines Verfahrensfehlers vom zuständigen Richter eingestellt. Schon zu Jahresbeginn hatte das US-Außenministerium alle Verträge mit *Blackwater*, das mittlerweile unter dem neuen Namen *Xé* firmierte, gekündigt.

Bremers Abgang

Die einzige Hoffnung für die Bush-Regierung, ihrer Irakpolitik Richtung und Perspektive zu verleihen, war die Übertragung der Souveränitätsrechte an die Iraker. Ein Lichtblick war, dass es dem Irakischen Regierungsrat Ende Februar 2004 gelungen war, eine Übergangsverfassung auszuarbeiten. Klugerweise hatte sich Bremer aus den Detailverhandlungen herausgehalten und war nur eingeschritten, als sich die beteiligten irakischen Gruppen gegenseitig blockierten. Im Frühsommer einigten sich die CPA, die Uno und der irakische Regierungsrat auf eine Interimsregierung, die die Amtsgeschäfte zwischen dem Ende der Besatzung und der Wahl zur Nationalversammlung Anfang 2005 übernehmen sollte. Der UN-Sicherheitsrat kodifizierte diese Roadmap am 8. Juni in Resolution 1546. Die Übertragung der Souveränität war für den 30. Juni 2004 vorgesehen, erfolgte jedoch schon zwei Tage früher, um die erwarteten Gewaltausbrüche zu vermeiden. Nicht nur die Vorverlegung, sondern auch die Form der Übergabe warf ein Schlaglicht auf die sich verschlechternde Sicherheitslage. In einer kleinen, geheimen, nur fünfminütigen Zeremonie innerhalb der schwer befestigten Grünen Zone übergab Bremer um 10.26 Uhr die Macht förmlich an den Exiliraker Ayad Allawi, einen US-freundlichen säkularen Schiiten, den er in Abstimmung mit Brahimi als Premierminister der Irakischen Übergangsregierung auserkoren hatte. Andere Kandidaten waren ausgeschieden, weil Bush betont hatte, dass er jemanden in dem Amt wolle, «der bereit ist, aufzustehen und dem amerikanischen Volk zu danken für ihre Opfer bei der Befreiung des Irak».[57] Es gab keine öffentliche Feier, und der einstige oberste Verwalter verließ heimlich das Land. Auch löste die Souveränitätsübertragung kein einziges der Probleme des Irak. Nach wie vor schraubte sich die Gewaltspirale nach oben, nach wie vor mangelte es den rivalisierenden politischen Fraktionen und religiösen Lagern an Kompromisswillen, nach wie vor lag die wirkliche Macht in den Händen des amerikanischen Militärs. Und nach wie vor hatten die USA zu wenige Soldaten im Irak und keine überzeugende Strategie, um die Sicherheitslage zu verbessern. Die CIA verfügte erst über 83 Mitarbeiter, die fließend Arabisch sprachen – viele von ihnen nur einen im Irak nicht gebräuchlichen Dialekt.[58]

Mit Bremers Abgang endete die amerikanische Besatzung, und die CPA löste sich auf. Die ehrgeizigen Ziele, das Land von Grund auf umzugestalten, waren an der Realität im Irak und der eigenen Inkompetenz zerschellt. Wie wirklichkeitsfremd die CPA oft agierte, zeigte sich an folgenden Beispielen: Der für das Gesundheitssystem zuständige Mitarbeiter der Behörde ließ in einem aufwändigen Verfahren neue Medikamentenlisten für die Krankenhäuser erstellen, anstatt schnell dringend benötigte Medizin zu importieren; ein 24-Jähriger verstrickte sich so sehr in die Modernisierung der irakischen Börse, dass sie erst Ende Juni 2004 wieder eröffnen konnte – ohne Computer und andere High-Tech-Geräte, sondern mit Tafeln, auf die man die Kurse per Hand schrieb; ein anderer CPA-Mitarbeiter entwarf eine neue Straßenverkehrsordnung für den Irak, obwohl es nicht einmal ausgebildete Polizisten gab, die ihre Einhaltung hätten überwachen können; die für die Universitäten reservierten 25 Millionen

Dollar gingen an US-Hochschulen, um Partnerschaftsprogramme zu etablieren, während viele irakische Einrichtungen nach den Plünderungen nicht einmal Stühle und Tische hatten. Wie vieles, was die Besatzungsbehörde tat, sahen solche Vorschläge gut aus auf dem Papier, aber gingen an den wirklichen Bedürfnissen vorbei und verbesserten die Lage vor Ort nicht. Bald spotteten die Militärs, CPA stehe für «Can't Provide Anything» – Kann nichts bereitstellen.[59] Ein irakischer Mitarbeiter im Innenministerium meinte: «Die Amerikaner in der Grünen Zone agierten, als ob sie in New York lebten, nicht in Bagdad.»[60] Eine besonders peinliche Episode betraf Achmed Tschalabi, der 2002/03 die Büros des Vizepräsidenten und des Verteidigungsministers mit Fehlinformationen zu den irakischen Massenvernichtungswaffen versorgt hatte und kurzzeitig sogar als neuer Präsident des Irak gehandelt worden war. Noch am 21. Januar 2004 saß er bei Bushs Ansprache zur Lage der Nation auf der Ehrentribüne hinter der Präsidentengattin. Im Frühsommer kam heraus, dass Tschalabi Geld veruntreut und Geheiminformationen an Iran weitergegeben hatte. Das Pentagon strich daraufhin alle Zahlungen an seinen *Irakischen Nationalkongress* und gestand damit indirekt ein, einem Hochstapler auf den Leim gegangen zu sein.

Bremer hinterließ einen Irak, der eine politische Perspektive besaß, in dem sich die Sicherheitslage allerdings immer weiter verschlechterte und die wirtschaftliche Entwicklung nicht vorankam. Die für das Land existentielle Ölförderung lag noch immer 20 Prozent unter der vor der Invasion. Ein Gutteil der mehr als 60 Milliarden Dollar, die dem Irak während der Besatzungszeit an Wirtschaftshilfe zur Verfügung stand, floss angesichts von Problemen mit der Sicherheit nicht ab. Von den im Oktober 2003 vom Kongress genehmigten 18,4 Milliarden Dollar zum Beispiel gaben CPA und Militärs bis Juni 2004 nur zwei Prozent aus. Der Grund dafür war primär, dass der Kongress die Auftragsvergabe in einem zeitaufwändigen Wettbewerbsverfahren vorschrieb und sich Rumsfeld weigerte, von seinen Sonderrechten Gebrauch zu machen. Selbst ein Jahr später war erst ein Drittel ausgegeben. Damit verstrichen die relativ sicheren ersten Besatzungsmonate, ohne dass die Iraker Aufbauerfolge sahen und Jobs für das Heer der Arbeitssuchenden geschaffen wurden. Dagegen investierte die CPA fast die gesamten 20 Milliarden Dollar aus dem Entwicklungsfonds, der sich aus den Öleinnahmen und eingefrorenem Geld speiste. Aber hier mussten mit der Eskalation der Gewalt 25 bis 40 Prozent für Sicherheitsmaßnahmen aufgewendet werden, und ein Gutteil des Rests floss an amerikanische Firmen, allein 1,6 Milliarden an *Halliburton* für die Lieferung von Benzin aus Kuwait. Von den Milliarden von Dollars, die die USA in den Irak pumpten, bekamen die meisten Iraker kaum etwas mit.

Auch war Korruption allgegenwärtig. Die Verwendung von 8,8 Milliarden Dollar konnte nicht belegt werden, darunter 2,4 Milliarden in 100-Dollar-Noten, die sechs Tage vor dem Ende der Besatzungszeit aus New York eingeflogen worden waren.[61] Da sich die CPA aus Angst vor Protesten scheute, den Benzinpreis von einem Cent pro Liter anzuheben, entwickelte sich ein hochprofitabler Schmuggel nach Jordanien und die Türkei, wo er 40 beziehungsweise 80 Cents betrug. Die Subventionen von Ölprodukten fraßen 2004 15 Prozent des Staatshaushalts auf. Unter Allawis Übergangsregierung grassierten Korruption und Inkompetenz. Ein Verteidigungsminister orderte völlig überteuerte und veraltete Rüstungsgüter, ließ mehr als eine Milliarde Dollar Haushaltsmittel auf Privatkonten ausländischer Banken transferieren und setzte sich nach London ab. Ein irakischer Richter schätzte den Schaden später auf 1,3 bis 2,3 Milliarden Dollar und bezeichnete dies als den «größten Diebstahl in der Welt».[62] Auch ging der Wiederaufbau nur schleppend voran. Das Wenige, was fertig gestellt wurde, hielt oft nicht lange. Systematisch sabotierten die Aufständischen die Infrastrukturprojekte, die vor allem die Ölförderung und die Stromversorgung verbessern sollten. Gezielt ermordeten sie Iraker, die mit der CPA oder den Koalitionsstreitkräften zusammenarbeiteten. Allein im August 2004 kam es zu 3000 Anschlägen, 1000 mehr als im Monat zuvor. Die Gewalt war nun zehn Mal schlimmer als im Mai 2003, als Bush auf dem Flugzeugträger gelandet war und die Hauptkampfhandlungen für beendet erklärt hatte. Ein amerikanischer Offizier meinte frustriert: «Alles, worin wir involviert sind, wollen [die Aufständischen] scheitern sehen. Jeden, der mit uns zusammenarbeitet, wollen sie töten.»[63]

Schließlich erwies sich auch der ständige Wechsel der Ansprechpartner beim US-Militär und bei der CPA als problematisch. So patroullierten das brandgefährliche Falludscha zwischen April 2003 und April 2004 nacheinander nicht weniger als fünf verschiedene amerikanische Einheiten, die deshalb kaum dauerhafte Kontakte zur Zivilbevölkerung knüpfen konnten. Botschafterin Barbara Bodine, die in Garners Orha für die Verwaltung Bagdads zuständig war, erklärte später in einem Interview: «Ich kann mir schwer vorstellen, wie [die Nachkriegsplanung] schlechter hätte sein können. Als wir mit dem Wiederaufbau begannen, scherzten wir, dass es 500 Wege gebe, es falsch zu machen, und zwei oder drei Wege, es richtig zu machen. Wir haben nicht gewusst, dass wir alle 500 Wege beschreiten würden.»[64]

Mit der *Nationalen Sicherheitsdirektive Nr. 36* übertrug der Präsident alle künftigen amerikanischen Aktivitäten gegenüber dem Land einem Missionschef, der dem Außenministerium unterstand. Erster Amtsinhaber wurde John Negroponte, der amerikanische UN-Botschafter. Cheney, Rumsfeld und Feith verloren damit weiter an Macht über die amerikanische Irakpolitik. Kurz darauf löste General George Casey den überforderten Sanchez als Kommandanten der 130 000 amerikanischen Soldaten im Irak ab. Caseys Hauptziel war es, die Truppen so schnell wie möglich abzuziehen. Aber er wollte auch die Sicherheitslage im Land verbessern. Schlüssel zu beidem war die vage Hoffnung, die Iraker würden bald genug Polizisten und Soldaten stellen, um gegen die Aufständischen vorzugehen. Nach wie vor verweigerten sich Bush, Rumsfeld und der Oberkommandierende im Irak der Einsicht, dass es einer großen Anstrengung und einer neuen Strategie bedurfte, um die Gewaltspirale im Land zurückzudrehen. Vor allem der Präsident schien in einer eigenen Welt zu leben. Das legten zumindest die Worte nahe, die er auf eine Notiz kritzelte, mit der ihn Rice während eines Nato-Gipfels von der Souveränitätsübertragung informierte. Bush schrieb: «Lasst Freiheit herrschen.»[65]

8. Machtübergabe und Bürgerkrieg

Auch nach der Machtübergabe kam der Irak nicht zur Ruhe – im Gegenteil. Selbst wenn Negroponte und Casey besser als ihre Vorgänger zusammenarbeiteten und Armeeeinheiten zurückkehrten, die bereits von ihrem ersten Einsatz Erfahrung im Irak besaßen, vermochte das die Abwärtsspirale nicht aufzuhalten. Im August 2004 stieg die Zahl der Anschläge auf 2500, und die Mahdi-Armee trat wieder verstärkt in Erscheinung. Im Laufe des Sommers übernahmen die Aufständischen die Städte Samarra und Falludscha. Im September fiel der 1000. Amerikaner. 76 Prozent der US-Soldaten berichteten, in ihren zwölf Monaten im Irak unter Raketen- oder Mörserbeschuss geraten zu sein. Nach 26 500 Anschlägen im Jahr 2004 gab es 2005 mehr als 34 000. Dabei wurde immer offensichtlicher, dass die Gewalt nicht nur von sunnitischen Aufständischen und schiitischen Milizen ausging. Vielmehr wollten auch Al-Khaida-Terroristen aus der US-Invasion und der katastrophalen Nachkriegsplanung Kapital schlagen. Ihr Ziel war es, alle Versuche Washingtons zu sabotieren, ein stabiles und demokratisches Land aufzubauen, egal, wie viele irakische Menschenleben es kostete. Zu diesem Zweck versuchte die sunnitische Al Khaida, die religiösen Spannungen im Irak durch Selbstmordanschläge und Autobombenattentate auf die schiitische Bevölkerungsmehrheit anzuheizen. Die USA fanden sich auf einmal in einem beginnenden Bürgerkrieg, für den sie personell, psychologisch und taktisch schlecht vorbereitet waren.

Bushs Realitätsverweigerung

Je mehr die Gewalt im Land zunahm, je deutlicher die Mängel der Nachkriegsplanung zu Tage traten und je klarer wurde, dass Saddam weder über Massenvernichtungswaffen noch über Kontakte zu Al Khaida verfügt hatte, desto stärker sank in den USA die Zustimmung zum Irakengagement und parallel dazu zur Amtsführung des Präsidenten. Nur mit großer Mühe konnte sich Bush am 2. November 2004 die Wiederwahl gegen seinen demokratischen Herausforderer John Kerry sichern. Zwar zehrte er noch von seinem Nimbus als entschlossener Kämpfer gegen den Terrorismus und Beschützer der Nation, den er nach 9/11 und während des Afghanistankriegs erworben hatte. Aber vor allem aufgrund der konträren Ansichten von Demokraten und Republikanern über Sinn und Zweck des Irakkriegs sah die Präsidentschaftswahl 2004 die stärkste parteipolitische Polarisierung in der jüngeren amerikanischen Geschichte.[1] Was nach den gewaltigen Zustimmungsraten nach 9/11 von mehr als 90 Prozent wie ein sicherer Sieg für Bush ausgesehen hatte, erwies sich am Ende als Zitterpartie. Allein dank des knappen Gewinns in Ohio konnte er überhaupt die Mehrheit der Wahlmännerstimmen auf sich vereinen. Fast wäre Bush nach Hoover, Carter und seinem Vater der vierte amtierende Präsident in den letzten 100 Jahren geworden, der den erneuten Einzug ins Weiße Haus verpasste. Der hauchdünne Wahlsieg dokumentierte, wie schmal die Basis für die Irakpolitik des Präsidenten mittlerweile geworden war.

Gleichzeitig eskalierte im Irak die Gewalt. Wenige Tage nach den Wahlen, am 7. November 2004, begann die zweite Schlacht um Falludscha. Seit sich die US-Truppen nach der ersten Schlacht im April aus der Stadt zurückgezogen und sie einer lokalen Miliz übergeben hatten, war sie von den Aufständischen wieder vollständig übernommen worden. Jetzt versuchten mehr als 10 000 amerikanische und 200 irakische Soldaten, Falludscha erneut zu erobern. Dabei gerieten sie in die heftigsten Häuserkämpfe seit 1968, als US-Truppen während der Tet-Offensive Hue den Vietcong entrangen. Obwohl sie nach 46 Tagen den Sieg davontrugen, waren die Kosten enorm: 95 amerikanische Soldaten wurden getötet, Hunderte verwundet, die Stadt fast völlig zerstört. Auf einer Sitzung des Nationalen Sicherheitsrats gab Vizeaußenminister Armitage dem Präsidenten eine unverblümte Lagebeurteilung. «Wir gewinnen nicht», sagte Armitage einem sichtlich erschütterten Bush. «Verlieren wir?», wollte der Präsident wissen. Die Antwort war nicht beruhigend: «Noch nicht.»[2]

Angesichts der sinkenden öffentlichen Unterstützung für seine Irakpolitik bemühte sich Bush zu Beginn seiner zweiten Amtszeit, den Feldzug neu zu begründen. Bereits seit einem Jahr hatte er angesichts der ergebnislosen Suche nach verbotenen Waffen den Fokus auf den Regimewechsel verlagert. In seiner zweiten Inaugurationsansprache am 20. Januar 2005 verlor er kein Wort mehr über die Massenvernichtungswaffen, zumal die US-Truppen die Suche nach ihnen acht Tage zuvor offiziell eingestellt hatten. Statt dessen betonte er, Amerika müsse Freiheit und Demokratie in der Welt verbreiten und die Tyrannei beenden.[3] 49 Mal verwendete er Wörter wie «free», «freedom» oder «liberty». Dieser Missionsgedanke war zwar seit den frühesten Tagen der USA zumindest rhetorisch Teil ihrer Außenpolitik, aber außer Bush hatte ihn zuvor nur Woodrow Wilson so sehr ins Zentrum gerückt. Der tiefere politische Sinn der Ansprache lag darin, die Bevölkerung angesichts der Hiobsbotschaften aus dem Irak für seine Politik zu mobilisieren, indem er die Ausbreitung uramerikanischer Werte zur außenpolitischen Maxime seiner Regierung erklärte – nur so könne dem radikalen Islamismus der Boden entzogen werden. Auch im Irak, so die implizite Botschaft, gehe es um diese Mission. Die ganze Rede klang wie aus einem Handbuch des Neokonservativismus und wirkte angesichts der konkreten Sicherheitsprobleme im Irak abgehoben.

Wie sehr Bush den Blick für die Realität verlor, demonstrierten auch seine wichtigsten Personalentscheidungen. Er ersetzte den größten Skeptiker gegenüber seiner Irakpolitik, aber auch die populärste Person im Kabinett, Außenminister Powell, durch die ihm loyal ergebene Sicherheitsberaterin Rice. Gleichzeitig hielt Bush an Rumsfeld fest, den Hauptverantwortlichen für das Missmanagement der Besatzungspolitik, obwohl mehr und mehr Militärs und Senatoren scharfe Kritik am Verteidigungsminister übten. Selbst Rumsfelds enger Vertrauter Steve Herbits war zu dem Schluss gelangt, sein Chef sei «arrogant» und «entscheidungsschwach», sein Stil «kontraproduktiv».[4] Auch Vizeaußenminister Armitage nahm seinen Hut. Bushs Angebot, das Amt des obersten Geheimdienstkoordinators zu übernehmen, lehnte Armitage mit der Begründung ab, er könne nicht in einer Regierung arbeiten, die Powell ziehen ließ, aber Rumsfeld behielt. Das neue Kabinett verfestigte den Eindruck, Bush sei zufrieden mit den Entwicklungen im Irak. Dies unterstrich die Tatsache, dass der Präsident nach seiner Wiederwahl die höchste zivile Auszeichnung der USA, die Freiheitsmedaille, an drei Hauptverantwortliche für das sich abzeichnende Irakdebakel verlieh: General Franks, der mit zu wenig Soldaten in den Krieg zog, Ex-CIA-Direktor Tenet, der Bush willfährig mit dubiosen Informationen über die angeblichen Massenvernichtungswaffen versorgte und im Juni 2004 zurückgetreten war, und Bremer, dessen Fehlentscheidungen als Chef der Besatzungsbehörde den Aufstand anfachte. Unter anderem sagte der Präsident, die drei Männer hätten die USA «sicherer» gemacht und «die Sache der Freiheit vorangebracht».[5]

Zum ersten schweren Fehler der Bush-Regierung, die Konfrontation mit Saddam allein militärisch lösen zu wollen, und zum zweiten, die Nachkriegsplanung sträflich vernachlässigt zu haben, trat nun ein dritter: Die ersten beiden nicht anzuerkennen und die Augen vor den Entwicklungen im Irak zu verschließen. Durchhalteparolen waren aber kein Ersatz für eine militärische und politische Strategie, die einen Absturz des Landes in Anarchie und Gewalt verhindern konnte. Geradezu hilflos wirkte es, wenn das Pentagon eine Washingtoner PR-Agentur dafür bezahlte, Artikel in irakischen Zeitungen zu platzieren und irakische Journalisten zu unterstützen, die die Entwicklungen im Land und die Rolle der USA positiv darstellten. *Washington Post*-Journalist Bob Woodward gab die Atmosphäre treffend wieder, als er sein Buch über die Irakpolitik der Bush-Regierung von 2003 bis 2006 mit *Zustand der Verweigerung* (State of Denial) betitelte. Die Neigung des Präsidenten, einen einmal eingeschlagenen Kurs nicht mehr zu hinterfragen, und die Bunkermentalität im Weißen Haus nach dem Streit um die zweite Sicherheitsratsresolution verstärkten das ohnehin ausgeprägte *Groupthink*-Phänomen. Bush agierte wie in einem Kokon, da es angesichts seiner «Fehlschlag ist keine Option»-Rhetorik Mitarbeiter kaum wagten, ihm unerfreuliche Nachrichten und Ratschläge zu präsentieren. Schon Garner hatte bei seiner Verabschiedung im Oval Office im Mai 2003 die gravierenden Schwierigkeiten vor Ort nicht angesprochen, auch Franks Nachfolger Abizaid lieferte Bush im Sommer 2004 nur eine geschönte Version der Lage.[6]

Der Präsident seinerseits verweigerte sich schlechten Nachrichten. Am 11. November 2003 trat der NSC zusammen, um den düsteren Bericht des CIA-Büroleiters in Bagdad über eine sich entwickelnde Aufstandsbewegung zu besprechen. Bush ärgerte sich, dass der

Bericht in die Medien gelangt war, und unterbrach die substantielle Diskussion mit den Worten: «Ich will niemand mehr erleben, der in der Presse über einen Aufstand spricht. Wir müssen eine Wahl gewinnen.»[7] Eine *Nationale Lageeinschätzung* der Geheimdienste, die im Juli 2004 vor der Gefahr eines Bürgerkriegs im Irak warnte, kommentierte er mit den Worten: «Das irakische Volk teilt ihren Pessimismus nicht.»[8] Als ein CIA-Experte es wagte, ihn im Januar 2005 vor einer weiteren Verschlechterung der Sicherheitslage im Vorfeld der irakischen Wahlen zu warnen, verhöhnte ihn Bush mit der Bemerkung «Ist das Bagdad-Bob?». Damit stellte er ihn auf eine Stufe mit Saddams Chefpropagandisten, der im Fernsehen noch von einem Sieg über die US-Invasoren sprach, während die Amerikaner Bagdad einnahmen.[9] Im Juni 2005 sah sich der republikanische Senator Chuck Hagel, ein lautstarker Kritiker der Nachkriegspolitik im Irak, genötigt, den Präsidenten bei einem Mittagessen zu fragen, ob er «jemals Rat von außerhalb seines inneren Zirkels, außerhalb des Nationalen Sicherheitsrats gesucht» habe. «Ich denke, es ist wichtig für Präsidenten», fuhr der Senator fort, «andere Meinungen zu hören – von Leuten, die vielleicht nicht mit Ihnen übereinstimmen.»[10] Aber nach einem Treffen mit Sicherheitsberater Hadley wenige Tage später stellte Hagel öffentlich frustriert fest: «Das Weiße Haus ist völlig losgelöst von der Wirklichkeit.»[11]

Auch andere Mitglieder der Regierung verloren die Realität aus den Augen oder reagierten angesichts des sich abzeichnenden Fiaskos gereizt. Ein Senator sprach zum Beispiel den Vizepräsidenten nach dessen Verbindungen zum Energiekonzern *Halliburton* an, den dieser früher geleitet und der von der US-Regierung ohne öffentliche Ausschreibung lukrative Exklusivverträge im Irak erhalten hatte. Cheney, normalerweise kühl und selbstbeherrscht, ließ sich zu einer schweren Obszönität hinreißen und blaffte ihn an: «Fuck yourself.»[12] Ein selbstgerechter Rumsfeld antwortete Anfang Dezember 2004 auf die Frage eines Soldaten, warum ihre Fahrzeuge im Irak noch immer nicht gut gegen die Bomben der Aufständischen gepanzert seien, mit dem Satz: «Man zieht in den Krieg mit der Armee, die man hat, nicht mit der, die man haben möchte oder sich für eine spätere Zeit wünscht.»[13] Damit gab er ein weiteres Beispiel für seine Indifferenz gegenüber den Sorgen der Soldaten und der Lage im Irak. Cheney erklärte am 30. Mai 2005 in einem Akt blanken Wunschdenkens, «der Aufstand sei in den letzten Zügen».[14] Noch im Dezember 2005 hielt Rumsfeld an seiner fixen Idee fest, eine Lehre aus dem Irakkrieg sei es, weniger über «Masse» und mehr über «Geschwindigkeit und Präzision» bei der Transformation der amerikanischen Streitkräfte nachzudenken.[15] Dass man damit die Schlacht gewinnen, aber die Nachkriegsordnung nicht sichern und so den Krieg verlieren kann, schien der Verteidigungsminister nach wie vor nicht eingestehen zu wollen.

Angesichts so grotesker Fehleinschätzungen verloren die Amerikaner mehr und mehr das Vertrauen in die Kriegspolitik der Regierung. Im Vergleich zu Korea- und Vietnamkrieg ist erstaunlich, wie schnell die öffentliche Zustimmung zum Irakkrieg zusammenbrach. Schon im Frühjahr 2005, als 1500 US-Soldaten gefallen waren, betrachteten ihn mehr als 50 Prozent der Amerikaner als einen Fehler. In Vietnam war das erst nach dem Tod von 20 000 Soldaten Anfang 1968 und damit nach fast drei Kriegsjahren der Fall gewesen.[16] Mit dem Rücken zur Wand versuchte Bush am 28. Juni 2005 in einer Ansprache an die Nation, seinen Landsleuten eine Perspektive für ein Ende des Irakengagements zu eröffnen: «Unsere Strategie kann so zusammengefasst werden: In dem Maße, wie die Iraker [ihre Sicherheitskräfte] aufbauen, bauen wir unsere ab.»[17] Aber solche Verheißungen konnten nicht davon ablenken, dass die Ausbildung verlässlicher irakischer Streitkräfte- und Polizeieinheiten nur langsam voranging und die Zahl der Anschläge im Oktober 2005 mit 3000 einen neuen Höchststand erreichte. Auch schien sich der Präsident seit seiner Wiederwahl nicht wirklich auf die Irakpolitik zu konzentrieren. Vielmehr warb er fast das gesamte erste Regierungsjahr seiner zweiten Amtszeit für eine Teilprivatisierung der Rentenversicherung. Nicht nur scheiterte das Projekt kläglich, sondern Bush erweckte auch den Eindruck, das Problem zu vernachlässigen, das ganz oben auf der Sorgenliste der Öffentlichkeit stand: den Irakkrieg.

Ausdruck dieser Abgehobenheit des Präsidenten war für viele Amerikaner der Fall Cindy Sheehan. Die Mutter eines im Irak gefallenen Soldaten protestierte im August 2005 wochenlang vor Bushs Ranch in Texas, wo dieser seinen Urlaub verbrachte, und verlangte ein Treffen. Der Präsident lehnte ab. Diesen Eindruck der Gleichgültigkeit gegenüber dem Los seiner Landsleute fanden viele Amerikaner dadurch bestätigt, wie die Regierung im September mit der Verwüstung von New Orleans durch den Hurrikan Katrina umging. Bush und sein Team erschienen desinteressiert, inkompetent und überfordert.

Im Herbst 2005 fiel die Zustimmung zu Bushs Irakpolitik auf 30 Prozent. Auch international schmolz die Unterstützung. Angesichts der sich verschlechternden Sicherheitslage zogen viele Mitglieder der *Koalition der Willigen*, die zum Wiederaufbau, nicht zum Kampfeinsatz in den Irak gekommen waren, ihre Truppen ab: 2004 Spanien, Honduras, die Dominikanische Republik, Nicaragua, die Philippinen und Ungarn, 2005 die Niederlande und die Ukraine.

Am 25. Oktober 2005 starb der 2000. amerikanische Soldat im Irak. Dabei nahm die Gewalt immer mehr zu. Fielen die ersten tausend GIs in 18 Monaten, kamen die zweiten tausend innerhalb von 14 Monaten um. Für die Iraker galt dasselbe: Fanden 2004 etwa 40 Personen pro Tag einen gewaltsamen Tod, waren es 2005 schon 50. Insgesamt wurden von Kriegsbeginn bis Ende 2005 nach Angaben des *Iraq Body Count*, der nur dokumentierte Fälle zählt, fast 40 000 irakische Zivilisten Opfer der Gewalt. Vor allem Angehörige der Mittelschicht, Angestellte der Amerikaner und Politiker rückten ins Fadenkreuz der Aufständischen. Auf diese Hiobsbotschaften und Bushs kollabierende Umfragewerte antwortete das Weiße Haus mit einer großangelegten Öffentlichkeitskampagne. Am 30. November 2005 veröffentlichte es die 35-seitige *Nationale Strategie für den Sieg im Irak*. Sie stellte den Irak «als zentrale Front im globalen Krieg gegen den Terror» dar und mündete in die Sätze: «Unsere Mission im Irak ist es, den Krieg zu gewinnen. Unsere Truppen werden nach Hause kommen, wenn diese Mission erfüllt ist.»[18]

Zudem gab Bush vier Reden zur Irakpolitik, die erste davon an der Marineakademie in Annapolis am Tag der Veröffentlichung der neuen Strategie. Vor Dutzenden großer *Plan für den Sieg*-Schildern gebrauchte er den Begriff «Sieg» (victory) nicht weniger als 15 Mal und versprach, durchzuhalten und keine Kompromisse einzugehen. Erstmals gestand der Präsident indirekt einige Fehler ein, und bekannte, seine Lektion etwa bei der Polizeiausbildung gelernt zu haben. Er versprach, die Koalitionstruppen in dem Maße abzubauen, in dem der Irak seine Sicherheitskräfte aufbaute: «Wir werden uns zunehmend aus den irakischen Städten zurückziehen, die Zahl unserer Operationsbasen reduzieren und weniger Patrouillen und Konvois durchführen.»[19] Am 7. Dezember 2005, dem 64. Jahrestag von Pearl Harbor, stellte Bush vor dem *Council on Foreign Relations* in New York den japanischen Überraschungsangriff in eine Reihe mit 9/11. Fünf Tage später pries er vor dem *Philadelphia World Affairs Council* die anstehenden irakischen Parlamentswahlen als bemerkenswertes Ereignis in der arabischen Welt. In seiner vierten Rede am 14. Dezember am *Woodrow Wilson Center* in Washington versprach Bush, das amerikanische Bekenntnis zur Freiheit werde auch den Irak zu einem starken Alliierten machen.

Das Strategiepapier und die Reden waren insofern ein Fortschritt, als das Weiße Haus zum ersten Mal ein Gesamtkonzept seiner Irakpolitik präsentierte, das die drei Bereiche Sicherheit, Politik und Wirtschaft integrierte. Auch sprach Bush von Schwierigkeiten beim Aufbau eines stabilen Irak. Hätte der Präsident diese Initiative unmittelbar nach dem Fall Saddams im Frühsommer 2003 lanciert, wäre sie auch angemessen gewesen. Jetzt, mehr als zweieinhalb Jahre danach, dokumentierte sie verpasste Chancen, grobe Fehleinschätzungen und verlorenes Vertrauen. Realitätsfremd war etwa die Kapitelüberschrift in der *Nationalen Strategie* «Unsere Strategie funktioniert». Das Papier und die Reden hatten alte Rezepte zusammengefasst und besser abgestimmt, aber keine neue Strategie entwickelt, wie die Gewaltspirale im Irak zu stoppen sei. Entscheidende Fragen nach den Kriegszielen sowie den Mitteln und Methoden, mit denen sie erreicht werden sollten, blieben ungestellt, grundsätzliche Alternativen unerörtert, Aussagen zum künftigen Kurs vage. Ebenfalls war nicht vertrauenerweckend, dass die US-Regierung 132 Tage brauchte, um mit Zalmay Khalizad einen Nachfolger für ihren ersten Botschafter im Irak, John Negroponte, zu installieren. Dass das Weiße Haus gerade jetzt seine Öffentlichkeitskampagne lancierte, hatte auch damit zu tun, dass für den 15. Dezember 2005 Wahlen im Irak angesetzt waren. Ein friedlicher Verlauf und eine hohe Beteiligung hätten Bushs Argument stärken können, die Entwicklung im Lande mache Fortschritte.

Der Irak am Abgrund

Bisher war der politische Transformationsprozess im Irak zwiespältig verlaufen. Am 30. Januar 2005 hatte das Land Wahlen zur Übergangs-Nationalversammlung abgehalten. Obwohl es trotz schärfster Sicherheitsmaßnahmen am Wahltag zu sporadischen Anschlägen kam, denen 26 Zivilisten, acht irakische Soldaten und elf Angehörige der Koalitionsstreitkräfte zum Opfer fielen, war die Beteiligung mit 60 Prozent erstaunlich hoch. In Washington triumphierte Bush: «Das irakische Volk hat zur Welt gesprochen, und die Welt hört die Stimme der Freiheit aus dem Zentrum des Mittleren Ostens.»[20] Es siegte die Vereinigte Irakische Allianz, die unterstützt von Großayatollah Sistani fast jede zweite Stimme gewann. Allerdings hatte die Wahl ein entscheidendes Manko: Die Sunniten boykottierten sie fast geschlossen, weil sie das Wahlsystem als unfair betrachteten und nicht zu Unrecht argwöhnten, die Vereinigten Staaten bevorzugten die Schiiten. Damit blieben ihre Politiker und Parteien vom politischen Prozess weitgehend ausgeschlossen, und die sunnitischen Aufständischen erhielten weiteren Zulauf.

Erst nach mehreren Monaten konnten sich die Parlamentarier auf Ibrahim al-Jaafari als Premierminister einigen. Aber er war mehr ein Religionsgelehrter als ein Administrator, agierte unentschlossen und unsicher und gab seinem Kabinett keine klaren Ziele vor. Das wichtigste Projekt der Übergangs-Nationalversammlung, die Ausarbeitung der Verfassung, marginalisierte die Sunniten weiter. Zwar waren 15 ihrer Vertreter in den entsprechenden Parlamentsausschuss aufgenommen worden, aber im Gegensatz zu den gewählten Abgeordneten besaßen sie kein Stimmrecht. Die Beratungen zogen sich in die Länge. Um doch noch einen Kompromiss zu finden, rieten viele Beobachter dazu, die Deadline für den Verfassungsentwurf vom 15. August 2005 um sechs Monate zu verschieben. Aber das stieß auf den erbitterten Widerstand des Weißen Hauses. Bush und seine engsten Berater wollten unbedingt am einmal beschlossenen Zeitplan festhalten, weil sie ihn als oberste Messlatte für politische Fortschritte im Irak betrachteten. Angesichts der katastrophalen Sicherheitslage und der steigenden Opferzahlen wollte der Präsident den US-Bürgern die Einhaltung festgelegter Termine als Erfolg verkaufen. Der am 15. August verabschiedete Verfassungsentwurf stellte einen Triumph der religiösen schiitischen Parteien dar, weil er der Zentralregierung umfassende Rechte und eine bedeutende Rolle bei der Aufteilung künftiger Öl- und Gaseinnahmen zuwies. Aber auch die Kurden konnten ihre wichtigsten Anliegen durchsetzen. Dagegen unterzeichnete kein einziger der 15 sunnitischen Vertreter das Dokument. Zwei Monate später bestätigten die Iraker die Verfassung in einem Referendum. Larry Diamond, ein amerikanischer Demokratisierungsexperte, der auch für die CPA gearbeitet hatte, schätzte, dass dabei mehr als 90 Prozent der Schiiten und Kurden, aber weniger als zehn Prozent der Sunniten mit «Ja» stimmten.[21] Die politische Marginalisierung der Sunniten führte zu einem weiteren Anschwellen der Gewalt. Nachdem das irakische Militär gegen Aufständische in der Stadt Tall Afar vorgegangen war, erklärte der Führer der *Al Khaida im Irak* und Gefolgsmann Osama bin Ladens, der Jordanier Abu Musab al-Zarqawi, im September den Schiiten den totalen Krieg.

An den Parlamentswahlen am 15. Dezember 2005 nahmen die Sunniten allerdings verstärkt teil. Die Wahlbeteiligung stieg auf 80 Prozent, auch gab es kaum Gewaltvorfälle. Aber die drei großen Gruppen im Lande – Schiiten, Sunniten, Kurden – votierten zu mehr als 90 Prozent gemäß ihrer ethnischen oder religiösen Zugehörigkeit. In Washington feierte Bush den dritten Akt irakischer Selbstbestimmung innerhalb eines Jahrs als «glorreichen Tag», der irakische Botschafter pflichtete ihm bei, sprach von einem «Wendepunkt» und stellte «den Beginn des Endes des Terrorismus im Irak» in Aussicht.[22] Allerdings war das reines Wunschdenken. Selbst der Präsident klang in einer TV-Ansprache zur besten Sendezeit am 18. Dezember sehr viel defensiver als noch vor wenigen Monaten und gab Durchhalteparolen aus. Er bekannte, seine Entscheidung zur Invasion habe bei vielen Familien zu «schrecklichem Verlust» geführt. Trotzdem werde er das militärische Engagement fortsetzen: «Defätismus mag seinen parteipolitischen Nutzen haben, aber er ist nicht durch die Fakten gedeckt. ... Vor dem Sieg abzuziehen wäre ein Akt des Leichtsinns und der Ehrlosigkeit, und ich werde es nicht zulassen.»[23]

Das Bekenntnis des Präsidenten zur Irakmission und die Verunglimpfung der Gegner verbesserten die Sicherheitslage jedoch nicht. Die Gewalt hatte sich wie ein Schwelbrand über das Land ausgebrei-

Die Bombardierung des Askariya-Schreins am 22. Februar 2006 durch Al Khaida stürzt den Irak in einen Bürgerkrieg.

tet, so dass es nur noch eines Auslösers bedurfte, um den ganzen Irak in Flammen zu setzen. Anfang 2006 wurde das Albtraum-Szenario Realität. Am 22. Februar bombardierte Al Khaida den Askariya-Schrein in Samarra, eines der wichtigsten schiitischen Heiligtümer. Die Lage eskalierte zu einem offen ausgetragenen Bürgerkrieg. Den sunnitischen Terroristen war es gelungen, die Schiiten zu einer Überreaktion zu verleiten. Es gab Vergeltungsmaßnahmen der schiitischen Milizen und Angriffe der Aufständischen mit Schnellfeuergewehren, Mörsern, Granatwerfern, IEDs, Autobomben und Selbstmordattentätern mit Sprengstoffwesten. Entführungen, gezielte Morde an politischen und geschäftlichen Rivalen, persönliche Vendetten, ‹Ehrenmorde› an Frauen und vor allem ethnisch-religiös motivierte Mordzüge und Vertreibungen führten zu einem Klima der ständigen Gefahr. Aufständische, Milizen und Al Khaida nahmen gezielt Nicht-Kombattanten ins Visier. Mehr als 1000 Menschen starben, allein in der ersten Woche nach dem Anschlag zerstörten aufgebrachte Schiiten 184 sunnitische Moscheen. Die Polizei war so sehr von Milizen unterwandert, dass das irakische Verteidigungsministerium über das Fernsehen dazu aufforderte, Anweisungen von Polizisten nur Folge zu leisten, wenn Koalitionsstreitkräfte sie begleiteten.[24] Sunnitische und schiitische Milizen sowie Volkskomitees kontrollierten unterschiedliche Stadtviertel Bagdads, die US-Armee und die irakischen Truppen hatten nur noch in kleinen Enklaven das Sagen.

Premierminister Jaafari bekam die Sicherheitslage nicht in den Griff, ja heizte die Kämpfe nach dem Samarra-Anschlag noch an, indem er sich einer Ausgangssperre mit der Begründung widersetzte, die Schiiten müssten jetzt «Dampf ablassen».[25] Auf Drängen von US-Botschafter Khalilzad und Großayatollah Sistani trat er nach Monaten des Taktierens im April 2006 zugunsten seines Parteifreunds Nuri al-Maliki zurück. Dieser formte unter amerikanischem Druck am 28. Mai 2006 eine nationale Einheitsregierung unter Einschluss einiger Sunniten. Dadurch sollten die Aufständischen beschwichtigt und in den politischen Prozess integriert werden. Im letzten protegierte aber auch Maliki die Schiiten. Obwohl Khalizad davor warnte, unterstützte das Weiße Haus den neuen Premierminister fast vorbehaltlos.

Es überraschte deshalb nicht, dass trotz der Tötung des Al-Khaida-Chefs im Irak, Zarqawi, durch US-Bomber am 7. Juni 2006 die Sicherheitslage düster blieb. Im Kampf um seine Nachfolge wollten die Kandidaten ihre Nützlichkeit für das Terrornetz sogar durch besonders blutige Attentate beweisen. Von den gut 400 US-Konvois, die von Mitte 2006 bis Mitte 2007 von Kuwait aus nach Norden fuhren, gerieten 170 unter Feuer. Im selben Zeitraum starben 1105 GIs und damit so viele wie nie zuvor im Irak. Die Allgegenwart der Bedrohung ließ nervöse amerikanische Soldaten bei Haussuchungen und an Kontrollstellen oft zu schnell zur Waffe greifen, immer wieder fanden Unbeteiligte den Tod. Ein besonders schrecklicher Fall ereignete sich am 19. November 2005 in Haditha 250 Kilometer nordwestlich von Bagdad. Nachdem ein Sprengstoffanschlag auf ihren Konvoi einen Marinesoldaten zerfetzt und zwei weitere verwundet hatte, erschossen seine Kameraden in einer Gewaltorgie 24 Iraker, die meisten, wenn nicht alle, unbeteiligte Zivilisten, darunter Frauen, Kinder und ein Mann im Rollstuhl. Zwar bezahlten die Streitkräfte Kompensation und wurde der Einsatzleiter des Totschlags und der Vertuschung angeklagt. Aber dieses schlimmste Massaker amerikanischer Streitkräfte im Irakkrieg zeigte, welche katastrophalen Folgen eine Kriegstaktik haben konnte, die allein den Eigenschutz und das Ausmerzen der Aufständischen und nicht den Schutz der Bevölkerung im Auge hatte.

Im Oktober 2006 ging der *Iraq Body Count* von 60 000 getöteten Zivilisten seit Beginn der Invasion aus. Großes Aufsehen erregte im selben Monat eine Studie in der medizinischen Fachzeitschrift *Lancet*, die ihre Zahlen aufgrund von Haushaltsbefragungen kalkulierte. Sie kam zu dem Ergebnis, seit Beginn der Invasion seien 655 000 Iraker mehr gestorben als im gleichen Zeitraum vor dem Einmarsch, 90 Prozent von ihnen durch direkte Gewalteinwirkung.[26] Die Medien griffen diese Zahl begierig auf, um das sich verfestigende Narrativ vom Irak als Ort einer humanitären Katastrophe zu belegen. Kriegsgegner zitierten sie, um gegen die USA zu agitieren. Allerdings gab es Zweifel an der Solidität der Datenerhebung und der Professionalität der Befrager sowie an der Auswahl und vor allem der geringen Zahl der untersuchten Haushalte. So war die Stichprobe so klein, dass jeder verzeichnete gewaltsame Tod mit dem Faktor 2000 auf das gesamte Land hochgerechnet wurde.[27] Eine spätere Studie im *The New England Journal of Medicine*, deren Erhebungsbasis sehr viel breiter war, ging Anfang 2008 von 151 000 Toten aus.[28] Diese letzte Zahl, die Zivilisten und Angehörige der Sicherheitskräfte umfasst, stellte die wohl genaueste Schätzung der Opfer dar.

Aber welche der Zahlen man auch nimmt, sie alle unterstreichen den gewaltigen Blutzoll, den die Iraker bezahlten. Wegen der Gewaltexplosion und religiös-ethnischer Verfolgungen mussten viele Bürger ihre Häuser und Wohnungen aufgeben. 1,6 Millionen Iraker, insbesondere Sunniten, wurden zu Flüchtlingen im eigenen Staat, 1,8 Millionen flohen aus dem Land. Im November 2006 verließen pro Tag 3000 Personen ihre Heimat nach Syrien und Jordanien.[29] Innerhalb weniger Jahre verlor der Irak große Teile der gebildeten Mittelschicht, darunter die Hälfte der Ärzte. Noch immer produzierte das Land weniger Elektrizität und Öl als vor der Invasion. Gleichzeitig stiegen die Kosten des amerikanischen Irak-Engagements dramatisch an. Nach den ursprünglichen Angaben der Regierung hätte es sich selbst finanzieren sollen. Der *Congressional Research Service* schätzte im Juli 2006, dass Verteidigungs- und Außenministerium 250 Milliarden Dollar für den Krieg und den Wiederaufbau aufgewendet hatten.

Die USA vor der Niederlage

Mehr und mehr führende US-Militärs gelangten zu der Einsicht, dass der Irak mit den existierenden Mitteln und Methoden nicht zu stabilisieren sei. Während Centcom-Chef Abizaid öffentlich Optimismus demonstrierte, forderte er gegenüber alten Militärfreunden in seinem Hauptquartier in Doha im Herbst 2005: «Wir müssen hier verdammt noch mal raus.» Auf das Drängen seiner Freunde, wer denn eine neue Strategie für einen Erfolg im Irak ausarbeiten solle, antwortete der General: «Der Präsident und Condi Rice, weil Rumsfeld keinerlei Glaubwürdigkeit mehr besitzt.»[30] Selbst Stabschef Card drängte den Präsidenten, den Verteidigungsminister auszuwechseln. Aber Bush lehnte dies mit der Begründung ab, man sei im Krieg, und Rumsfeld habe sich nicht illoyal verhalten.[31] Was Abizaid und Card Ende 2005 nur privat äußerten, wurde im Laufe des Jahres 2006 Allgemeingut. Der Verteidigungsminister geriet ins Kreuzfeuer der Kritik.

Es begann mit der «Revolte der Generale».[32] Am 19. März 2006 unternahm Paul Eaton, ein pensionierter Generalmajor, den außergewöhnlichen Schritt, den Verteidigungsminister in einem Artikel in der *New York Times* frontal anzugehen: «Donald Rumsfeld ist nicht kompetent, unsere Streitkräfte zu führen.» Er sei «inkompetent strategisch, operationell und taktisch und damit mehr als jeder andere verantwortlich für das, was mit Amerikas Mission im Irak passierte. Rumsfeld muss zurücktreten.»[33] Innerhalb weniger Tag schlossen sich fünf weitere Generäle, alle bereits im Ruhestand, dieser Fundamentalkritik an, darunter auch der angesehene Tony Zinni, der von 1997 bis 2000 Centcom-Chef gewesen war. Die Vorwürfe gegen Rumsfeld reichten von «fundamental fehlerhafter Kriegsplan» über «Mikromanagement» bis zu «Arroganz».[34] Selbst Außenministerin Rice sprach davon, dass die Regierung «taktische Fehler gemacht habe, Tausende von ihnen».[35] Ihr Amtsvorgänger Powell, der Bush öffentlich fast nie kritisierte, klagte, man habe die Invasion mit zu wenigen Truppen durchgeführt und durch die katastrophale Nachkriegsplanung den Aufstand mitverschuldet.[36] Der einzige, der unverbrüchlich am Verteidigungsminister festhielt und ihm öffentlich den Rücken stärkte, war der Präsident. «Ich bin der Entscheider», sagte Bush Mitte April, «und ich entscheide, was am besten ist. Und am besten ist, dass Don Rumsfeld Verteidigungsminister bleibt.»[37] Ende August 2006 wollte ihm sein Vater, Ex-Präsident George H. W. Bush, beim gemeinsamen Sommerurlaub im Familiensitz Kennebunkport ein Papier seiner engsten außenpolitischen Berater Scowcroft und Baker übergeben, in dem sie ihm Vorschläge für eine wirksamere Außenpolitik unterbreiteten. Der Präsident sah es sich kurz an und warf es wütend zur Seite mit den Worten: «Ich habe es satt, Papiere von Brent Scowcroft zu bekommen, in denen er mir sagt, was ich tun soll, und ich will nie wieder ein weiteres sehen.» Dann stürmte er aus dem Zimmer und knallte die Tür hinter sich zu.[38]

Auch im Kongress wuchs die Rebellion. Im Repräsentantenhaus organisierten sich die auf einen Abzug drängenden Kriegskritiker im *Out of Iraq Caucus*, dem sich ein Drittel der demokratischen Abgeordneten anschloss. Senator Joseph Biden forderte zusammen mit Leslie Gelb, dem ehemaligen Vorsitzenden des renommierten *Council on Foreign Relations*, in einem Meinungsbeitrag für die *New York Times*, die USA sollten die sich abzeichnende Teilung des Iraks in «weitgehend autonome Regionen» entlang der ethnischen Grenzen unterstützen. Die Zentralregierung in Bagdad sollte nur für die Sicherung der Landesgrenzen, die Außenbeziehungen und die Ölförderung zuständig sein.[39] Der US-Senat nahm eine entsprechende nichtverbindliche Resolution mit 75 zu 23 Stimmen an. Peter Galbraith, ein ausgewiesener Nahost- und Irakexperte, forderte in seinem Buch *The End of Iraq* sogar eine Teilung des Landes in drei Staaten, weil dies der schnellste Weg für einen Abzug der Koalitionstruppen sei.[40] Im Juni 2006 schickte US-Botschafter Khalilzad ein geheimes Telegramm an Außenministerin Rice, in dem er die Gefahr für die Iraker, die für die Botschaft arbeiteten, schonungslos beschrieb.

In der Operation *Together Forward* konnten 42 500 irakische Sicherheitskräfte und 7200 amerikanische Soldaten im selben Monat einige Stadtteile Bagdads erobern und von Aufständischen säubern, aber nicht halten und sichern. Der Kommandeur vor Ort, General Casey, der bisher optimistische Prognosen abgegeben hatte, sagte nun, der Aufbau der irakischen Armee gehe zu langsam vor sich.[41] Aber er hielt, wie von seinem Vorgesetzten Rumsfeld gebetsmühlenartig wiederholt, eisern daran fest, möglichst viele Operationen in ihre Hände zu legen, und wagte nicht, eine klassische Methode der Aufstandsbekämpfung zu verfolgen: Die eigenen Truppen mit einheimischen Soldaten auf Patrouille zu schicken und die Kontakte zur Bevölkerung zu intensivieren, obwohl dies Colonel H. R. McMaster in Tall Afar seit Mai 2005 erfolgreich praktizierte und mit Colonel Sean MacFarland in Ramadi schon einen Nachahmer gefunden hatte. Stattdessen ließ Casey kleinere Außenposten schließen und die GIs in Riesenkasernen zusammenziehen. Noch immer dachten die obersten Militärs primär taktisch, fragten sich nicht, warum die Aufständischen sie bekämpften, und entwickelten keine Vision für einen Sieg im Irak.

Bushs gesamte Regierungszeit wurde zunehmend an der Irakpolitik gemessen. Bei seinem Rücktritt als Stabschef Ende März 2006 hatte Card seinem Nachfolger Bolten mit auf den Weg gegeben: «Es dreht sich um Irak, Irak, Irak. Dann kommt die Wirtschaft.»[42] Das bewahrheitete sich bei den US-Kongresswahlen am 7. November 2006. 70 Prozent der Amerikaner erklärten, mit der Irakpolitik der Regierung unzufrieden zu sein.[43] Die Republikaner verloren in beiden Kammern ihre Mehrheiten – zum ersten Mal seit 1994. Die Niederlage war ein Schock für den Präsidenten. Bush rang sich daraufhin endlich zum Unvermeidlichen durch: Er begann ernsthaft über seine Strategie für den Irak nachzudenken. Und er ersetzte Verteidigungsminister Rumsfeld, der mehr als jeder andere die katastrophale Entwicklung im Irak zu verantworten hatte. Dass auch Cheney beträchtlich an Einfluss verloren hatte, zeigte sich daran, dass Bush diesen Schritt nicht mit dem Vizepräsidenten beriet, sondern ihn nur darüber informierte. Bei der Verabschiedung Rumsfelds erklärte der Präsident, «neue Führungskraft» und eine «frische Perspektive» seien nötig, um das Militär durch den schwierigen Krieg im Irak zu lotsen.[44]

Zu seinem Nachfolger ernannte Bush den ehemaligen CIA-Chef Robert Gates, einen moderaten Außenpolitiker der realistischen Schule und Kritiker des Irakkriegs. Er war Mitglied der *Iraq Study Group* (ISG), einer am 15. März 2006 vom Kongress eingesetzten parteiübergreifenden Kommission aus acht hochrangigen Experten um Ex-Außenminister James Baker und Ex-Parlamentarier Lee Hamilton, die die sich verschlechternde Sicherheitslage untersuchen und politische Optionen erarbeiten sollte. Als Persönlichkeit war Gates der Anti-Rumsfeld: ruhig und besonnen, aber entscheidungsfreudig, freundlich und zurückhaltend, aber führungsstark, nachdenklich, aber mit strategischem Verstand. Allerdings schien er eine aussichtslose Situation zu übernehmen. Das militärische Establishment hatte keine Vorschläge für einen Umschwung parat. Eine Atmosphäre der Hoffnungs- und Sinnlosigkeit breitete sich aus. Das musste auch Außenministerin Rice erfahren, als sie am 1. Dezember am Roten Meer mit den Amtskollegen der Golfstaaten, Saudi-Arabiens und Ägyptens zusammenkam. Sie fürchteten, dass die USA sich aus dem Irak zurückziehen, einen Deal mit Iran machen und die arabischen Staaten ihrem Schicksal überlassen würden. «Anstatt über einen Abzug nachzudenken», sagte einer von ihnen, «solltet ihr über eine Verdoppelung eurer Truppen nachdenken.»[45]

Auf jeden Fall gewann die Debatte über eine Strategieänderung mit dem Ausscheiden Rumsfelds an Dynamik. Anfang Dezember 2006 legte die *Iraq Study Group* ihren Abschlussbericht vor. Er gelangte zu dem Ergebnis, die Lage im Irak sei «ernst und verschlechtere sich» und die «US-Streitkräfte scheinen in einer Mission ohne vorhersehbares Ende gefangen».[46] Deshalb solle die amerikanische Regierung eine neue diplomatische Offensive für die Lösung der Probleme in der Region besinnen und Gespräche mit Syrien und Iran suchen, außerdem den Irakern mehr Aufgaben auch bei Kampfeinsätzen übertragen und sich auf eine Unterstützungsrolle zurückziehen. Diese beiden Maßnahmen könnten den Vereinigten Staaten erlauben, ihre Kampftruppen bis zum ersten Quartal 2008 nach Hause zu holen. Andere Optionen, die Bush und sein außenpolitischer Führungszirkel im Herbst 2006 diskutierten, waren: sich aus den Auseinandersetzungen zwischen den unterschiedlichen irakischen Gruppen herauszuhalten und sich auf den Kampf gegen Al-Khaida-Gruppen zu konzentrieren oder eine neue irakische Regierung mit einem starken Mann an der Spitze zu schaffen.[47] Das State Department und der Generalstab ließen die Lage im Irak von Arbeitsgruppen analysieren. Auch Sicherheitsberater Hadley dachte seit Juli 2006 über eine fundamentale Änderung der Irakkrieg-Strategie nach.

Die ungewöhnlichsten Vorschläge stammten von General Jack Keane, dem ehemaligen Vizechef des Heeres. Obwohl im Ruhestand, hatte er sich angesichts der Führungsschwäche des obersten US-Generals Peter Pace im Herbst 2006 zur einflussreichsten militärischen Führungsfigur und zum heimlichen Vorsitzenden des Generalstabs entwickelt. Er war überzeugt, dass die USA im Irak auf eine Niederlage zusteuerten und nur ein grundlegender Strategiewechsel dies noch verhindern konnte. In ungeschminkten Worten hatte er versucht, dies Rumsfeld und Pace deutlich zu machen. Aber der Verteidigungsminister und fast die gesamte Generalität vom Generalstabsvorsitzenden Pace über Centcom-Chef Abizaid bis hin zum Oberkommandierenden im Irak Casey und seinem Stellvertreter Chiarelli sprachen sich kategorisch gegen eine Truppenerhöhung aus.

Der einzige im Militärapparat, der Keanes Ideen aufgeschlossen gegenüberstand, war General Ray Odierno, der im November den Posten des zweiten Mannes im Irak übernahm. An seinen Vorgesetzten vorbei warb Odierno direkt im Weißen Haus für einen Neuansatz bei der Führung des Irakkriegs. Schützenhilfe bekam er von Fred Kagan, einem Militärhistoriker am konservativen *American Enterprise Institute*. Er hatte ähnliche Überlegungen wie Keane und

Odierno angestellt und spielte sie in einem dreitägigen Workshop vom 8. bis 10. Dezember 2006 durch.[48] Auch Colonel McMaster, der mit seiner neuen Anti-Guerillataktik 2005/6 Tall Afar befriedet hatte, stieß dazu. Höchstrangiger Teilnehmer war aber General Keane. Er und Kagan wurden so zu den intellektuellen Architekten des *Surge*-Plans. Dass es eines pensionierten Generals, eines Think-Tank-Akademikers und eines Feldkommandeurs bedurfte, eine erfolgversprechende Strategie für den Irakkrieg zu entwickeln, stellte der amerikanischen Militärführung ein Armutszeugnis aus.

Wohl vorbereitet kam Keane einen Tag nach dem Workshop, am 11. Dezember, ins Weiße Haus zu einem Treffen des Präsidenten mit fünf Irak-Experten. Dort plädierte der General dafür, fünf zusätzliche Brigaden nach Bagdad und zwei nach Anbar zu entsenden und sie in kleinen Einheiten mit irakischen Soldaten auf Patrouille gehen zu lassen. Zwei Ex-Generäle widersprachen, aber die beiden anwesenden Akademiker, Eliot Cohen und Stephen Biddle, unterstützten ihn. Keanes Empfehlungen trafen auch beim designierten Verteidigungsminister Gates und einer zwölfköpfigen Arbeitsgruppe im Weißen Haus auf offene Ohren, die seit 15. November 2006 täglich unter Leitung von Vize-Sicherheitsberater J. D. Crouch zusammenkam. Er und weitere NSC-Stabsmitglieder waren zu der Überzeugung gelangt, dass die US-Streitkräfte nicht als Magnet für Angriffe der Aufständischen wirkten, wie Centcom-Chef Abizaid immer betonte, und deshalb rasch reduziert werden sollten. Vielmehr habe jede Truppenaufstockung, die wie in Tall Afar oder Ramadi mit einer neuen Einsatztaktik einherging, mehr Ruhe und Sicherheit gebracht. Mit der Unterstützung des angesehenen Keane gewannen die Ideen dieser Mitarbeiter, die sich selbst «Surgios» (Aufstocker) nannten, an Einfluss. Der Präsident war beeindruckt, gab sich aber nach außen bedeckt. Mitte Dezember sagte er seinem Sicherheitsberater, dass er sich mit einer Entscheidung für den *Surge* angefreundet habe. Vor einer öffentlichen Ankündigung wolle er allerdings die Irak-Reise seines neuen Verteidigungsministers abwarten.[49] Auch musste Bush erst noch den irakischen Premierminister Maliki überzeugen, der neuen Strategie zuzustimmen.

Das Jahr 2006 endete mit einem Paukenschlag. Nachdem ein irakisches Sondertribunal Saddam für ein wenig bekanntes Massaker zum Tode verurteilt hatte, wurde der Diktator am 30. Dezember gehängt. Aber seine Hinrichtung brachte nicht die erhoffte nationale Katharsis nach seiner jahrzehntelangen Tyrannei, zumal seine bestialischen Verbrechen gegen die Kurden und Schiiten nicht juristisch aufgearbeitet wurden. Auch die Umstände der trotz amerikanischer Bedenken überhastet angeordneten Vollstreckung waren nicht dazu angetan, die Spannungen im Irak abzubauen. Wie ein mit einer Handykamera illegal geschossenes und umgehend veröffentlichtes Video dokumentierte, schmähten die hauptsächlich schiitischen Zeugen einen stoischen Saddam bei seinem Gang zum Galgen und ließen den radikalen Schiiten-Prediger Sadr hochleben. Die irakischen Sunniten, aber auch große Teile der arabischen Welt sahen die Hinrichtung als Siegerjustiz und Racheakt der schiitischen Maliki-Regierung, die von persönlichem und religiösem Hass getrieben war. Selbst im Tod brachte Saddam dem geschundenen Land keine Ruhe.

Am Silvestertag 2006 starb der 3000. US-Soldat seit dem Einmarsch. Schon jetzt dauerte der Irakkrieg länger als jeder andere militärische Konflikt in der amerikanischen Geschichte mit Ausnahme des Vietnam- und des Unabhängigkeitskriegs. Zudem kehrten die letzten Verbündeten den USA den Rücken. Nach seinem Wahlsieg über Silvio Berlusconi hatte der neue italienische Ministerpräsident Romano Prodi im April 2006 angekündigt, die 2600 Soldaten des Landes sofort abzuziehen. Im Juni beorderten sein japanischer und sein slowakischer Amtskollege, Junichiro Koizumi und Robert Fico, ihre 600 beziehungsweise 110 Aufbauhelfer zurück. Sogar der treueste Verbündete Bushs, der britische Premier Tony Blair, sprach sich für die Empfehlungen der *Iraq Study Group* aus und ordnete den Abzug von 1600 Mann aus dem Süden des Landes an. Auch Dänemark, Polen, Südkorea und Litauen reduzierten ihre Truppen oder holten sie ganz nach Hause. Die USA schienen die unabwendbare Niederlage alleine durchstehen zu müssen.

9. Die *Surge*-Strategie und die Stabilisierung des Irak

Lange Zeit hatte Bush die Zügel in der Irakpolitik schleifen lassen und sich Wunschdenken hingegeben. Erst die katastrophale Entwicklung des Jahres 2006 ließ ihn realisieren, dass den USA eine Niederlage und ihm das Scheitern seiner Präsidentschaft drohten. In dieser fast aussichtslosen Situation zeigte Bush Qualitäten, die nach den Anschlägen von 9/11 aufblitzten, aber bei der Rechtfertigung und Exekution des Irakkriegs verloren gegangen waren: ein ernsthaftes und unvoreingenommenes Prüfen aller Optionen, strategische Weitsicht und Führungsstärke. Er schlug die Empfehlungen der *Baker/Hamilton-Kommission* und den Rat seiner obersten Militärs in den Wind und entschied sich gegen alle Widerstände für eine Kraftanstrengung, um im Irak doch noch eine Wende herbeizuführen. Am 10. Januar 2007 kündigte der Präsident in einer Fernsehansprache an die Nation einen radikalen Kurswechsel seiner Irakpolitik an:

> Die Situation im Irak ist inakzeptabel für das amerikanische Volk, und sie ist inakzeptabel für mich. Unsere Truppen im Irak haben tapfer gekämpft. Sie haben alles getan, was wir sie zu tun baten. Wo Fehler gemacht wurden, liegt die Verantwortung bei mir. Es ist klar, dass wir unsere Strategie im Irak ändern müssen. … Ein Fehlschlag im Irak wäre ein Desaster für die USA. … Ich habe mich deshalb zur Entsendung von mehr als 20 000 zusätzlichen amerikanischen Soldaten entschlossen. … Sie werden an der Seite irakischer Einheiten arbeiten und in ihre Formationen eingebettet sein. … Eine erfolgreiche Strategie für den Irak geht über Militäroperationen hinaus. Gewöhnliche irakische Bürger müssen sehen, dass Militäroperationen begleitet werden von sichtbaren Verbesserungen in ihren Stadtteilen und Gemeinden. … Wenn wir in diesem entscheidenden Moment unsere Unterstützung erhöhen und den Irakern

> helfen, den gegenwärtigen Zyklus der Gewalt zu durchbrechen, können unsere Truppen früher zurückkehren.[1]

Erstmals übernahm Bush damit nicht nur die volle Verantwortung für die Fehler im Irak, sondern traf auch strategische Grundsatzentscheidungen. Allen, die einen sofortigen Abzug forderten, hielt er entgegen, dass dann die irakische Regierung stürzen werde. Kern der neuen Strategie war eine «Aufstockung» [*Surge*] der US-Truppen, die vor allem in Bagdad und in den von den Aufständischen und Al Khaida dominierten Provinzen zum Einsatz kommen sollten. Knapp vier Jahre nach der Invasion waren damit erstmals wesentliche Bedingungen für eine Stabilisierung des Landes gegeben: amerikanische Soldaten in ausreichendem Maße, eine klare Anti-Guerillastrategie und Führung aus Washington.

Innenpolitisch war die Truppenaufstockung höchst unpopulär: Fast zwei Drittel der Amerikaner lehnten sie ab. Vor allem bei demokratischen und nicht-parteigebundenen Wählern gab es kaum noch Unterstützung für den Irakkrieg. Präsidentenberater Karl Rove gestand in seinen Memoiren ein: «In der Irakfrage besaßen wir nur noch geringe Glaubwürdigkeit in der Öffentlichkeit. ... [N]ur elf Prozent unterstützten eine Eskalation des Kriegs durch zusätzliche US-Truppen, was genau das war, was Bush vorschlug zu tun.»[2] Der demokratische Senator Barack Obama sprach für die meisten seiner Parteifreunde, als er Bush entgegnete:

> Ich bin nicht überzeugt, dass 20 000 zusätzliche Soldaten im Irak dort die Gewalt zwischen den Konfessionen lösen werden. Offen gesagt, glaube ich, dass es das Gegenteil tun wird. Ich denke, es nimmt den Druck von den Irakern, die politische Übereinkunft zu erreichen, von der jeder Beobachter glaubt, dass sie die ultimative Lösung für die Probleme ist, die wir dort haben. Ich werde den Vorschlag des Präsidenten aktiv ablehnen. ... Ich denke, er liegt falsch.[3]

Widerstand kam auch von Republikanern. Senator Chuck Hagel nannte den Plan «den gefährlichsten politischen Fehler in diesem Land seit Vietnam».[4] Das Repräsentantenhaus missbilligte den *Surge*, im Senat versagten 56 der 100 Mitglieder, darunter auch sieben Republikaner, dem Präsidenten die Unterstützung. Allerdings konnte sich der Kongress nicht dazu durchringen, die Gelder für den Irakkrieg zusammenzustreichen und den Einsatz damit zu beenden. Ein wichtiger Politiker durfte sich bestätigt sehen: der republikanische Senator John McCain. Er hatte die Irakpolitik der Regierung seit der von ihm unterstützten Invasion scharf kritisiert und seit langem eine Truppenaufstockung und einen Strategiewechsel gefordert.

Ein neues Team mit neuer Strategie

Umsetzen sollte die neue Strategie General David Petraeus. Bush hatte ihn am 5. Januar in Nachfolge von General Casey zum mittlerweile vierten Oberkommandierenden der amerikanischen Streitkräfte im Irak ernannt. Da der Präsident gleichzeitig mit William Fallon einen neuen Centcom-Chef bestellte und Botschafter Khalilzad durch Ryan Crocker ersetzte, stand Anfang Januar 2007 eine frische Mannschaft bereit, der US-Irakpolitik eine neue Richtung zu geben.

Mit Petraeus wählte Bush den in der Guerillabekämpfung mit Abstand versiertesten General für die Aufgabe. Schon nach der Invasion im März 2003 hatte dieser als Kommandant der US-Truppen in Mosul erfolgreich versucht, die Repräsentanten des alten Regimes zu kooptieren und sie nicht in den Widerstand zu treiben. Er setzte auf Wiederaufbauprojekte, Arbeitsbeschaffungsprogramme und enge Zusammenarbeit mit der lokalen Bevölkerung, wobei ihm seine Erfahrungen beim *Nation Building* in Bosnien und in Haiti zugute kamen. Petraeus' Verwaltung von Mosul war eine der wenigen Erfolgsgeschichten der Besatzungszeit, auch wenn sich die Sicherheitslage in der Stadt nach seinem Weggang im Februar 2004 deutlich verschlechterte. Im Juni kehrte der General zu einem zweiten Einsatz in den Irak zurück, um den schleppenden Aufbau der Sicherheitskräfte neu zu organisieren. Während der nächsten 15 Monate gelang es ihm, dem richtungslosen Programm Fokus zu verleihen und 100 000 Sicherheitskräfte zu schulen. Allerdings gerieten Teile der Polizei unter die Kontrolle schiitischer Gruppen und Todesschwadronen, die sie gezielt gegen Sunniten einsetzten.

Von Oktober 2005 bis Ende 2006 übersah Petraeus, der in Princeton seinen Doktor in Internationaler Politik gemacht hatte, in Fort

Leavenworth die Ausbildung von Armeeoffizieren und die Weiterentwicklung der Militärdoktrin. In einem vielbeachteten Artikel in *Military Review* reflektierte er über seine Erfahrungen bei der Aufstandsbekämpfung im Irak. Er konstatierte, dass das amerikanische Militär nicht auf Guerillakriege vorbereitet war, wie es sie in Afghanistan und im Irak vorfand, und entwickelte 14 «Beobachtungen», wie man sie gewinnen könne.[5]

Zwar war Petraeus nicht der erste, der solche Gedanken zu Papier brachte, aber seine Vorschläge besaßen besonderes Gewicht, weil er sie systematisch entwickelt, geprüft und zum Teil schon in der Praxis erprobt hatte. Sie bildeten das Rückgrat eines neuen Handbuchs der Armee und des Marine Corps zur Aufstandsbekämpfung, das unter seiner Leitung ausgearbeitet und im Dezember 2006 veröffentlicht wurde – 20 Jahre nach dem letzten entsprechenden Handbuch der Armee und 25 Jahre nach dem des Marine Corps.[6] Das neue Handbuch war sowohl eine vernichtende Kritik an der Art, wie der Irakkrieg bisher geführt worden war, als auch eine Blaupause, wie man es künftig besser machen könne. Als zentrales Ziel gab es aus, Operationen der Phasen III und IV zu verschmelzen. Kampfhandlungen und Wiederaufbau sollten Hand in Hand gehen, selbst eine enge Kooperation mit dem Außenministerium stellte jetzt kein Tabu mehr dar. Das Handbuch, das Offizieren im Feld allgemeine Handlungsanleitungen gab, empfahl, die Anti-Guerillapolitik breit zu fächern, die Sicherheit und Lebensbedingungen für die Bevölkerung zu verbessern und die Legitimität der Regierung im Gastland zu erhöhen. Dafür hielt es mindestens 20 Sicherheitskräfte pro 1000 Einwohner für nötig.

Der Beginn des *Surge*

Anhand dieser Richtlinien begann Petraeus, nach seiner Ankunft im Irak am 7. Februar 2007 Al Khaida und die Aufständischen zu bekämpfen. Dabei konnte er darauf aufbauen, was Odierno, der als Stellvertretender Kommandeur für das operative Tagesgeschäft zuständig war, in seinen ersten Wochen an Einsatzplänen und Taktiken ausgearbeitet und in seinem Plan *Security Now* zusammengefasst hatte. Das Herz der neuen Strategie bildete die Aufstockung der

US-Truppen. Sie begann noch im Januar 2007. Am 14. Februar lancierte Petraeus den *Bagdad-Sicherheitsplan*. Amerikanische Kampfbrigaden begannen, Stadtteil für Stadtteil von Guerillas und Milizionären zu säubern, wobei sie sich zunächst auf die Streifen zwischen schiitischen und sunnitischen Wohngebieten konzentrierten. Im Gegensatz zu früheren Operationen, als das gewonnene Terrain bald wieder in die Hände der Aufständischen fiel, ermöglichten es die zusätzlichen Truppen, das befriedete Areal zu halten. Kleine Gruppen amerikanischer Soldaten bezogen mit irakischen Kameraden 75 gemeinsame Stützpunkte in der Stadt. Alle Offiziere erhielten neue Einsatzregeln, die in direktem Widerspruch zum bisher praktizierten Vorgehen standen. Die wichtigsten lauteten:

- «Sichere die Menschen dort, wo sie schlafen.
- Verlasse nie die Basis ohne einen Iraker.
- Konzentriere dich nicht auf Bomben, sondern auf das Netz, das sie legt.
- Erweise den Menschen Gerechtigkeit und Ehre. … Wir sprechen über Demokratie und Menschenrechte, Iraker sprechen über Gerechtigkeit und Ehre.
- Geh raus und gehe umher – das heißt, patrouillere zu Fuß.»[7]

Die US-Streitkräfte riegelten die gefährlichsten Gegenden und Märkte mit vier Meter hohen Betonmauern ab, um den Sprengstoff- und Waffenschmuggel zu unterbinden und die Bewohner vor Anschlägen zu schützen. Maliki kritisierte den Mauerbau zwar öffentlich, bat Petraeus aber privat, ihn fortzuführen, zumal die Stadtteilräte ihn billigten. Dazu kamen Ausgangssperren und Fahrverbote. Erste Erfolge stellten sich ein. Im Bezirk Adhamija zum Beispiel fiel die Mordrate nach Bau der Mauer von zehn auf zwei pro Woche. Diese *Clear, Control and Retain*-Strategie erhöhte nach und nach die Sicherheit der irakischen Zivilisten und erlaubte es, die wichtige Stromversorgung zu verbessern und Aufbauprojekte voranzutreiben.

Aber die Truppenaufstockung und der Schutz der Zivilbevölkerung waren nur ein Teil der neuen Anti-Guerilla-Strategie. Parallel dazu bemühte sich Petraeus um eine Allianz mit verhandlungswilligen Aufständischen. «Die große Idee ist», gab der General aus, «dass man sich nicht aus einem Aufstand heraustöten kann.»[8] Gezielt umwarben er und seine Leute sunnitische Scheichs für den Kampf gegen Al Khaida. Viele von ihnen waren der blutigen Bombenattentate der Islamisten und ihrer extremen Anwendung der Scharia überdrüssig und erhofften sich von der Zusammenarbeit mit den USA ein Gegenwicht zu den politisch dominierenden Schiiten. Insgesamt vereinbarte das amerikanische Militär Waffenstillstände mit 779 lokalen Milizen. Sie schlossen sich oft in *Erweckungs-* oder *Bürgerräten* zusammen, die zum Jahresende 73 000 Kämpfer zählten. Diese erhielten zwar keine explizite Amnestie, aber waren jetzt de facto Verbündete. Ihre Entlohnung von 10 Dollar am Tag übernahm gemäß Petraeus' Motto ‹Geld ist Munition› das US-Militär. In der Tat hatten sich viele Kämpfer dem Aufstand aus finanziellen Gründen angeschlossen.

Botschafter Crocker, einer der besten Kenner der arabischen Welt im Auswärtigen Dienst der USA, trug diese Strategie mit. Das war bemerkenswert, lag das zivil-militärische Verhältnis im Irak doch seit Bremers und Sanchez' Tagen im Argen. Petraeus und Crocker scharten gezielt Berater mit Erfahrung in der Region um sich. Botschaft und Militärgeheimdienst verfügten nun erstmals über genügend Spezialisten für den Mittleren Osten. Gleichzeitig kündigte Außenministerin Rice an, mit Syrien und Iran direkte Gespräche über für den Irak relevante Fragen zu beginnen. Damit folgte sie einer Empfehlung der *Baker/Hamilton-Kommission* und signalisierte die Bereitschaft der Administration, den Zufluss von Geld, Waffen und Know-how an Aufständische auch auf diplomatischem Weg zu unterbinden. Tatsächlich war Teheran über die libanesische Hisbollah und die Al-Kuds-Brigaden seit 2003 im Irak aktiv und hatte sein Engagement 2006 und insbesondere nach Beginn des *Surge* ausgeweitet. Dabei unterstützte es nicht nur extreme schiitische Milizen, sondern auch sunnitische Aufständische und sogar Al Khaida.[9] Vor allem aus Iran geschmuggelte panzerbrechende Projektile, sogenannte *Explosively Formed Penetrators* (EFPs), töteten viele US-Soldaten und irakische Sicherheitskräfte. In den ersten direkten Gesprächen mit einem Vertreter der iranischen Regierung seit 27 Jahren, ihrem Botschafter in Bagdad, machte Crocker am 28. Mai und 14. Juli 2007 unmissverständlich klar, dass die Vereinigten Staaten solchen Destabilisierungsversuchen entgegentreten würden. Zwar beteuerte die iranische Seite ihre Unterstützung für die Maliki-Regierung, aber sie schränkte ihre subversiven Tätigkeiten nicht ein. Die USA sahen deshalb keinen Sinn in weiteren Gesprächen und verschärften den militärischen Kampf gegen die von Iran protegierten radikalen Zellen. Nach und nach schalteten die amerikanischen Streitkräfte alle wichtigen Zellenführer aus und unterbrachen die Nachschub- und Kommunikationswege zu Iran.

Petraeus und Odierno wussten, dass sie ihre Irak-Strategie nicht schematisch durchsetzen konnten, sondern sie stets den Entwicklungen anpassen mussten. Sie versammelten deshalb ein Team von zwei Dutzend unkonventionellen Beratern um sich, die meisten davon Offiziere, die Doktortitel der besten amerikanischen Universitäten und Kampferfahrung im Irak besaßen. Dazu kamen David Kilcullen, ein australischer Anti-Guerilla-Spezialist, Sadi Othman, ein eingebürgerter Palästinenser, Emma Sky, eine britische Irak-Expertin und Pazifistin, Stephen Biddle vom *Council of Foreign Relations* und Toby Dodge, ein Akademiker aus Großbritannien. Fast alle Mitglieder dieses *Joint Strategic Assessment Team* (JSAT) hatten den Irakkrieg abgelehnt. Geführt wurden sie von Petraeus, der die Invasion 2003 einem *Washington Post*-Reporter gegenüber mehrfach mit dem Satz «Sagen Sie mir, wie das endet» kommentiert und damit seine ganze Skepsis gegenüber dem Unterfangen zum Ausdruck gebracht hatte.[10] Jetzt fiel es dieser Gruppe von Dissidenten und Außenseitern zu, den Irak unter den misstrauischen Augen der Pentagon-Generäle vom Abgrund zurückzureißen und soweit zu befrieden, dass die US-Truppen ihre Präsenz im Land verringern konnten.

Dabei war unbestritten, dass der *Surge* und die erhoffte Stabilisierung der Sicherheitslage in eine politische Lösung münden müssten. Konkret hieß das, der irakischen Regierung einen Spielraum zu verschaffen, ein nationales Versöhnungsprogramm mit den Sunniten zu beginnen und dadurch die radikalen Milizen und Al Khaida zu isolieren. Außerdem sollte der *Surge* Zeit gewinnen für die Ausbildung der irakischen Sicherheitskräfte, so dass diese mehr und mehr Operationen von den USA übernehmen könnten. Beides kam aber nur langsam voran: Die drei wichtigsten schiitischen Parteien vertraten unterschiedliche gesellschaftliche Gruppen, hatten unvereinbare Vorstellungen von der Rolle des Islam im Staat sowie von Iraks Beziehungen zu Iran und rivalisierten in der Regierungskoalition um Macht und Positionen.

Auch setzten sie alles daran, die Polizei und das jeweils von ihnen kontrollierte Ministerium mit ihren Parteigängern und Milizen zu infiltrieren. Wiederholt versuchte auch Maliki, gemischtreligiöse Brigaden zu verhindern und Sunniten auszuschließen. Er befürchtete, die sunnitischen Kämpfer könnten sich verselbständigen und eine eigene Kraft im Staat bilden, wenn die Amerikaner abzögen. Zumindest distanzierte sich der Premierminister von Schiitenprediger Sadr und erlaubte es Petraeus im Gegensatz zu dessen Vorgänger, gezielt die radikalsten Führer der schiitischen Milizen gefangenzunehmen oder zu töten.

Im Rückblick wird oft unterschätzt, wie schwierig die ersten Monate des *Surge* waren. Die Fußpatrouillen und das Beziehen von kleinen Außenposten brachten die Soldaten zwar in engen Kontakt mit der Bevölkerung, setzten sie aber auch neuen Gefahren aus. Der Vorstoß in die Bastionen der Schiiten-Milizen und Al Khaidas kostete einen hohen Blutzoll. Zudem beantwortete Al Khaida den *Surge* mit einer Gewaltwelle. Im April 2007 überzog sie den Irak mit der schlimmsten Autobomben-Serie des gesamten Kriegs und tötete viele hundert Zivilisten. Extreme Splittergruppen von Sadrs Mahdi-Miliz verübten mit Hilfe Irans und des Hisbollah grausame Attentate. In Ramadi setzten sie sogar mehrmals Chemiewaffen ein, indem sie Lastwagen mit giftigem Chlorgas zur Explosion brachten. In den ersten drei Monaten nach Beginn des *Surge* gab es kaum Anzeichen, dass er erfolgreich sein würde – im Gegenteil. Die Zahl der Anschläge und getöteten Soldaten erreichte Höchststände. Petraeus beschrieb diese Phase später als «unerträglich».[11]

In den USA, wo der *Surge* von Anfang an keine Mehrheit in Militär, Politik und Öffentlichkeit fand, wuchs der Widerstand. Anfang April lehnten es gleich drei pensionierte Generäle ab, die Irakpolitik vom Weißen Haus aus zu koordinieren, weil sie den *Surge* für einen Fehler hielten. Der Mehrheitsführer im Senat, Harry Reid, erklärte den Krieg am 19. April für verloren. Eine Woche später verabschiedete der Kongress ein Gesetz, das einen Nachtragshaushalt für die US-Streitkräfte nur unter der Auflage genehmigte, den Abzug aus dem Irak am 1. Oktober zu beginnen. Bush verhinderte sein Inkrafttreten mit einem Veto, der Kongress lenkte ein. Am 25. Juni 2007 forderte selbst der angesehenste Außenpolitiker im Senat, der Republikaner Richard

Lugar, ein Ende des *Surge*. Auch der neue Centcom-Chef Fallon drängte darauf, die Truppen im Irak zu reduzieren und die Aufstandsbekämpfung den einheimischen Sicherheitskräften zu übertragen.

Währenddessen kam der Aussöhnungsprozess kaum voran. Crocker und Petraeus bedrängten Maliki und die Mitglieder seiner Regierungskoalition, die gesetzlichen Grundlagen für eine Besserstellung der Sunniten und eine gerechte Verteilung der Öl-Einnahmen zu schaffen. Da sich Bush aber weigerte, direkten Druck auf den irakischen Premier auszuüben und ihm alle zwei Wochen eine Videokonferenz gewährte, blieb ihr Einfluss in dieser Frage begrenzt. Allerdings stand der Präsident hinter dem *Surge*. Jeden Montag Morgen diskutierte Petraeus per Videokonferenz den Fortgang des Kriegs direkt mit Bush, der sich als wohlinformiert erwies, gute Fragen stellte und ihm den Rücken stärkte. Fallon, obwohl nominell Petraeus' Vorgesetzter, konnte diesem persönlichen Draht des Kommandeurs im Irak zu Bush nichts entgegensetzen und verlor an Einfluss. Im Juni 2007 feuerte Gates sogar die letzten Vertrauten Rumsfelds im Generalstab, nämlich seinen Vorsitzenden Pace und dessen Stellvertreter Giambiastiani, die wie Fallon der Truppenaufstockung skeptisch gegenüberstanden.

Die Wende im Irakkrieg

Fünf Monate nach Beginn des *Surge* standen Petraeus 31 000 zusätzliche Soldaten – und damit die Hälfte mehr als von Bush angekündigt – zur Verfügung. Die eine Hälfte davon kam in Bagdad, die andere in den angrenzenden Unruheprovinzen zum Einsatz. Die frischen Truppen, die zum größten Teil schon einmal im Irak stationiert gewesen waren und Erfahrung im Land gesammelt hatten, attackierten vor allem die Infrastruktur der Aufständischen: ihre Bombenwerkstätten, Waffenlager und Verstecke in den Randbezirken der Hauptstadt. Anfang Juni schloss Odierno den Ring um Bagdad und schnitt Al Khaida damit von ihren Rückzugsräumen ab. Auch verstärkten die *Surge*-Truppen die Kontrolle der Grenze zu Syrien, über die pro Monat bis zu 90 ausländische Dschihadisten einsickerten. Trotz aller Schwierigkeiten und Rückschläge entfaltete der *Surge* langsam Wirkung. Schon während die US-Truppen immer mehr Gefallene zu beklagen hatten, ging die Zahl der getöteten irakischen Zivilisten zurück. Ein erneuter Bombenanschlag auf die Askariya-Moschee in Samarra am 13. Juni 2007 zerstörte zwar die beiden Minarette, führte im Gegensatz zum Anschlag zwei Jahre zuvor aber nicht wieder zu Gewaltexzessen. Bald verloren die Selbstmord- und Autobombenattentate an Schlagkraft. Mit der Verbesserung der Sicherheitslage bekamen die Streitkräfte mehr Tipps aus der Bevölkerung über Aufenthaltsorte und Pläne der Aufständischen und erfuhren die Namen der Al-Khaida-Führer. Der Schutz der Zivilbevölkerung hatte also, wie von den Anti-Guerilla-Experten erhofft, unmittelbare Folgen für die Effektivität der Militäroperationen.

Im Juni ordnete Petraeus die erste von mehreren Großoffensiven gegen Al Khaida an, die viele führende Köpfe der Terrororganisation ausschaltete und ihre Kämpfer weitgehend aus der Hauptstadtregion vertrieb. Schritt für Schritt gelang es den US-Streitkräften, den Irak vom Abgrund eines Bürgerkriegs und *Failed State* zurückzuholen und den Aufständischen die strategische Initiative zu entwinden. Im Sommer 2007 kehrten Kenneth Pollack und Michael O'Hanlon, zwei der besten Kenner der Lage im Irak, von einer Reise in das Land zurück. Beide hatten die Invasion unterstützt, aber die Nachkriegsplanung und die «miserable» Besatzungspolitik scharf kritisiert. In einem Artikel in der *New York Times* mit dem Titel *A War We Just Might Win* schrieben sie am 30. Juli, sie seien überrascht gewesen von den Fortschritten und «dem Potential für eine nachhaltige Stabilität, mit der wir und die Iraker leben könnten».[12] Die Moral der Truppe sei höher als früher, ihr Vertrauen in Oberbefehlshaber Petraeus enorm, die zivilen Opferzahlen hätten sich seit Jahresbeginn um ein Drittel reduziert, die zivilen Projekte kämen voran und der Aufbau der irakischen Armee mache Fortschritte. Der Kongress solle deshalb die Anstrengungen mindestens bis Ende 2008 unterstützen.

In der zweiten Jahreshälfte verbesserte sich die Sicherheitslage weiter. Zwar kam es immer wieder zu Rückschlägen; allein am 14. August forderten koordinierte Bombenanschläge in der Nähe von Mosul fast 800 Tote. Aber die Gesamtzahl der Attentate und anderer Gewaltakte fiel deutlich. In Bagdad nahmen die Anschläge und Angriffe von Beginn des *Surge* im Januar 2007 bis September um die Hälfte ab. Einige Beobachter wie Peter Galbraith führten dies darauf zurück, dass die Hauptstadt nach den Vertreibungen von Sunniten und Schiiten aus gemischtreligiösen Stadtteilen weitgehend separiert und damit das Konfliktpotential geringer geworden war.[13] Aber Befragungen des US-Militärs zeigten, dass diese Trennung anhand religiöser Linien überschätzt wurde und Bagdad noch immer viele gemischtreligiöse Bezirke besaß. Im Herbst 2007 öffneten Geschäfte und Märkte wieder, und eine gewisse Normalität kehrte in die Hauptstadt zurück. Endlich fiel auch die Zahl der getöteten amerikanischen Soldaten, von 126 im Mai auf 93 im Juni, 66 im Juli und 55 im August.[14]

Am 3. September 2007 konnte Präsident Bush die US-Militärbasis in der Provinz Anbar besuchen, was ein Jahr zuvor noch zu gefährlich gewesen wäre. Ein Geheimdienstbericht der Marines hatte Anbar damals als an Al Khaida verloren bezeichnet.[15] Ein zentraler Grund für die positive Entwicklung war die Tatsache, dass viele sunnitische Scheichs mit ihren Kämpfern aus der Front der Aufständischen ausbrachen und mit den USA zu kooperieren begannen. Petraeus tat alles, um diesen Seitenwechsel zu zementieren. Mit echten und gespielten Wutausbrüchen bestürmte er Maliki, den sunnitischen Kämpfern, die sich *Söhne des Irak* nannten, eine Perspektive zu bieten. «Diese Söhne des Irak in die Sicherheitskräfte zu integrieren, ist essentiell für einen Fortschritt gegen AQI [Al Khaida im Irak]», sagte der General dem Premierminister unter Verweis auf dessen Erzfeind.[16] Trotzdem dauert es sechs Monate, bis die Bagdader Regierung die ersten sunnitischen Bewerber für das Polizeitraining akzeptierte. Selbst danach ging es nur langsam voran, und es gab immer wieder Rückschläge. Es bedurfte zeitaufwändiger und steter Bemühungen von Petraeus und Crocker, Maliki auf dem eingeschlagenen Kurs zu halten.

Schließlich eröffnete die Bagdader Regierung den Scheichs, die die Provinzwahlen im Januar 2005 boykottiert hatten, eine Rolle im politischen Prozess und leitete Haushaltsmittel nach Anbar. 20 000 *Söhne des Irak* sollten in die irakische Armee integriert werden. 46 800 Mitglieder von Saddams Streitkräften, darunter 270 Generäle, erhielten Pensionen oder einen Arbeitsplatz. Hauptverantwortlich für die Wende in Anbar war Scheich Abdul-Sattar Abu Risha, der als der lokale sunnitische Führer in Ramadi den Erweckungsrat organisierte.

Im Weißen Haus war man so angetan von ihm, dass die Presseabteilung während des Bush-Besuchs in der Provinz unbedingt ein Foto mit ihm machen wollte. Das Bild zeigt einen freudigen Präsidenten, der die Hand eines ernst dreinblickenden Abu Risha schüttelt, im Hintergrund stehen Petraeus, Gates und Rice. Wie gefährlich es jedoch nach wie vor war, sich offen an die Seite der Amerikaner zu stellen, zeigte sich schon zehn Tage später: Da war Abu Risha tot, zerfetzt von einer Al-Khaida-Bombe in der Nähe seines Hauses.

Im Spätsommer ging Maliki endlich gegen schiitische Extremisten vor. Ein weiterer Gewaltakt von Mahdi-Milizionären in Karbala am 26. August 2007 erregte ihn so sehr, dass er mit umgeschnallter Pistole ins Büro des dortigen Provinzrats marschierte und eigenhändig ein Ratsmitglied verhaftete. Kurz darauf ordnete Sadr einen sechsmonatigen Waffenstillstand für seine Kämpfer an. Damit hatte Petraeus nicht nur an der militärischen, sondern auch an der politischen Front im Irak entscheidende Fortschritte erzielt.

Der *Surge* unter innenpolitischem Beschuss

Ein weiterer Kampf stand aber noch aus: der um die öffentliche Meinung in den USA. Er fand am 11. September statt, als Petraeus vor einem skeptischen Senatsausschuss für internationale Beziehungen erstmals einen Lagebericht über den *Surge* geben musste. Daniel Gergen, der fünf Präsidenten als Berater gedient hatte, nannte Petraeus' Aussage «die wichtigste […] eines Generals in den vergangenen 40 Jahren».[17]

Seinen Auftritt hatte der General minutiös und ohne Konsultation mit seinen militärischen Vorgesetzten oder der Bush-Regierung vorbereitet. «Die militärischen Ziele des Surge werden zu einem großen Teil erreicht», sagte Petraeus zu Beginn seines Berichts und dokumentierte dies mit Graphiken über den Rückgang der Anschläge und Opferzahlen.[18] Er betonte, dass die Gewalt im Grunde die Folge der Rivalität ethnischer und religiöser Gruppen um Macht und Ressourcen sei und nur eine langfristige Anstrengung die Probleme des Irak lösen könne. Erste US-Truppen könnten nicht vor Dezember 2007 zurückkehren, die gesamte Streitmacht würde frühestens im Juli 2008 ihr Niveau vor dem *Surge* erreichen. Botschafter Crocker unter-

General David Petraeus verteidigt am 11. September 2007 den *Surge* vor dem Senats-Ausschuss für internationale Beziehungen.

stützte in seinen Ausführungen vor dem Ausschuss diese Sicht von einer langsamen Verbesserung der Lage, musste aber eingestehen, dass ein Durchbruch bei der politischen Aussöhnung weiter ausstehe. Er betonte allerdings, dass jeder Abbruch oder jede wesentliche Einschränkung des *Surge* zu einem Fehlschlag des amerikanischen Irak-Engagements führen würde.

Trotz der ersten Erfolge des *Surge* hatte Petraeus keinen leichten Stand. Am Tag seines Kongressauftritts verunglimpfte ihn die Antikriegs-Gruppe *MoveOn* in einer ganzseitigen Anzeige in der *New York Times* mit der Schlagzeile «General Petraeus or General Betray Us?» (General Petraeus oder General Verrate Uns?) und klagte ihn an, «im Krieg mit den Fakten» zu sein.[19] Besonders pikant wurde der Auftritt Petraeus' dadurch, dass ihm in der Senatorenriege gleich fünf gewichtige Bewerber um die Präsidentschaftsnominierung ihrer Parteien gegenübersaßen – nicht nur Biden, der Ausschuss-Vorsitzende, sondern auch Hillary Clinton, Chris Dodd, Obama und McCain –, und er davon ausgehen musste, dass einer von ihnen in einem guten Jahr sein neuer Oberkommandierender sein würde. Biden sprach sich in seinem Eröffnungsstatement vehement für ein Ende des *Surge* aus und gab damit die Mehrheitsmeinung im Parlament und insbesondere in der Demokratischen Partei wieder. Clinton warf Petraeus vor, sein Bericht basiere auf der «willentlichen Aussetzung des Zweifels», und nannte ihn damit implizit unehrlich oder dumm.[20] Aber der General gewann auch an dieser Front. Bush ließ ihm über Keane ausrichten: «Ich will, dass Dave weiß, ich möchte ihn siegen sehen. Das ist die Mission. Er wird so viele Streitkräfte haben, wie er benötigt, und so lange, wie er sie benötigt.»[21] Das war eine Botschaft der totalen Unterstützung, kein Befehlshaber konnte sich mehr wünschen. Dass der Präsident sie einen pensionierten General auf Umwegen überbringen ließ, zeigte aber auch, wie wenig er seinem Militärestablishment noch vertraute. Als der neue Vorsitzende des Generalstabs, Michael Mullen, Keane seine häufigen Irak-Reisen zu Petraeus untersagte, hob das Weiße Haus diese Verfügung umgehend auf.

Angesichts der Stabilisierung des Irak und der zurückgehenden Gewalt rückten die Kriegsgegner von ihrer Forderung nach einem schnellen Truppenabzug ab. Bei der Debatte der Präsidentschaftsbewerber der Demokraten in Hanover, New Hampshire, am 26. September 2007 wollte keiner der wichtigen Kandidaten versprechen, dass im Januar 2013, also mehr als fünf Jahre später, keine amerikanischen Streitkräfte mehr im Irak stehen würden. «Ich denke, es wäre unverantwortlich», so etwas in Aussicht zu stellen, sagte etwa Senator Obama.[22] Auch das Medieninteresse am Irakkrieg versiegte. Nahmen entsprechende Berichte in den TV-Nachrichten während des Petraeus-Hearings noch 25 Prozent der Sendezeit ein, waren es Mitte 2008 nur mehr drei Prozent. Bei den Zeitungen fiel die Berichterstattung zwischen Anfang 2007 und Anfang 2008 um die Hälfte. Antikriegs-Demonstrationen zählten meist weniger als tausend Teilnehmer. Die Öffentlichkeit schien zwar nicht zu mögen, was ihr Petraeus als Strategie anbot, aber da niemand einen besseren Vorschlag hatte und sie – wenn auch unter hohen Anfangskosten – erfolgreich zu sein schien, akzeptierte sie sie. «Die Debatte ist weitermarschiert», konstatierte Verteidigungsminister Gates treffend.[23] Der Irakkrieg war noch nicht zu Ende, aber zumindest schien der Anfang vom Ende erreicht.

Erfolge und Misserfolge des *Surge*

Bis zum Jahresende 2007 fiel die bestätigte Zahl getöteter irakischer Sicherheitskräfte und Zivilisten von 3000 im Februar und März auf 550 im November und Dezember. Zum ersten Mal seit der Invasion verschlechterte sich die Lage im Irak nicht. Das Gewaltniveau ging auf das vom Frühjahr 2005 zurück, bevor die schiitische Regierung die Macht übernommen hatte. Die wichtigsten Gruppierungen im Irak vertrauten nun mehr den USA als sich gegenseitig und sahen in den amerikanischen Truppen zunehmend Beschützer und Vermittler. Ende des Jahres gelang es dem US-Militär zudem, die letzte Bastion Al Khaidas im Süden der Hauptstadt unter Kontrolle zu bekommen. Im Dezember ordnete Petraeus den Abzug der ersten seiner 20 Brigaden an.

Nach wie vor verweigerte sich Maliki jedoch einem politischen Kompromiss mit den Sunniten. Er war ein Nationalist, der sich mit einem kleinen Kreis von Beratern umgab, kaum jemandem traute, gleichzeitig aber die Machtbasis seiner Dawa-Partei ausbauen und als starker Führer gesehen werden wollte. Seine Einheitsregierung hatte bereits die Minister von Sadrs Partei verloren und drohte zu zerfallen. Erst ein Ultimatum der Kurden und Sunniten in seiner Regierung und massiver amerikanischer Druck überwanden die Stagnation. Am 12. Januar 2008 verabschiedete das irakische Parlament das *Gerechtigkeits- und Verantwortlichkeitsgesetz*. Viereinhalb Jahre nachdem Bremer in seinem ersten Erlass die Baath-Partei verboten und ihre Mitglieder aus Regierung und Armee entfernt hatte, ermöglichte das Gesetz niederrangigen Parteimitgliedern, Pensionen zu beziehen und in der Verwaltung in nicht-sicherheitsrelevanten Bereichen zu arbeiten. Einen Monat später folgten drei weitere Gesetze, die von den Sunniten geforderte Neuwahlen in den Provinzen anordneten, eine Amnestie primär für sunnitische Gefangene gewährten, die ohne Gerichtsverfahren eingesperrt worden waren, und den Provinzen Mittel aus dem Staatshaushalt zuwiesen. Allerdings gab es schon bald Kritik an der Ausführung der Gesetze. So verloren viele Sunniten ihren Arbeitsplatz im Verteidigungs- und Außenministerium, weil diese als «sicherheitsrelevant» definiert wurden. Wie so oft im Irak, lösten die Maßnahmen nichts endgültig und waren offen für Interpretationen und Nachverhandlungen.

Obwohl die USA militärisch und politisch tief im Irak involviert blieben, zeichnete sich ein Ende ihres Engagements ab. Selbst Bush und Petraeus, die wichtigsten Advokaten des *Surge*, stellten einen Truppenabbau in Aussicht. Außerdem machte die Maliki-Regierung klar, dass sie den UN-Sicherheitsrat ein letztes Mal bitten würde, das Mandat für die Koalitionsstreitkräfte um ein Jahr zu verlängern. Am 18. Dezember 2007 kam der Sicherheitsrat in Resolution 1790 diesem Wunsch nach. Spätestens im Herbst 2008 würden der Irak und die USA ein bilaterales Abkommen schließen müssen, das die Einzelheiten der Truppenstationierung festlegte. Die irakische Führung wollte ihre Souveränität ausweiten und auch über die Einsatzbedingungen für die amerikanischen Streitkräfte bestimmen. Sie verhandelte in dem Wissen, dass Washington und Bagdad ein gemeinsames Interesse hatten, iranische Einflussversuche im Irak zurückzudrängen, Al Khaida zu bekämpfen, die US-Truppen zu reduzieren und den irakischen Sicherheitskräften mehr und mehr Verantwortung zu übertragen.

Dass das amerikanische Militär nach wie vor unverzichtbar war, wurde Ende März 2008 klar. Ohne Konsultation mit Petraeus entschloss sich Maliki zu einem schlecht vorbereiteten Angriff auf Sadrs Milizen in der Hafenstadt Basra, die die britischen Besatzer auf den Flughafen vertrieben und einen rechtsfreien Raum geschaffen hatten. Die Regierungssoldaten gerieten rasch in die Defensive, und der Premierminister musste das US-Militär zu Hilfe rufen. Gemeinsam konnten sie die Kontrolle über die Stadt und den Hafen gewinnen, die wichtigsten Milizenführer dingfest machen und ihre großen, von Iran aufgebauten Waffenlager ausheben. Obwohl die Militäraktion katastrophal ausgeführt worden war, stärkte ihr glückliches Ende zusammen mit dem allgemeinen Rückgang der Gewalt Malikis Ruf in der Bevölkerung als entschlossener Führer. Fortan trat der Premierminister allerdings auch gegenüber den Amerikanern selbstbewusster und kritischer auf. Dabei waren es noch immer die Vereinigten Staaten, die wesentlich zur Stabilität im Land beitrugen. Die meisten der irakischen Armeeeinheiten benötigten die logistische Unterstützung amerikanischer Soldaten. Allein in den beiden am besten funktionierenden Ministerien, dem für Inneres und dem für Verteidigung, taten 2500 US-Zivil- und Militärberater Dienst.

Petraeus' Abgang und das irakisch-amerikanische Sicherheitsabkommen

Bei seinem nächsten Bericht vor den außenpolitischen Ausschüssen der beiden Kongresskammern am 8. und 9. April 2008 konnte Petraeus von einer weiteren Verbesserung der Sicherheitslage seit seinem letzten Auftritt berichten. Aber er sagte auch, der Fortschritt sei «fragil und umkehrbar».[24] Die US-Streitkräfte zu schnell zurückzuholen, könne deshalb den Erfolg des letzten Jahres gefährden. Nach Abzug der letzten *Surge*-Brigade im Juli 2008 wolle er deshalb sorgfältig prüfen, ob eine weitere Reduzierung der 140 000 Soldaten möglich sei. Auch weigerte sich Petraeus, wie von vielen Parlamentariern gefordert, sich auf einen Zeitplan festzulegen oder die Umstände zu spezifizieren, unter denen ein Abzug erfolgen könne. Damit sagte er implizit, dass die US-Truppen noch über viele Jahre im Irak bleiben müssten. Auf die Frage eines Abgeordneten, was «gewinnen» denn heiße, antwortete Petraeus: «... [W]as wir erreichen wollen, ... ist ein Land, das mit sich selbst und mit seinen Nachbarn im Frieden ist. Es ist ein Land, das sich verteidigen kann, das eine Regierung hat, die leidlich repräsentativ ist und im großen und ganzen verantwortlich gegenüber ihren Bürgern, und ein Land, das sich wieder in die internationale Wirtschaft einbringt und in ihr engagiert.» Er selbst sei wie Botschafter Crocker ein «Minimalist»: «Wir streben nicht nach dem Heiligen Gral im Irak. Wir streben nicht nach einer Demokratie à la Jefferson. Wir wollen Bedingungen, die unseren Soldaten erlauben, sich verzichtbar zu machen.»[25]

Mit seinen Ausführungen geriet Petraeus allerdings zwischen alle Stühle. Auf der einen Seite attackierten ihn fast alle Demokraten und einige Republikaner, denen der Truppenabzug nicht schnell genug ging und die eine klare Exit-Strategie aufgezeigt haben wollten. Auf der anderen Seite standen Republikaner wie Senator McCain, die den Irak noch immer in einen demokratischen Leuchtturm in der Region transformieren wollten, und denen die Ambitionen des selbsterklärten Minimalisten Petraeus nicht weit genug gingen. Was für den General allerdings zählte, war die Haltung seines Oberkommandierenden. Der erklärte am Tag nach den Hearings, dass er hinter Petraeus stehe und seine Strategie weiter vorbehaltlos unterstütze.

Ein kleines Zugeständnis machte Bush dem öffentlichen Druck aber: Er verkürzte die Einsatzdauer der Soldaten, die Gates zu Beginn des *Surge* Anfang 2007 verlängert hatte, von August an von 15 auf zwölf Monate.

Im Sommer 2008 beruhigte sich die Lage in der Anbar-Provinz, die noch zwei Jahre zuvor die gefährlichste Region im Irak gewesen war, soweit, dass die USA die Kontrolle am 1. September formal in die Hände der irakischen Sicherheitskräfte legen konnten. Al Khaida war fast aufgerieben, die Anschläge hatten um mehr als 90 Prozent abgenommen. Im Herbst ging die Dienstzeit von Petraeus zu Ende. Am 31. Oktober übernahm er Fallons Posten als Centcom-Chef, der nach einem öffentlich ausgetragenen Streit mit dem Weißen Haus über einen möglichen Militärschlag gegen Iran im März zurückgetreten war. Zu Petraeus' Nachfolger ernannte Gates dessen ehemaligen Stellvertreter Odierno. Als Petraeus den Irak im September verließ, hatte das Land eine vor 18 Monaten kaum von jemandem für möglich gehaltene Entwicklung genommen. Es war nicht, wie von vielen vorhergesagt, in einen Bürgerkrieg abgestürzt, sondern dank des *Surge* und der neuen amerikanischen Strategie Stück für Stück sicherer geworden. In weiten Landesteilen konnten die Iraker jetzt ein einigermaßen normales Leben führen. Ohne Petraeus wäre dieser Erfolg nicht zu erreichen gewesen. Sein Verständnis der strategischen und taktischen Dimension der Guerillabekämpfung, seine Führungsqualitäten, sein Mut und seine Energie ermöglichten die dramatischste Wende in einem Krieg der USA, seit General Douglas McArthur 1950 durch seine gewagte Landeoperation in Südkorea den sicher scheinenden Sieg des Nordens verhinderte.

Aber der *Surge* war primär ein taktischer Erfolg – und für manchen nicht einmal das. Der Irakexperte Peter Galbraith hielt die Reduzierung der Gewalt für die Folge glücklichen Timings, weil sich Schiiten und Sunniten nur für die nächste Runde des Bürgerkriegs nach dem Abzug der Amerikaner vorbereiteten. Auch sei Al Khaida nicht besiegt, sondern lediglich aus den sunnitischen Provinzen vertrieben, und gruppiere sich um Mosul neu. Die Stabilisierung sei deshalb ein vorübergehendes Phänomen infolge eines «Potemkinschen Surge».[26] Obwohl die Jahre 2008 und 2009 zeigten, dass diese Sicht zu pessimistisch war, blieb der *Surge* in der Tat auf strategischer Ebene unvollen-

Präsident Bush und der irakische Premierminister Nuri al-Maliki unterzeichnen in Bagdad am 14. Dezember 2008 ein Abkommen, das den Abzug der US-Truppen bis Ende 2011 festlegt.

det. Sein übergeordnetes Ziel war ja gewesen, der irakischen Regierung Zeit und Ruhe für einen politischen Durchbruch zu verschaffen. Die Maliki-Regierung und die anderen wichtigen Fraktionen erwiesen sich jedoch als unfähig, Grundsatzfragen wie das Wahlrecht oder die Verteilung der Öleinnahmen rasch und einvernehmlich zu regeln. Immer wieder kam es zu taktischen Manövern und Machtkämpfen. Ein kleiner Lichtblick war, dass oft in letzter Minute noch Kompromisse erreicht wurden und die Sicherheitskräfte wuchsen und zunehmend professioneller agierten.

Ende November 2008 schlossen die USA und der Irak ein Sicherheitsabkommen, das die Stationierung und den künftigen Einsatz der amerikanischen Streitkräfte regelte. Es ersetzte jene Uno-Resolutionen, die bisher die rechtliche Grundlage für die Anwesenheit der Koalitionstruppen auf irakischem Boden bildeten und zum 31. Dezember 2008 ausliefen. Das Abkommen über den *Abzug der US-Streitkräfte aus dem Irak und die Organisation ihrer Aktivitäten während ihres vorübergehenden Verbleibs im Irak* legte fest, dass sich die Kampftruppen bis Ende Juni 2009 aus allen Städten zurückziehen und alle Streitkräfte bis Ende 2011 das Land verlassen. Es machte darüber hinaus alle Einsätze der US-Armee vom Einverständnis der Regierung in Bagdad abhängig und verbot ihr, einen anderen Staat von irakischem Boden aus anzugreifen. Auch ordnete das Abkommen alle Ausländer im Land, mit Ausnahme amerikanischer Soldaten im Einsatz, der irakischen Justiz unter. Diese Maßnahmen stellten die Souveränität des Irak weitgehend wieder her.

Angesichts der Härte, mit der Bush bisher jeden Zeitplan für einen Rückzug abgelehnt hatte, waren die Konzessionen Washingtons enorm. Allerdings erbat Bagdad in Artikel 4, Absatz 1 «die zeitweilige Hilfe der US-Streitkräfte ... zur Erhaltung der Sicherheit und Stabilität, einschließlich der Kooperation bei Operationen gegen Al Khaida und andere terroristische Gruppen sowie gesetzlose Banden und Reste des alten Regimes» und versprach in Artikel 72, Absatz 2 eine Fortsetzung «der engen Zusammenarbeit bei der Stärkung und Aufrechterhaltung von Militär- und Sicherheitsinstitutionen und demokratischer Institutionen im Irak, ... einschließlich der Ausbildung, der Ausrüstung und der Bewaffnung.»[27] Diese Passagen eröffneten die Möglichkeit, dass US-Truppen über das Jahr 2011 hinaus im Lande blieben. Auch Bushs Nachfolger, der am 4. November gewählte Demokrat Barack Obama, würde also nach seiner Amtsübernahme am 20. Januar 2009 militärisch und politisch im Irak engagiert sein.

Für Bush endete seine vierte und letzte Reise in das Land, das zu befreien und zu demokratisieren er versprochen hatte, mit einer persönlichen Schmähung. Auf der Pressekonferenz mit Maliki nach der Unterzeichnung des Sicherheitsabkommens am 14. Dezember in Bagdad warf ein irakischer Journalist seine beiden Schuhe nach ihm und erntete dafür den Beifall der arabischen Welt.

10. Präsident Obama und das Ende des Irakkriegs

Als im Herbst 2007 der Vorwahlkampf um die Nachfolge Bushs begann, war der Krieg im Irak *das* zentrale Thema, vor allem bei den Demokraten. Viele Bewerber um die Nominierung ihrer Partei hatten nämlich die Kongressresolution im Oktober 2002 mitgetragen, die dem Präsidenten den Militäreinsatz erlaubte. Darunter befand sich auch die haushohe Favoritin, die New Yorker Senatorin und ehemalige First Lady Hillary Clinton. Sie verfügte über eine prall gefüllte Spendenschatulle, erstklassige politische Kontakte zu den Granden der Partei und einen erprobten Wahlkampfapparat. Aber schon in den ersten Vorwahlen in Iowa Anfang Januar 2008 konnte Barack Obama mit einem Sieg den Glauben an die Unausweichlichkeit von Clintons Nominierung erschüttern.

Hauptgrund seines Erfolgs war sein Versprechen des Neuanfangs und des Wandels, das er auch persönlich verkörperte. Obama vertrat Illinois erst seit drei Jahren als Senator in Washington und strahlte Jugendlichkeit, Unverbrauchtheit und Aufbruchwillen aus. Vor allem hatte er in einer Frage, die für viele Demokraten einen Lackmustest in den Vorwahlen darstellte, auf der richtigen Seite gestanden: dem Irakkrieg. Am 2. Oktober 2002, damals noch als Senator im Parlament von Illinois, hatte er gewarnt:

> Ich bin nicht gegen alle Kriege. ... Wogegen ich aber bin, ist ein dummer Krieg. ... Ein hastiger Krieg. Ein Krieg, der nicht auf Vernunft gründet, sondern auf Leidenschaft, nicht auf Prinzipien, sondern auf politischem Kalkül. ... Ich hege keine Illusionen über Saddam Hussein. Er ist ein brutaler Mann. Ein skrupelloser Mann. ... Die Welt und das irakische Volk wären besser dran ohne ihn.
> Aber ich weiß auch, dass Saddam keine unmittelbare und direkte Bedrohung für die USA oder seine Nachbarn darstellt ...

> Ich weiß, dass sogar ein erfolgreicher Krieg gegen den Irak eine US-Besatzung von unbestimmter Zeit erfordert, zu unbestimmten Kosten, mit unbestimmten Folgen. Ich weiß, dass eine Invasion im Irak ohne klare Begründung und ohne starke internationale Unterstützung nur die Flammen im Mittleren Osten anfacht, und die schlimmsten, nicht die besten Impulse der arabischen Welt befeuert, und den Rekrutierungsarm von Al Khaida stärkt.[1]

Die Rede wurde zwar im Land kaum wahrgenommen und beeinflusste den Ausgang der Irakkriegsdebatte auch nicht. Aber sie legte den Grundstein für Obamas spätere Präsidentschaftskampagne. Denn sie markierte «die früheste, klarste und am eloquentesten vorgetragene Opposition gegen den Krieg»[2] und sicherte dem wenig bekannten Politiker die Loyalität von Anti-Kriegsgruppen und leidenschaftlichen linken Aktivisten, die über große Macht in der Demokratischen Partei verfügen. Im Verlauf des Vorwahlkampfs verwies Obama immer wieder darauf, dass er in dieser entscheidenden Frage mehr Urteilsvermögen bewiesen habe als der Großteil des Washingtoner Establishments, darunter auch Hillary Clinton. Für den Fall seines Einzugs ins Weiße Haus versprach er einen baldigen Abzug der amerikanischen Truppen. Clinton dagegen musste ständig ihr «Ja» zur Kriegsermächtigung verteidigen. Auch wenn sie die Kriegführung seit 2004 zunehmend kritisierte, weigerte sie sich hartnäckig, ihre Zustimmung zur Invasion als Fehler zu bezeichnen und einen Zeitplan für ein Ende des Militärengagements vorzulegen. Aber sie betonte, in den letzten drei Jahren im Senat in Kriegsfragen wie Obama gestimmt zu haben, und lehnte wie er den *Surge* ab. Im April 2007 votierten beide gegen einen Nachtragshaushalt für die Kriegführung im Irak und in Afghanistan. Trotzdem gelang es Clinton nicht, die Irakfrage zu neutralisieren. Nach fünf Monaten erbittert geführter Vorwahlkämpfe gab sie Anfang Juni 2008 ihre Kandidatur auf.

Auch bei der Nominierung der Republikanischen Partei spielte der Irakkrieg eine wichtige Rolle, allerdings in ganz anderer Weise als bei den Demokraten. Ihre Anhänger unterstützten den Waffengang nach wie vor mehrheitlich, wenn auch wenig enthusiastisch. Für die Nominierung galt Senator McCain aus Arizona als *Frontrunner*. Er hatte den Krieg vehement unterstützt. Aber schon wenige Monate nach der Invasion kritisierte er die Besatzungspolitik scharf, vor allem die zu geringe Zahl amerikanischer Soldaten. Nach dem Abu-Ghraib-Skandal attackierte er auch Verteidigungsminister Rumsfeld mit großer Entschiedenheit. Die Mission selbst bezeichnete er allerdings nach wie vor als «notwendig, gewinnbar und nobel».[3] Anfang 2007, als der Krieg verloren schien und eine Mehrheit der Amerikaner einen Abzug wollte, bekam McCain insofern Recht, als sich Bush für eine Truppenaufstockung entschied. Allen, die in dieser Position eine unüberwindbare Hypothek für seinen Präsidentschaftskandidatur sahen, hielt McCain entgegen: «Ich würde lieber einen politischen Wahlkampf verlieren als einen Krieg.»[4] Ersteres schien ihm zu gelingen, in Windeseile noch dazu. Im Frühsommer 2007 geriet seine Kampagne vor allem wegen seiner Unterstützung des Irakkriegs ins Trudeln. Aber Petraeus' Kongressbericht über die Erfolge der ersten neun Monate des *Surge* im September 2007 belebte auch McCains Wahlkampf wieder. Sein Beharren, dass der Krieg bei einem Strategiewechsel noch gewinnbar sei, galt vielen Parteianhängern nun nicht mehr als Festhalten an einer verlorenen Sache, sondern als Ausdruck von Standhaftigkeit und Sachverstand. Außerdem half McCain sein Ruf als *Maverick*, als unkonventioneller Politiker, der über Parteigrenzen hinweg operierte. Er bot den Republikanern in einer Zeit, in der Bush und Cheney selbst in den eigenen Reihen an Glaubwürdigkeit eingebüßt hatten und im Land eine ausgeprägte Wechselstimmung herrschte, die beste Chance auf einen Wahlsieg. Schon Anfang März 2008 sicherte sich McCain die Nominierung seiner Partei. Gegen Obama wollte er siegen, indem er die eigene heldenhafte Rolle im Vietnamkrieg und seine Urteilsfähigkeit bei der Führung des Irakkriegs herausstellte.

Der Irakkrieg im Präsidentschaftswahlkampf

Im späten Juli 2008 traf der designierte Kandidat der Demokraten für die Präsidentschaftswahl in Begleitung zweier Senatoren mit großer militärischer Erfahrung zu seinem ersten Besuch im Irak ein. Petraeus betonte, er sei gegen einen Zeitplan für die Streitkräftereduzierung, weil er flexibel auf die Entwicklung der Sicherheit im Land reagieren können müsse. Aber Obama beharrte auf einem Abzug der Kampftruppen bis Mitte 2010 und unterstrich, ein Präsident müsse mehr im Blick haben als nur den Irak. Er brauche die Soldaten auch im Kampf gegen Al Khaida und die Taliban in Afghanistan. Unerwartete Schützenhilfe erhielt Obama vom irakischen Premierminister, der sich kurz vor dessen Ankunft mit einem Interview im *Spiegel* direkt in den US-Wahlkampf eingeschaltet hatte. Auf die Frage nach einem Abzug der amerikanischen Truppen antwortete Maliki nämlich: «Was uns angeht, so bald wie möglich. Der US-Präsidentschaftsbewerber Barack Obama spricht von 16 Monaten. Das, finden wir, wäre der richtige Zeitraum für den Abzug, geringe Abweichungen vorbehalten.»[5] Damit schien sich die Debatte über die Zukunft des amerikanischen Engagements im Irak auf einmal Obamas Position anzunähern.

Allerdings verlor der Irakkrieg als innenpolitisches Streitthema mehr und mehr an Relevanz. Zu Beginn des Hauptwahlkampfs Anfang September 2008 bezeichneten ihn deutlich weniger Amerikaner als wichtigstes Thema als in den Jahren zuvor. Das war zum einen Folge der Tatsache, dass der *Surge* und der ihn begleitende Strategiewandel das Gewaltniveau im Land dramatisch senkte und Al Khaida und die Aufständischen in die Defensive drängte. Zum anderen rückte die sich verschärfende Finanz- und Wirtschaftskrise – vor allem nach dem Zusammenbruch der Investmentbank *Lehman Brothers* am 15. September – in den Mittelpunkt der Aufmerksamkeit der Amerikaner. Dadurch gelang es McCain nicht, Obamas wiederholte Ablehnung des *Surge* zu einem Wahlkampfthema zu machen. Zudem näherten sich die Positionen der beiden Präsidentschaftsbewerber in der Irakkriegsfrage auf den ersten Blick an. Hatte Obama zu Beginn des Wahlkampfs noch einen Abzug aller US-Truppen binnen 16 Monaten gefordert und McCain betont, er werde, wenn nötig, die Streitkräfte «noch einhundert Jahre» im Irak belassen,[6] so rückten beide nun von kategorischen Aussagen ab. Selbst bei Zeitplan und Bedingungen für ein Ende des militärischen Engagements schienen die zwei Kandidaten aufeinanderzuzugehen. Bei genauerer Betrachtung offenbarten sich aber Differenzen: Der Demokrat blieb der Skeptiker, der den Krieg von Anfang an ablehnte und ihn für einen strategischen Fehler hielt, der Republikaner der Verteidiger der Invasion und früher und einsamer Unterstützer der Truppenaufstockung, der nach wie vor von einem Gelingen des neokonservativen Experiments des Demokratieexports sprach. Im Kern drehte sich der Disput um den Stellenwert des Irak in der US-Außenpolitik. Obama sah in ihm einen Nebenkriegsschauplatz, der vom echten Anti-Terrorkampf ablenkte, McCain das zentrale Schlachtfeld, auf dem der Krieg mit den islamischen Fundamentalisten entschieden werde.

Obamas Wahlsieg am 4. November 2008 bedeutete deshalb einen Kurswechsel für die amerikanische Irakpolitik. Davon konnte auch nicht ablenken, dass der gewählte Präsident bei der Vorstellung seines außen- und sicherheitspolitischen Teams am 1. Dezember erklärte, niemand spreche davon, den Irak ganz zu verlassen; er sehe die Notwendigkeit, dort «eine Reststreitmacht zu behalten», die das irakische Militär ausbilden und logistisch unterstützen sowie die amerikanischen Zivilisten beschützen solle.[7] Aus seiner Umgebung verlautete, mittelfristig blieben 30 000 bis 50 000 Soldaten im Irak stationiert. Dass Obama Bushs Verteidigungsminister Gates als einziges Kabinettsmitglied im Amt behielt, sollte diesen Eindruck eines besonnenen Vorgehens unterstreichen. Aber fest stand, dass der neue Präsident das amerikanische Engagement im Irak so schnell wie möglich beenden wollte.

Die Obama-Präsidentschaft

Am 1. Januar 2009 übernahm der Irak die Souveränität über die Grüne Zone, die fast sechs Jahre das Symbol für die amerikanische Besatzung gewesen war. So hatte es das Sicherheitsabkommen vom November 2008 festgelegt. Wenige Tage später eröffnete die neue US-Botschaft. Die Regionalwahlen im Irak Ende des Monats waren die friedlichste Abstimmung seit dem Einmarsch der USA im März 2003. Es siegte die Partei von Premierminister Maliki, dem die Wähler vor allem die deutlich verbesserte Sicherheitslage hoch anrechneten. Auch votierten weniger Iraker als früher entlang religiös-ethnischer Linien. Ende Februar konnte sogar das irakische Nationalmuseum wieder öffnen, dessen Plünderung nach der Invasion zum Symbol für Rechtlosigkeit und Chaos geworden war. Allerdings fehlten noch immer 9000 der 15 000 gestohlenen Objekte.

Am 27. Februar 2009 erklärte Präsident Obama den Anfang des Endes des Irakkriegs, eines der längsten und umstrittensten Kriege in der amerikanischen Geschichte. Alle Kampftruppen würden den Irak bis spätestens 31. August 2010 verlassen – und damit 19 und nicht, wie im Wahlkampf angekündigt, 16 Monate nach seiner Amtsübernahme. Allerdings sollten auf Wunsch von Oberbefehlshaber Odierno die meisten der 142 000 Soldaten noch das gesamte Jahr im Land bleiben, um die für Januar 2010 geplanten Parlamentswahlen abzusichern. Nach der Bildung einer neuen Regierung würde sich der Abzug beschleunigen. Bis zum vollständigen Rückzug Ende Dezember 2011 sollten einige zehntausend Mann als «Übergangsstreitmacht» im Irak bleiben. Damit verwarf der neue Präsident die Idee der Vorgänger-Regierung, US-Truppen langfristig im Irak zu stationieren, wie das in Südkorea oder der Bundesrepublik der Fall ist.

Obamas Rückzugs-Entscheidung war mittlerweile nicht mehr umstritten. Nicht nur die Führer der Demokraten im Kongress, Harry Reid und Nancy Pelosi, begrüßten sie, sondern auch Senator McCain bezeichnete sie als «vernünftig».[8] Selbst ehemalige Berater Bushs stimmten ihr zu. Während Obama Botschafter Crocker als «Beispiel für das beste, was diese Nation anzubieten hat» und Petraeus und Odierno als «zwei unserer feinsten Generäle» lobte, konnte er sich nicht dazu durchringen, den *Surge* als Wende im Krieg zu würdigen, der einen ehrenvollen Abzug überhaupt erst ermöglicht hatte. Vielmehr erneuerte er, wenn auch indirekt, seine Kritik an Bushs Invasionsentscheidung:

> Wir haben gelernt, dass Amerika mit klar definierten Zielen in den Krieg ziehen muss … Wir haben gelernt, dass wir immer die Kosten des Handelns abwägen und diese Kosten offen dem amerikanischen Volk mitteilen müssen … Wir haben gelernt, dass wir im 21. Jahrhundert alle Elemente der amerikanischen Macht nutzen müssen, um unsere Ziele zu erreichen … Wir haben gelernt, dass unsere politischen Führer eine breite und überparteiliche Unterstützung suchen müssen. … Wir haben die Bedeutung einer engen Zusammenarbeit mit Freunden und Alliierten gelernt.[9]

Mit diesen Sätzen verabschiedete sich Obama weitgehend vom Schauplatz Irak, der mehr als sechs Jahre die amerikanische Außenpolitik dominiert hatte. Wie in vielen Wahlkampfreden angekündigt, widmete sich der Präsident, wie er meinte, der wirklichen Front im Anti-Terrorkampf, die Bush sträflich vernachlässigt hatte: Afghanistan und Pakistan. Aber nicht alle hielten es für klug, sich so rasch einer neuen Konfliktregion zuzuwenden. «Der Irakkrieg ist nicht vorbei», warnten Michael O'Hanlon und Kenneth Pollack, zwei der renommiertesten Experten nach einem Besuch des Landes. Bei allen Fortschritten dürfe man den Abzugsplan nicht schematisch ausführen, sondern müsse sich nach den Erfordernissen im Lande richten. Vor allem die zunehmenden Spannungen zwischen Arabern und Kurden bereiteten ihnen Sorgen, der Irak habe eine «angespannte Phase» in den nächsten zwölf bis 18 Monaten vor sich.[10]

Tatsächlich beruhte der Erfolg des *Surge* wesentlich auf den Waffenstillstands-Vereinbarungen, die die US-Armee mit mehr als 200 sunnitischen und schiitischen Aufständischen-Gruppen geschlossen hatte. Das Ergebnis war «ein Flickenteppich früherer Rivalen, die ihre Waffen, Organisationsstrukturen und Anführer» behielten.[11] Da die Abkommen dezentral und ohne explizite Zustimmung der irakischen Regierung getroffen worden waren, fühlten sich viele frühere Widerstandskämpfer nicht unbedingt daran gebunden. Immer wieder versuchten militante Sunniten mit spektakulären und blutigen Bombenanschlägen das Land zu destabilisieren und Maliki zu unterminieren. Aber insgesamt gingen Gewaltakte und Opferzahlen weiter zurück, so dass die US-Truppen Außenposten nach Außenposten schließen und sich in größere Basen zurückziehen konnten. Im März 2009 waren sie nur mehr an zwei kleineren Kampfeinsätzen in Mosul und Diyala beteiligt, und auch da allein zur Unterstützung der irakischen Armee. Die meisten Operationen waren nun logistischer oder ziviler Natur und dienten dem *Nation Building*. Das war nicht ohne Risiko. Vier Tage, nachdem das US-Militär auf Druck der irakischen Regierung seinen letzten Stützpunkt in Sadr City geschlossen hatte, starben dort 76 Menschen bei einem Bombenattentat. Auch in Mosul blieb die Sicherheitslage fragil. Aber Maliki, der sein Prestige mit dem Rückzug der US-Soldaten verband, verkündete, er werde sie nicht mehr bitten, in Kampfmissionen zur Aufrechterhal-

Präsident Barack Obama besucht am 7. April 2009 die amerikanischen Truppen im Irak.

tung der öffentlichen Ordnung im Irak einzugreifen: «Das ist vorbei.»[12] Am 30. Juni 2009 feierte der Irak mit einem nationalen Feiertag den offiziellen Abzug aller amerikanischen Truppen aus Städten und Dörfern. In einer landesweit übertragenen Ansprache sagte der Premierminister, es sei seiner Regierung gelungen, «den religiösen Konflikt zu beenden, der die Einheit und Souveränität des Irak bedrohte».[13] Er erwähnte dabei weder, dass die USA dies durch den *Surge* in den letzten zweieinhalb Jahren ermöglicht hatten, noch dass 130 000 amerikanische Soldaten auf irakischem Boden verblieben und eine Versicherung gegen einen Rückfall in den Bürgerkrieg darstellten.

Hinter der Fassade des Jubels über den Rückzug der US-Truppen gab es aber auch viel Unsicherheit in der irakischen Führung. Zahlreiche Politiker befürchteten, dass die politische Aussöhnung der ethnischen und konfessionellen Gruppen, ein Ölgesetz, das die Einnahmen gerecht verteilte, und die Klärung der Grenzfrage zwischen der Kurdenregion und dem restlichen Irak ohne amerikanische Vermittlung kaum zu erreichen sein würden. Obamas Entscheidung, dem Krieg in Afghanistan strategische Priorität zu geben, ließ Bagdad befürchten, Washington verliere sein Interesse am Irak. Als ein Indiz für diese Marginalisierung sah man die lange Pause, die zwischen der Abreise von Botschafter Crocker im Januar 2009 und der Ankunft seines Nachfolgers Christopher Hill im Mai verging. In der Tat verlagerte sich der Fokus der US-Außenpolitik. So plante das Pentagon, im Jahr 2010 mit 65 Milliarden Dollar erstmals mehr Mittel für den Einsatz in Afghanistan bereitzustellen als für den im Irak. Erstmals seit 2003 beschäftigten sich mehr Geheimdienst-Mitarbeiter im US-Central Command, das für die Region zuständig ist, mit Afghanistan als mit dem Irak. Und erstmals seit 2003 starben in Afghanistan mehr GIs als im Irak – 128 gegenüber 108 zwischen Januar und Ende Juli 2009. Vor allem galt Präsident Obamas persönliches Interesse primär Afghanistan. Das sei der richtige Krieg im Kampf gegen den Terror, hatte er als Kandidat immer wieder betont, und es war klar, dass er seine Präsidentschaft definieren würde. «Es gibt eine intellektuelle Verschiebung nach Afghanistan», konstatierte Centcom-Chef Petraeus nüchtern.[14] Am 31. Juli 2009 verließen die letzten Truppen Großbritanniens, Australiens und Rumäniens den Irak. Die «Koalition der Willigen», von der Außenminister Powell kurz vor der Invasion gesprochen hatte, war damit auch formal beendet.

Die USA als politischer Vermittler im Irak

Obwohl die Übergabe der Verantwortung an 274 000 irakische Soldaten und 277 000 irakische Polizisten im Sommer 2009 reibungslos verlief, taten sich bald Probleme auf. So gingen die Sicherheitskräfte oft recht brutal vor oder hielten notwendige Vorsichtsmaßnahmen nicht ein. Trotz amerikanischer Proteste räumte die irakische Armee zum Beispiel ein Lager mit 3400 unbewaffneten iranischen Regimegegnern nördlich von Bagdad und tötete dabei elf Bewohner. Bei den US-Soldaten wuchs die Frustration, weil sie ihre Basen nur in Begleitung einer irakischen Eskorte verlassen durften. Um seine Landsleute zu überzeugen, dass der Bürgerkrieg zu Ende war, ließ Maliki auch die Mauern um und in der Hauptstadt entfernen. Am 19. August 2009, dem sechsten Jahrestag der Bombardierung des UN-Hauptquartiers in Bagdad, kam es daraufhin zum schlimmsten Anschlag seit 24 Monaten. Zwei riesige LKW-Bomben zerstörten das Außen- und das Finanzministerium, rissen mindestens 95 Iraker in den Tod und verletzten Hunderte. Der «blutige Mittwoch» beschädigte das Ansehen des Premierministers schwer, weil er die Sicherheit nicht wie versprochen gewährleisten konnte. Zum ersten Mal seit der Machtübergabe am 30. Juni musste Maliki das US-Militär wieder um Hilfe bitten. Wenige Tage nach dem Anschlag kündigte die wichtigste Partei in seiner Schiiten-Koalition an, ihn bei den Parlamentswahlen nicht mehr zu unterstützen.

Im heraufziehenden Wahlkampf waren weder Maliki noch die Vertreter der Sunniten und Schiiten zu Kompromissen beim neuen Wahlgesetz oder beim Streit über Land und Öl im Nordirak bereit. Schon im Frühsommer hatte das Weiße Haus erkannt, dass der Irak alles andere als ein gelöstes Problem war. Mit den Worten «Joe, you do Iraq» machte Obama Vizepräsident Biden zu seinem Krisenmanager für das Land.[15] Biden reiste alle zwei Monate in den Irak, um den Aussöhnungsprozess voranzubringen und zwischen den politischen Rivalen zu vermitteln. Tatsächlich gelang es ihm, Maliki zu einem *Good Will*-Besuch im Kurdengebiet zu veranlassen. Auch redete er dem kurdischen Regionalpräsidenten Massud Barzani das Vorhaben aus, seiner Provinz das zwischen Arabern und Kurden umstrittene Kirkuk mit einem schnellen Referendum einzuverleiben. Bei seinem nächsten Besuch Mitte September konnte der amerikanische Vizepräsident aber die rivalisierenden Fraktionen nicht dazu bewegen, von ihren festgefahrenen Positionen beim Wahlgesetz abzurücken. Sogar die für eine Wirtschaftsbelebung so wichtige Vergabe der Öllizenzen an ausländische Unternehmen stagnierte wegen der hohen Forderungen Bagdads; in einer ersten Auktionsrunde im Juni wurde nur ein Gebot akzeptiert.

Besonders ernüchternd für Biden war Malikis Plan, eine Volksabstimmung über das Sicherheitsabkommen abzuhalten. Zwar sollte sie nicht wie ursprünglich geplant im Juli 2009 stattfinden, sondern zusammen mit den Parlamentswahlen im Januar. Aber bei einem negativen Votum müssten die USA alle ihre Truppen bis Ende 2010 und nicht erst ein Jahr später aus dem Land abziehen. Damit behielt der irakische Premierminister eine Trumpfkarte in der Hand, mit der er Washington unter Druck setzen konnte. In zahllosen Telefonaten mit Maliki und Barzani, die er selbst eine «verdichtete, gekürzte Version von Shuttle-Diplomatie»[16] nannte, vermittelte der amerikanische Vizepräsident jedoch zumindest einen Kompromiss über den Status Kirkuks.

Ende September 2009 verkündete General Odierno, er könne die Truppenstärke schon vor dem 31. August 2010 auf 50 000 Mann absenken, wenn die Wahlen im Januar friedlich verliefen. Die Soldaten würden nämlich für die Mission in Afghanistan benötigt. Aber diese Hoffnung erhielt umgehend einen Dämpfer. Am 25. Oktober tötete eine Al-Khaida-nahe Gruppe mit zwei Autobomben vor dem Justizministerium und dem Gouverneurspalast 155 Menschen und verletzte mehr als 700. Solch spektakuläre Anschläge verbreiteten nicht nur erneut Angst und Schrecken in der Hauptstadt, sondern schwächten auch die Regierung und verlangsamten die Rückkehr ausländischer Hilfsorganisationen.

Zudem kamen die irakischen Fraktionen bei der Lösung zentraler politischer Fragen nicht voran. Über Monate stritten Schiiten, Sunniten und Kurden über ein Wahlgesetz, insbesondere über die Zuschnitte der Wahlbezirke und die Repräsentation der primär sunnitischen Auslandsiraker. Elf Mal wurde die angesetzte Abstimmung im Parlament verschoben. Eine am 8. November 2009 unter Bidens Vermittlung erzielte Einigung verhinderte das sunnitische Mitglied im dreiköpfigen Präsidentschaftsrat zwei Wochen später mit seinem Veto. Erst in letzter Minute fanden die unterschiedlichen Gruppen am 7. Dezember einen Kompromiss. Durch die Verzögerung musste die Wahl allerdings auf den 7. März 2010 verschoben werden.

Aber damit waren nicht alle Schwierigkeiten beseitigt. Mitte Januar schloss die nationale Wahlkommission fast 600 Kandidaten und 25 Parteien wegen ihrer angeblichen Nähe zu Saddams Baath-Partei von der Wahl aus, darunter einige der prominentesten sunnitischen Politiker wie den amtierenden Verteidigungsminister und den Chef der Nationalen Dialogfront. Besonders brisant wurde der Bann dadurch, dass es keine eindeutigen Belege für die Vorwürfe gab und der Leiter der Kommission Schiit war, enge Kontakte zu Iran besaß und selber bei der Wahl antrat. Die Sunniten, die sich im Januar 2009 zahlreich an den Provinzwahlen beteiligt hatten, sahen darin einen Versuch der Maliki-Regierung und der schiitischen Allianz im Parlament, die

Chancen ihnen nahestehender Parteien und Kandidaten zu verbessern. Führende sunnitische und nicht-konfessionelle Kandidaten drohten mit einem Boykott der Wahlen. Wieder mussten Vizepräsident Biden, der extra nach Bagdad flog, und Botschafter Hill intervenierten, um den Konflikt zu beruhigen.

Seit Jahresmitte 2009 kam es in Abständen von sechs bis acht Wochen zu schweren Anschlägen in Bagdad. Nach den Attentaten im August und Oktober starben am 8. Dezember bei einer Serie von Bombenexplosionen mehr als 100 Menschen, am 25. und 26. Januar 2010 bei koordinierten Anschlägen auf drei Ausländer-Hotels und eine Außenstelle des Innenministeriums mehr als 50. Wenige Tage später kamen bei mehreren Selbstmordattentaten 60 schiitische Pilger ums Leben. Ziel war offenbar, die Maliki-Regierung vor den Parlamentswahlen zu destabilisieren. Zwischen den arabischen Provinzen des Irak und Kurdistan blieb es ebenfalls unruhig. Mehrfach drohte der Streit zwischen den Regierungstruppen und den kurdischen Peschmerga-Milizen zu eskalieren. Auch hier halfen die Amerikaner. Nach intensiven Diskussionen mit den Führern in Bagdad und Arbil richteten US-Truppen im Januar 2010 in der größten Militäraktion seit ihrem Rückzug aus den Städten sechs Monate zuvor mehr als zwei Dutzend Kontrollpunkte an der umstrittenen Grenze ein. In diese Kontrollpunkte holten sie Mitglieder der Peschmerga und der Regierungstruppen, die bisher getrennte Check Points unterhalten hatten, und gingen mit ihnen auf Patrouille. Durch diese erzwungene und beaufsichtigte Kooperation halfen die Amerikaner, die Lage an einer der potentiellen Konfliktlinien im Irak zu entspannen.

Auch wenn die USA immer wieder politisch und militärisch intervenierten, um Kompromisse zu befördern und die Sicherheit zu gewährleisten, rückte das Ende ihres Engagements im Irak näher. In seiner Ansprache zur Lage der Nation am 27. Januar 2010 hatte Präsident Obama den Irak nur noch in einem kurzen Absatz erwähnt und seine Entschlossenheit betont, die Streitkräfte abzuziehen:

> Während wir den Kampf zu Al Khaida tragen, überlassen wir den Irak verantwortlich seinen Menschen. Als Kandidat habe ich versprochen, diesen Krieg zu beenden, und das ist, was ich als Präsident tue. Wir werden alle unsere Kampftruppen bis Ende August

> zurückgezogen haben. Wir werden die irakische Regierung unterstützen – wir werden die irakische Regierung unterstützen, wenn sie Wahlen abhält, und wir werden weiterhin ein Partner des irakischen Volks sein, um Frieden und Wohlstand in der Region zu fördern. Aber täuschen Sie sich nicht: Dieser Krieg geht zu Ende, und alle unsere Truppen kommen nach Hause.[17]

Sogar einen neuen Namen sollte der Militäreinsatz erhalten. Nach dem Abzug der US-Kampftruppen Ende August 2010 würde er nicht länger *Operation Iraqi Freedom* (Irakische Freiheit), sondern *Operation New Dawn* (Neue Morgendämmerung) heißen. Bis Ende 2011 sollen die letzten amerikanischen Soldaten den Irak verlassen.

Ein solcher völliger Rückzug birgt allerdings Gefahren. Die Geschichte zeigt, dass die Chancen für einen dauerhaften Waffenstillstand zwischen Bürgerkriegsparteien am besten sind, wenn ausländische Akteure politisch und militärisch involviert bleiben. Zum Beispiel garantieren in Bosnien 15 Jahre nach dem Abkommen von Dayton 1995 und im Kosovo elf Jahre nach dem Rückzug der serbischen Armee 1999 noch immer internationale Friedenstruppen Ruhe und Stabilität. Sollte die Gewalt nach dem Abzug der US-Streitkräfte in den Irak zurückkehren, wäre das nicht nur eine humanitäre Katastrophe. Vielmehr würde es auch die Glaubwürdigkeit der amerikanischen Politik im Mittleren Osten weiter erschüttern und die Sicherheitsinteressen des Westens gefährden. Henry Kissinger, der große alte Mann der US-Außenpolitik, forderte die Obama-Regierung deshalb auf, ihre Irakpolitik nicht auf den Truppenabzug zu verengen, sondern sich mit Nachdruck in dem Land zu engagieren und ein strategisches Konzept für die Region zu entwickeln. Ohne einen stabilen Irak drohe ein Machtvakuum im Mittleren Osten, Iran und der radikale Islam würden gestärkt.[18] In der Tat wäre ein Irak, der zum Rekrutierungsfeld und Ausbildungslager religiöser Fundamentalisten verkommt und der unter den Einfluss Irans gerät, eine Gefahr für seine Nachbarn und die westliche Welt. Solange diese Gefahr nicht gebannt ist, ist das letzte Wort über Amerikas Irakkrieg noch nicht gesprochen.

Der Ausgang der Parlamentswahlen vom 7. März 2010 war deshalb für die USA ebenso wichtig wie für den Irak. Denn ein geordneter Verlauf und eine rasche Regierungsbildung hätten das Land weiter stabilisiert und es erlaubt, das amerikanische Engagement zu reduzieren und den Abzugszeitplan einzuhalten. In der Tat stimmten der weitgehend problemlose Verlauf sowie die hohe Wahlbeteiligung von mehr als 60 Prozent und insbesondere die hohe Partizipation der Sunniten positiv. Aber schon am Wahltag kam es zu vereinzelten Anschlägen, die nach Verkündung des Wahlergebnisses Ende März eskalierten. Der Sieg der sunnitisch-schiitischen Allianz unter dem früheren Übergangspremierminister Allawi über die schiitische «Rechtsstaats»-Koalition von Regierungschef Maliki fiel nämlich äußerst knapp aus und ließ langwierige Koalitionsverhandlungen erwarten. Das tiefe Misstrauen zwischen den Parteien, die Schwäche der Institutionen und der dysfunktionale staatliche Apparat schufen ein politisches Vakuum, das Al Khaida und andere radikale Kräfte zu nutzen versuchten, um durch blutige Bombenanschläge ein Klima der Unsicherheit herzustellen. Auch nach den Parlamentswahlen ist der Irak weit davon entfernt, ein normaler Staat zu sein.

11. Der Irakkrieg – eine Bilanz

Bis in ihre letzten Amtstage rechtfertigte die Bush-Regierung ihre Entscheidung für den Irakkrieg. Immer wieder verwies sie dabei auf die Entmachtung Saddams, die Abhaltung von Wahlen und die Stabilisierung des Landes durch den *Surge*. Aber auch wenn es gelungen ist, einen brutalen Diktator zu stürzen und den Irak vor einem Abrutschen ins Chaos zu bewahren, fällt die Bilanz von Bushs wichtigstem außenpolitischen Projekts verheerend aus.

Die Kosten des Irakkriegs

Das liegt in erster Linie an den vielen Menschenleben, die der Krieg kostete. Er hat weit länger gedauert und auf allen Seiten mehr Opfer gefordert als von der Bush-Regierung erwartet. Zwar klaffen die Zahlen über die von Koalitionstruppen, irakischen Sicherheitskräften und Aufständischen getöteten Zivilisten auseinander, aber klar ist, dass der Irak einen gewaltigen Blutzoll zahlte.

Der *Iraq Body Count* bezifferte die Zahl der getöteten Zivilisten Ende 2009 auf 100 000 oder etwa 14 000 Opfer pro Jahr. Andere Organisationen schätzten die Opferzahlen zum Teil wesentlich höher ein. Dabei starben mehr als 90 Prozent der Iraker durch die Hand anderer Iraker oder ausländischer Al-Khaida-Terroristen.[1] Um dies ins Verhältnis zu setzen: Saddams 24-jährigem Terror gegen Schiiten, Kurden und Regimegegner fielen bis zu einer Million Menschen zum Opfer.[2] Sein Krieg gegen Iran forderte ähnlich viele Menschenleben.[3]

Amerika bezahlte ebenfalls einen hohen Preis für die Invasion des Irak. Ende 2009 waren 4370 Soldaten gefallen. Die Zahl mag im Vergleich mit den 36 500 beziehungsweise 58 150 Toten in den Militäraktionen in Korea (1950–53) und Vietnam (1965–73) gering erscheinen. Aber der Krieg im Irak war der verlustreichste der USA seit einer Generation und forderte 15 Mal mehr amerikanische Opfer als der Golfkrieg von 1991. Die Todeszahlen lägen noch höher, hätte sich die

Zahl getöteter irakischer Zivilisten 2003–2009[4]

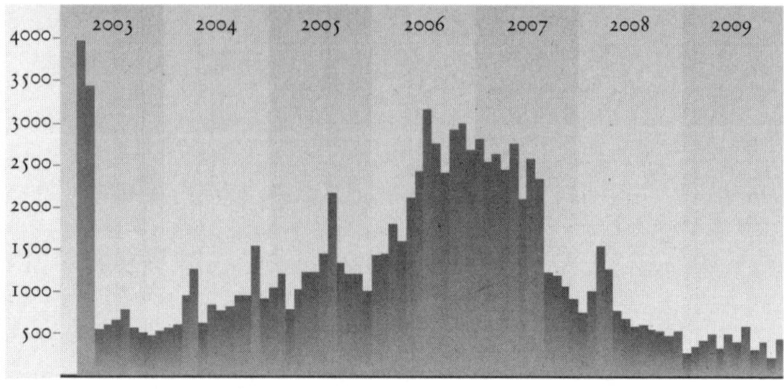

Notfallmedizin in den letzten Jahrzehnten nicht enorm verbessert. Allerdings stieg damit die Zahl der Invaliden stark an. Von den 1,2 Millionen US-Soldaten, die im Irak zum Einsatz kamen, erlitten 31 000 zum Teil schwere Verwundungen.

Zahl im Irak getöteter US-Soldaten 2003–2009[5]

	Jan	Feb	Mär	Apr	Mai	Jun	Jul	Aug	Sep	Okt	Nov	Dez	Total
2003	0	0	65	74	37	30	48	35	31	44	82	40	486
2004	47	20	52	135	80	42	54	66	80	64	137	72	849
2005	107	58	35	52	80	78	54	85	49	96	84	68	846
2006	62	55	31	76	69	61	43	65	72	106	70	112	822
2007	83	81	81	104	126	101	80	84	66	38	37	23	904
2008	40	29	39	52	19	29	13	23	25	14	17	14	314
2009	16	17	9	19	25	15	8	7	10	9	11	3	149

Auch 38 weitere Länder hatten seit 2003 Kontingente in den Irak entsandt, die große Mehrheit aber nur wenige Soldaten ohne Kampfauftrag. Großbritannien, der mit Abstand größte Truppensteller nach den USA, musste mit 179 Toten auch die meisten Gefallenen hinnehmen, die anderen Staaten verloren zusammen 139 Soldaten. So beklagenswert diese Opfer sind, es gilt der Satz Ali Allawis, eines der wenigen irakischen Spitzenpolitiker, die sich zur Invasion und zum Wiederaufbau ihres Landes schriftlich äußerten: «[E]s sind der Irak und die Iraker, die das meiste bezahlt haben für die verfehlte Politik ihrer ehemaligen Befreier und ihrer neuen Herrscher.»[6]

Der Irakkrieg forderte aber nicht nur viele Menschenleben, sondern verschlang auch gewaltige Geldsummen. Während die Überwachung der Flugverbotzonen in den 1990er Jahren etwa 1,5 Milliarden Dollar pro Jahr kostete, lagen die Besatzungskosten bei 60 bis 70 Milliarden Dollar pro Jahr. Ende 2009 hatten die USA 700 Milliarden Dollar für den Irakkrieg ausgegeben. Die Gesamtkosten liegen aber weit höher, zumal die Truppen erst Ende 2011 abziehen. Ausrüstung und Waffen müssen ersetzt, Rekruten ausgebildet, Veteranen und Invaliden dauerhaft versorgt werden. Dazu kommen die Zinsen für aufgenommene Kredite. Wirtschafts-Nobelpreisträger Joseph Stiglitz und seine Kollegin Linda Bilmes berechneten 2008, dass der Krieg zwischen 1,8 und 2,7 Billionen Dollar kosten werde. Um diese Zahl in Relation zu setzen: Eine Billion Dollar reicht aus, um 43 Millionen Studenten ein Vollstipendium für eine vierjährige Ausbildung an öffentlichen Universitäten zu bezahlen.[7] So immens diese Zahlen anmuten, gemessen als Anteil am Bruttoinlandsprodukt (BIP) der USA verschlangen andere Konflikte weit mehr nationale Ressourcen. In seinem teuersten Jahr kostete der Irakkrieg ein Prozent des BIP, der Zweite Weltkrieg dagegen 35,8 Prozent, der Koreakrieg 4,2 Prozent und der Vietnamkrieg 2,3 Prozent.[8] Durch seine lange Dauer und die Folgekosten dürfte der Irakkrieg letztlich insgesamt zwischen 15 und 20 Prozent des BIP eines Jahres aufzehren.

Gravierender als die finanziellen Kosten der Invasion sind die politischen. Der Irakkrieg schwächte Amerikas Stellung in der Welt erheblich. Eigentlich wollte Bush mit der Invasion demonstrieren, dass die USA nach 9/11 uneingeschränkt handlungsfähig sind und sich ihnen kein Staat ungestraft widersetzen kann. Eigentlich sollte sie Staaten wie Nordkorea, Iran und Syrien signalisieren, wie hoch der Preis für die Entwicklung von Nuklearwaffen ist. Eigentlich erhoffte sich Bush vom Sturz des Diktators in Bagdad einen demokratischen Impuls für die gesamte Region. Und eigentlich erwartete der amerikanische Präsident, mit der Transformation des Irak in einen stabilen, demokratischen und politisch gemäßigten Staat den islamischen Terrorismus und Radikalismus zu schwächen. Aber der Krieg erreichte diese Ziele nicht, sondern bewirkte oft das Gegenteil:

- Er zeigte der bestausgerüsteten Armee der Welt ihre Grenzen in einer asymmetrischen Kriegssituation auf, bei der sich der Gegner

Guerillamethoden bediente und brutal gegen die Zivilbevölkerung vorging. Islamische Fundamentalisten entwickelten im Irak neue Kriegstechniken wie Sprengfallen, die sie später mit verheerender Wirkung nach Afghanistan exportierten. Schon Anfang 2005 musste CIA-Direktor Porter Goss feststellen, die Besetzung des Irak verschaffe den Terroristen Zulauf und biete ihnen ein Trainingsareal: «Die überlebenden Dschihadisten werden den Irak versiert und fokussiert auf Stadtguerilla-Aktionen verlassen. Sie bilden ein mögliches Sammelbecken von Kontakten, um transnationale terroristische Zellen, Gruppen und Netze in Saudi-Arabien, Jordanien und anderen Ländern aufzubauen. ... Auch wenn der Irakkonflikt nicht die Ursache des Extremismus ist, so ist er doch eine Angelegenheit für Extremisten geworden.»[9]

- Er zeigte die Unfähigkeit der USA, einen Nachkriegsplan zu entwickeln, die Zivilbevölkerung zu sichern und ihre Versprechen von Prosperität und Stabilität einzuhalten. Statt dessen waren ein inkompetentes Besatzungsregime, eine realitätsferne Militärführung und eine überforderte Bush-Regierung wesentlich dafür verantwortlich, dass die Aufstandsbewegung Fuß fassen konnte.
- Er belastete das Verhältnis zu wichtigen Alliierten wie Deutschland, Frankreich und der Türkei und trieb sie kurzfristig in den offenen Widerstand und/oder in Koalitionen mit Rivalen Amerikas. Dies beendete die Phase der globalen Vorherrschaft der USA früher als nötig und beschleunigte den Übergang zu einem multipolaren System in der Weltpolitik.
- Er trug zur Wahlniederlage Bush-freundlicher Regierungen unter anderem in Spanien, Italien und Australien bei und zerstörte die Glaubwürdigkeit des engsten amerikanischen Partners bei der Invasion, des britischen Premierministers Tony Blair, der 2007 zurücktreten musste.
- Er ließ den Konflikt in Afghanistan zunehmend vom Radar Washingtons schwinden und erlaubte es den Taliban, sich neu zu formieren und das Land von Pakistan aus zu infiltrieren. Die versäumte Zeit bei der Stabilisierung Afghanistans erforderte später weit stärkere militärische und zivile Anstrengungen, als dies ein rechtzeitiges engagiertes Eingreifen getan hätte.

Öffentliche Unterstützung des Irakkriegs in den USA[10]

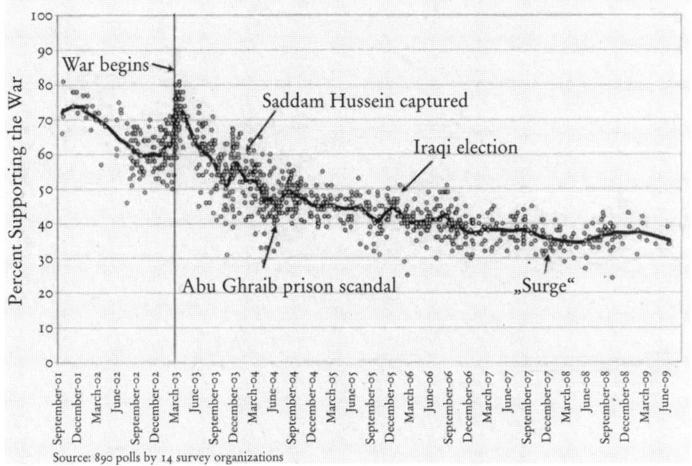

- Er beseitigte mit Saddam den wichtigsten regionalen Widersacher Irans, ohne ein stabiles, zur Selbstverteidigung fähiges Nachfolgeregime zu etablieren. Dadurch verlor der Irak seine traditionelle Rolle als Bollwerk gegenüber dem östlichen Nachbarn. Obwohl US-Truppen in fast allen Nachbarländern Irans stehen, kann Teheran aus der Position der relativen Stärke operieren, weil es um seine zentrale Rolle für eine dauerhafte Stabilisierung des Irak weiß. Gleichzeitig dürften die amerikanischen Neuordnungsphantasien für den Mittleren Osten Iran bewogen haben, sein Atomprogramm zu beschleunigen.
- Er war ein zutiefst unpopulärer Militäreinsatz, den schon ein Jahr nach seinem Beginn nur mehr eine Minderheit der Amerikaner unterstützte. Selbst der Erfolg des *Surge* konnte nicht für einen Meinungsumschwung sorgen. Der Irakkrieg spaltete Republikaner und Demokraten mehr als jeder andere Militärkonflikt seit Einführung der Meinungsumfragen in den 1940er Jahren.
- Er unterminierte die Bereitschaft der US-Bürger generell, Militäreinsätze zu unterstützen. Die haltlosen Kriegsgründe, die menschlichen und finanziellen Kosten und die Schwierigkeiten,

Europas Sicht einer globalen Führungsrolle der USA[11]

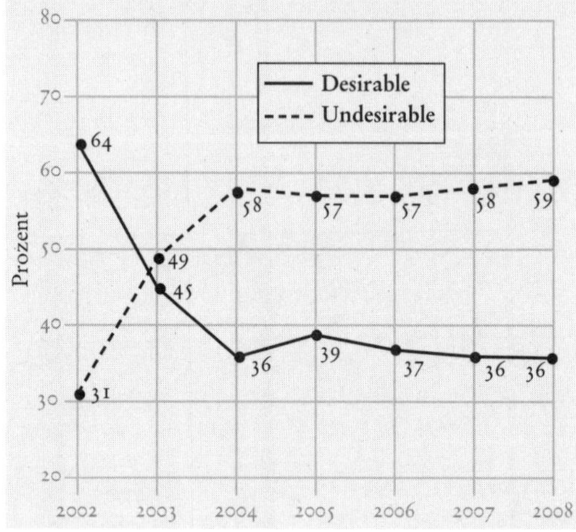

den Irak zu stabilisieren und demokratisieren, haben die Amerikaner desillusioniert zurückgelassen. Nicht länger trauen sie ihrer Regierung und ihren Streitkräften zu, einen Regimewechsel ohne große Kosten bewerkstelligen und *Nation Building* effektiv betreiben zu können. Vor allem wegen des Irak-Traumas musste Obama im Herbst 2009 die zweite Truppenaufstockung in Afghanistan mit einer Exit-Strategie und mit einem Termin für den Abzugsbeginn verbinden.

Ein weiteres, überaus negatives Resultat des Irakkriegs besteht darin, dass die USA die riesige Welle des Mitgefühls und des Wohlwollens, die ihnen nach den Anschlägen von 9/11 entgegenschlug, nicht genutzt haben, um die amerikanische Führung in der Welt neu zu legitimieren und die Akzeptanz dafür zu stärken. 2002 hielten zum Beispiel 64 Prozent der Europäer eine internationale Führungsrolle Washingtons für wünschenswert. 2008, nach fünf Jahren Krieg im Irak, waren es nur noch 36 Prozent.

Auch und vor allem in der muslimischen Welt nahm das amerikanische Ansehen schweren Schaden und stürzte vielerorts auf ein Allzeit-Tief. Schon Anfang Juli 2002 hatte Ägyptens Präsident Hosni Mubarak prophezeit, dass ein Angriff auf den Irak in den Straßen von

Kairo und Damaskus als ein Angriff auf den Islam betrachtet werde. Amerika verstehe die Folgen seines Handelns nicht. Er werde deshalb im Gegensatz zum Golfkrieg 1991 bei einem Angriff auf den Irak nicht an der Seite der USA stehen.[12]

Der weltpolitische Führungsanspruch Amerikas beruhte stets auf mehr als seiner Militärmacht und seiner Wirtschaftskraft, nämlich auf seiner moralischen Autorität. Das unterschied die Vorherrschaft der USA von jener der Sowjetunion und der meisten anderen Imperien in der Geschichte. Diesen Ruf des benevolenten Hegemonen leichtfertig aufs Spiel zu setzen, war der wohl schwerste Fehler der Bush-Regierung. Das Ansehen der USA wiederherzustellen, wird viele Jahre besonnenen Handelns bedürfen. Obama hat eine schwere Aufgabe vor sich.

Lichtblicke

Allerdings gibt es auch Indizien, dass der Irakkrieg die USA moralisch und machtpolitisch nicht irreparabel beschädigt hat. Erstens hat bis auf dessen Günstlinge niemand den Sturz Saddams wirklich bedauert. Im Gegensatz zum Vietnamkrieg, als viele in der Dritten Welt und einige im Westen den Gründer und nominellen Führer Nordvietnams, Ho Tschi Minh, als Freiheitskämpfer verehrten und moralisch unterstützten, trugen die Anti-Kriegs-Demonstranten 2002 und 2003 keine Poster des irakischen Despoten mit sich. Für die meisten Iraker hat die amerikanische Invasion, so viele Opfer sie kostete und so viel Instabilität und Gewalt sie auslöste, nach sieben Jahren mehr Freiheiten gebracht – religiös, politisch, wirtschaftlich. Auch ist das Land in die internationale Gemeinschaft zurückgekehrt und besitzt zumindest eine Perspektive für eine halbwegs friedliche, demokratische und ökonomisch erfolgreiche Entwicklung.

Ein zweiter Anhaltspunkt ist, dass sich die politische und militärische Führung der USA, wenn auch langsam und widerwillig, als lernfähig erwies. Es dauerte zwar mehr als drei Jahre, bis sich mit Petraeus ein General fand, der eine überzeugende Stabilisierungsstrategie für den Irak entwickelte, und bis Präsident Bush den Kurs wechselte und sich von unfähigen Mitarbeitern wie Rumsfeld und Casey trennte. Aber im Gegensatz zum Vietnamkrieg gelang es den

USA im Irak, die Gewaltspirale umzukehren, die Sicherheit der Zivilbevölkerung zu verbessern und die Ordnung im Staat an einheimische Kräfte zu überantworten. Washington unterstützte die Machtteilung und den Versöhnungsprozess zwischen Sunniten, Schiiten und Kurden seit 2007 nach Kräften und trug immer wieder zur Deeskalation ihrer Konflikte bei. Darüber hinaus griffen die Vereinigten Staaten dem Irak zwischen 2003 und 2010 mit 53 Milliarden Dollar unter die Arme. Obwohl ein Gutteil dieser Hilfe versickerte oder in Sicherheitsmaßnahmen floss und viele Projekte nicht fertiggestellt beziehungsweise von den Aufständischen zerstört wurden, war es doch das größte Wiederaufbauprogramm der USA seit dem Marshall-Plan. Zehntausende Wasseraufbereitungs-Anlagen, Stromaggregate, Schulen, Brücken und Krankenhäuser sind mit amerikanischem Geld errichtet worden. Auch lernten die US-Streitkräfte im Verlauf des Konflikts dazu, selbst wenn dies bis 2006 primär auf den unteren militärischen Ebenen geschah. Aber letztlich gingen die Erfahrungen aus dem Irak in die Militär-Handbücher zur Aufstandsbekämpfung ein. Die neuen Richtlinien legen großen Wert auf den Schutz der Zivilbevölkerung und das Verständnis der kulturellen und religiösen Eigenheiten im Einsatzgebiet. Damit sind die amerikanischen Streitkräfte heute sehr viel besser auf das Management von Nachkriegs-Situationen und das *Nation Building* vorbereitet als zu Beginn des Jahrhunderts.

Es gibt schließlich noch ein drittes Anzeichen dafür, dass der Image- und Machtverlust der USA nicht unumkehrbar ist. Denn das Horrorszenario, der Irakkrieg könne den gesamten Mittleren Osten destabilisieren, ist nicht eingetreten. Die regionalen Verbündeten Washingtons – Saudi-Arabien, Ägypten, Jordanien, die Golf-Scheichtümer – sind zwar beunruhigt ob des Einflussgewinns der Schiiten im Irak, aber ihr Herrschaftssystem ist nicht ernsthaft bedroht. Sie halten ein Iran mit Nuklearwaffen für eine große Gefahr und bleiben deshalb bei allem Misstrauen gegenüber den USA an einer engen Kooperation mit ihnen interessiert. Amerika seinerseits ist entschlossen, im Mittleren Osten weiterhin politische und militärische Präsenz zu zeigen. Dies liegt auch im europäischen Interesse, besitzt die Region doch eine überragende Bedeutung für die globale Politik. 40 Prozent aller Erdöltransporte zur See müssen durch die Straße von Hormuz, im Mittleren Osten rekrutiert sich, auch angefacht durch den ungelösten israelisch-palästinensisch/arabischen Konflikt, der islamische Fundamentalismus, hier droht neben dem konventionellen auch ein nuklearer Rüstungswettlauf.

Vermutlich wird sich der Irakkrieg im historischen Rückblick nicht als das erweisen, als was ihn seine Kritiker und seine Verteidiger darstellen: weder als das weltpolitische Fiasko noch als der Schlüssel zur Lösung der Konflikte im Mittleren Osten und zur Demokratisierung der arabischen Welt. Darin ähnelt er dem Vietnamkrieg, dessen Folgen für das Ansehen und die Machtposition der USA in der Welt weniger dramatisch waren als von den meisten Zeitgenossen erwartet. George Bush wäre dann nicht der Präsident der Transformation, der er immer sein wollte, ein Harry Truman, der in den späten 1940er Jahren mit Marshall-Plan, Eindämmungsstrategie und Nato die Konzepte und Institutionen der Nachkriegswelt schuf. Aber er wäre auch nicht der Richard Nixon seiner Generation, der Amerika geschlagen in Vietnam und moralisch diskreditiert zurückließ. Vielmehr müsste sich Bush damit abfinden, als mittelmäßiger Amtsinhaber ohne dauerhaftes Vermächtnis in die Geschichtsbücher einzugehen, der einen Krieg mit manipulierten Gründen vom Zaun brach, ihn inkompetent führte und das militärische Scheitern erst in letzter Minute abwendete. Dies wäre wohl noch das Vorteilhafteste, was man über den Irakkrieg sagen könnte.

Anmerkungen

1. Die Vorgeschichte: Ignoranz und Fehlkalkulationen

1 In den Medien herrscht Unklarheit, wie Saddam Hussein korrekt zu bezeichnen ist. In der irakischen Stammesgesellschaft haben die meisten Leute keinen Familiennamen. Stattdessen werden sie mit ihrem Vornamen und dem Vornamen des Vaters gerufen. Saddam Hussein heißt Saddam, Sohn des Hussein. Die korrekte Kurzbezeichnung ist also «Saddam».

2 Zit. bei Michael Palmer: Guardians of the Gulf: A History of America's Expanding Role in the Persian Gulf, 1833–1992, New York 1993, 102f. Soweit nicht anders vermerkt, stammen die Übersetzungen vom Verfasser.

3 «Department of State cable, 21. 12. 1983, ‹Rumsfeld mission: Dec. 20 meeting with Iraqi President Saddam Hussein›», National Security Archive. Zit. bei James Mann: The Rise of the Vulcans. The History of Bush's War Cabinet, New York 2004, 124.

4 Zum irakischen Entscheidungsprozess in dieser Zeit siehe Amatzia Baram: The Iraqi Invasion of Kuwait: Decision-making in Bagdad; in: Amatzia Baram/Barry Rubin (eds.): Iraq's Road to War, Houndmills 1994, 5–36.

5 Baram, 1994, 24.

6 Beide Zitate nach der offiziellen Mitschrift des Gesprächs durch irakische Stellen. Abgedr. in «Confrontation in the Gulf. Excerpts from Iraqi Document on Meeting with U. S. Envoy»; in: New York Times (NYT), 23. 9. 1990. Das State Department bestätigte zwar die Authentizität des Protokolls nicht, es widersprach seinen zentralen Aussagen aber auch nicht.

7 Vgl. Andrew und Patrick Cockburn: Out of the Ashes. The Resurrection of Saddam Hussein, New York 1999, 8 und 85.

8 Vgl. Kenneth Pollack: The Threatening Storm. The Case for Invading Iraq, New York 2002, 38.

9 Zit. bei Barry Rubin: The United States and Iraq: From Appeasement to War; in: Baram/Rubin, 255–272, hier 264.

10 Vgl. ebd., 270.

11 «Confrontation in the Gulf. Text of Letter from Bush to Hussein»; in: NYT, 13. 1. 1991.

12 Zit. bei S. H. Kelly: Bush Tells Gulf Vets Why Hussein Left in Bagdad, 28. 2. 1999. http://www.fas.org/news/iraq/1999/03/a19990303bush.htm (12. 8. 2009).

13 Siehe dazu George H. W. Bush/Brent Scowcroft: A World Transformed, New York 1998, 489.

14 Zit. bei Andrew und Patrick Cockburn, 13.
15 «UNSC Resolution 687» (1991). http://daccess-dds-ny.un.org/doc/RESOLUTION/GEN/NR0/596/23/IMG/NR059623.pdf?OpenElement (29. 1. 2010).
16 So General Wafiq al-Samarrai im Interview mit Andrew und Patrick Cockburn, 96.
17 Vgl. ebd., 195 ff.
18 Vgl. ebd., 86 ff.
19 Richard Butler: The Greatest Threat, New York 2000, 4.
20 «SecState Albright Policy Speech on Iraq», March 26, 1997. http://www.fas.org/news/iraq/1997/03/bmd970327b.htm (13. 4. 2008).
21 Vgl. Butler, 2000, 6–11.
22 «Transcript: Iraq has backed down, but that's not enough, Clinton Says»; USIS Washington File, November 15, 1998. http://www.fas.org/news/iraq/1998/11/15/98111505_nlt.html (25. 4. 2008).
23 Vgl. «Independent Inquiry Committee into the United Nations Oil-for-Food Programme: Report on the Manipulation of the Oil-for-Food Programme» (27 October 2005). http://www.iic-offp.org/story27oct05.htm (25. 3. 2008). Das folgende Zitat findet sich auf S. 3 des Berichts. Siehe auch Stefan Ulrich: Gute Geschäfte mit dem Despoten; in: Süddeutsche Zeitung (SZ), 29. 10. 2005, 2.
24 Vgl. Butler, 2000, 106.
25 «Iraq Liberation Act of 1998» (Public Law 105–338). http://thomas.loc.gov/cgi-bin/query/z?c105:H.R.4655.ENR: (26. 3. 2008).
26 Vgl. Pollack, 2002, 98 f.
27 Zit. bei Ron Suskind: The Price of Loyalty. George W. Bush, the White House, and the Education of Paul O'Neill, New York 2004, 75.
28 Condoleezza Rice: Promoting the National Interest; in: Foreign Affairs, Vol. 79/No. 1 (Jan./Feb. 2000), 60, 62.

2. Die Bedeutung von 9/11 für die amerikanische Irakpolitik

1 Siehe Bob Woodward: Bush At War, New York u. a. 2002, 49, 60 f.
2 Vgl. George Tenet: At the Center of the Storm. My Years at the CIA, London 2007, 306.
3 Vgl. Susan Page: Showdown with Saddam. The Decision to Act; in: USA Today, 11. 9. 2002.
4 Zit. bei Richard Clarke: Against All Enemies. Der Insiderbericht über Amerikas Krieg gegen den Terror, Hamburg 2004, 58. (2004 a)
5 Vgl. Woodward, 2002, 99.
6 Zit. bei Michael Gordon/Bernard Trainor: Cobra II. The Inside Story of the Invasion and Occupation of Iraq, London 2006, 17. (2006 a)

7 Zit. bei Ron Suskind: The One Percent Doctrine: Deep Inside America's Pursuit of Its Enemies Since 9/11, New York 2006, 62.

8 Zit. bei Richard Clarke: Against All Enemies. Inside America's War on Terror, New York 2004, 265. (2004 b) In der deutschen Ausgabe ist dies mit «‹eine Großtat› zu vollbringen» nicht treffend übersetzt (344).

9 Zit. bei Woodward, 2002, 282.

10 Vgl. Ivo Daalder/James Lindsay: America Unbound. The Bush Revolution in Foreign Policy, Washington 2003, 199.

11 «U.S. President Bush's Speech to United Nations», November 10, 2001. http://edition.cnn.com/2001/US/11/10/ret.bush.un.transcript/index.html (14.5.2008).

12 «President Welcomes Aid Workers Rescued from Afghanistan», 26.11.2001. http://georgewbush-whitehouse.archives.gov/news/releases/2001/11/2001 1126-1.html (1.2.2010).

13 David Frum: The Right Man. The Surprise Presidency of George W. Bush, New York 2003, 224.

14 «The President's State of the Union Address», 29.1.2002. http://georgew bush-whitehouse.archives.gov/news/releases/2002/01/20020129-11.html (1.2.2010), (deutsche Übersetzung unter http://www.uni-kassel.de/fb5/frieden/regionen/USA/bush-rede.html) (24.4.2008).

15 Vgl. Frum, 238.

16 Zit. bei Bob Graham (mit Jeff Nussbaum): Intelligence Matters. The CIA, the FBI, Saudi-Arabia, and the Failure of America's War on Terror. With a New Preface and Postscript, New York 2008 (Originalausgabe 2004), 125.

17 Vgl. Mann, 362 f.

18 «Text of Clinton Statement on Iraq», 17.2.1998. http://edition.cnn.com/ALLPOLITICS/1998/02/17/transcripts/clinton.iraq/ (22.11.2008).

19 «Text of Bush's Speech at West Point»; in: NYT, 1.6.2002. Deutsche Übersetzung unter http://www.uni-kassel.de/fb5/frieden/regionen/USA/west-point-rede.html (15.5.2008). Das Wort «preemptive» wird im deutschen Text fälschlicherweise als «präventiv» übersetzt und wurde von mir korrigiert.

20 Zit. bei Tom Shanker: Defense Secretary Tells NATO to Beat Terrorists to Punch; in: NYT, 7.6.2002.

21 «The National Security Strategy of the United States of America», September 2002, 31 S. (die folgenden Zitate finden sich im Vorwort und auf S. 6, 14, 19, 30). http://georgewbush-whitehouse.archives.gov/nsc/nss/2002/(29.1.2010). Von der deutschen Botschaft in Washington, D.C. autorisierte Übersetzung unter http://www.uni-kassel.de/fb5/frieden/regionen/USA/dok trin-lang.html (28.1.2010).

22 Zit. bei Suskind, 2006, 123.

23 Ebd., 264.

3. Die Vorbereitung des Kriegs

1 Zit. bei George Packer: The Assassins' Gate. America in Iraq, New York 2005, 46.
2 Tenet, 301.
3 Zit. bei Woodward, 2002, 342.
4 Fred Barnes: Rebel-in-Chief, New York 2006, 14, 22, 117.
5 Clarke, 2004 a, 315 f.
6 Vgl. «Bush Economic Aide Says Cost Of Iraq War May Top $ 100 Billion»; in: Wall Street Journal (WSJ), 16. 9. 2002.
7 Bob Woodward: The War Within. A Secret White House History 2006–2008, London u. a. 2008, 28.
8 Zit. bei Woodward, State of Denial. Bush at War, Part III, New York 2006, 420.
9 Vgl. ebd., 109.
10 James Risen: State of War, New York 2006, 65.
11 Scott McClellan: What Happened. Inside the Bush White House and Washington's Culture of Deception, New York 2008, XIV, 49, 50.
12 Vgl. Friederike Kuntz: Der Weg zum Irak-Krieg. Groupthink und die Entscheidungsprozesse der Bush-Regierung, Wiesbaden 2007.
13 Vgl. Paul Starobin: Long Live the King; in: National Journal (NJ), 18. 2. 2006, 18–27, hier 25; und «George W. Bush's Second Term: Cheney Praises Presidency's Might»; in: WSJ, 21. 1. 2005.
14 John Yoo: The President's Constitutional Authority to Conduct Military Operations Against Terrorists and Nations Supporting Them, 25. 9. 2001. http://www.usdoj.gov/olc/warpowers925.htm (7. 7. 2006).
15 Zit. bei Michael Elliott/James Carney: First Stop Iraq; in: Time, 31. 3. 2003, 173.
16 Woodward, 2002, 346.
17 Lawrence Wilkerson: Weighing the Uniqueness of the Bush Administration's National Security Decision-Making Process: Boon or Danger to American Democracy?, New America Foundation/American Strategy Program Policy Forum: Washington, D. C. 19. 10. 2005, 1–28, hier 6. http://www.thewashingtonnote.com/archives/WILKERSONTRANSCRIPT-10-19-05.pdf (7. 6. 2009).
18 Zit. bei Barton Gellman: Angler. The Cheney Vice Presidency, New York 2008, 189.
19 Ebd., 44.
20 Pollack, 281, 335.
21 Vgl. Tenet, 309 f.
22 Zit. bei Woodward, 2002, 332.
23 Zit. bei Bob Woodward: Der Angriff. Plan of Attack, München 2004, 177.

24 Brent Scowcroft: Don't Attack Saddam. It would Undermine Our Antiterror Efforts; in: WSJ, 15. 8. 2002.

25 «Vice President Speaks at VFW 103rd National Convention», 26. 8. 2002. http://georgewbush-whitehouse.archives.gov/news/releases/2002/08/20020826.html (1. 2. 2010).

26 «Secretary Rumsfeld at Camp Pendleton Town Hall Meeting», 27. 8. 2002. http://www.defenselink.mil/transcripts/transcript.aspx?transcriptid=3600 (29. 5. 2008).

27 «President's Remarks at the United Nations General Assembly», 12. 9. 2002. http://georgewbush-whitehouse.archives.gov/news/releases/2002/09/20020912-1.html (1. 2. 2010). Übersetzung bei http://www.uni-kassel.de/fb5/frieden/regionen/Irak/bush-uno.html (29. 5. 2008).

28 Vgl. Mann, 343.

29 Vgl. Graham, 178 f.

30 «Remarks by the President at John Cornyn for Senate Reception», 26. 9. 2002. http://georgewbush-whitehouse.archives.gov/news/releases/2002/09/20020926-17.html (1. 2. 2010).

31 «Authorization for Use of Military Force Against Iraq Resolution of 2002». Public Law 107–243. http://frwebgate.access.gpo.gov/cgi-bin/getdoc.cgi?dbname=107_cong_public_laws&docid=f:publ243.107 (29. 1. 2010).

32 Vgl. Graham, 183.

33 Vgl. Gellman, 215–222, 249.

34 Woodward, 2004, 284 f.

35 Vgl. Tenet, 362.

36 Vgl. McClellan, 144.

37 «President Bush Outlines Iraqi Threat», 7. 10. 2002. http://georgewbush-whitehouse.archives.gov/news/releases/2002/10/20021007-8.html (1. 2. 2010).

38 Vgl. Tenet, 349 f.

39 Paul Pillar: Intelligence, Policy, and the War in Iraq; in: Foreign Affairs, Vol. 85/No. 2 (2006), 15–27, hier 19.

40 Vgl. Woodward, 2004, 307 ff.

41 «President Delivers State of the Union Address», 28. 1. 2003. http://georgewbush-whitehouse.archives.gov/news/releases/2003/01/20030128-19.html (1. 2. 2010).

42 Vgl. Colin Powell (mit Joseph Persico): My American Journey, New York 1995, 467.

43 Zit. bei DeYoung, 439.

44 Zit. bei James Bamford: A Pretext for War. 9/11, Iraq, and the Abuse of America's Intelligence Analysis, New York 2005, 368.

45 Vgl. Bob Drogin: Curveball: Spies, Lies, and the Con Man Who Caused a War, New York 2007, 151 ff.

46 Zit. bei ebd., 154.

47 Zit. bei Bruce B. Auster/Mark Mazzetti/Edward T. Pound: Truth and Consequences, in: U. S. News and World Report, 9. 6. 2003, 14.

48 «U. S. Secretary of State Colin Powell Addresses the U. N. Security Council», 5. 2. 2003. http://georgewbush-whitehouse.archives.gov/news/releases/2003/02/20030205-1.html (1. 2. 2010).

49 Vgl. «ABC News/Washington Post Poll», 30. 1.–1. 2. 2003. http://www.pollingreport.com/iraq17.htm (5. 10. 2008).

50 Vgl. «ABC News/Washington Post Poll», 5. 2. 2003. http://www.pollingreport.com/iraq17.htm (5. 10. 2008).

51 Zit. bei Dana Priest: Harsh Iraqi Reaction Expected; Invasion Would Spark Attacks on Israel, Kurds, U. S. Sites; in: Washington Post (WP), 12. 2. 2003.

52 Vgl. «ABC News/Washington Post Poll», 26. 2.–2. 3. 2003. http://www.pollingreport.com/iraq17.htm (5. 10. 2008).

53 «President Says Saddam Hussein Must Leave Iraq Within 48 Hours. Remarks by the President in Address to the Nation», 17. 3. 2003. http://georgewbush-whitehouse.archives.gov/news/releases/2003/03/20030317-7.html (1. 2. 2010).

54 Vgl. Dale Herspring: Rumsfeld's Wars. The Arrogance of Power, Lawrence/Kansas 2008, 128.

55 Zit. bei Woodward, 2004, 427 f.

4. Die internationale Dimension

1 «Address to a Joint Session of Congress and the American People», 20. 9. 2001. http://georgewbush-whitehouse.archives.gov/news/releases/2001/09/20010920-8.html (29. 1. 2010).

2 Zit. bei Judy Dempsey: Washington Turns Deaf Ear to Europe's Divided Voices. President Bush's ‹Axis of Evil› Speech Has Exposed the EU's Gaping Rifts Over Foreign Policy; in: Financial Times (FT), 13. 2. 2002; und «Wir sind keine Satelliten». Interview mit Außenminister Joschka Fischer; in: Die Welt, 22. 2. 2002.

3 Robert Kagan: Power and Weakness; in: Policy Review (June/July 2002), 3.

4 Philip Gordon/Jeremy Shapiro: Allies at War. America, Europe, and the Crisis over Iraq, Washington, D. C. 2004, 71.

5 Vgl. Stephen Szabo: Parting Ways. The Crisis in German-American Relations, Washington, D. C. 2004, 20.

6 Gerhard Schröder: Entscheidungen. Mein Leben in der Politik, Hamburg 2006, 198.

7 Zur deutschen Position siehe Michael Hedstück/Gunther Hellmann: «Wir machen den deutschen Weg.» Irak-Abenteuer, das transatlantische Verhältnis und die Risiken der Methode Schröder für die deutsche Außenpolitik, 20 S. http://web.uni-frankfurt.de/fb3/hellmann/mat/irak.pdf (4. 9. 2009).

8 «Rede zum Wahlkampfauftakt von Bundeskanzler Gerhard Schröder», Hannover, 5. 8. 2002, 9 S., hier S. 8. http://powi.uni-jena.de/wahlkampf2002/dokumente/SPD_Schroeder_Rede_WahlkampfauftaktHannover.pdf (4. 8. 2009).

9 Vgl. Dieter Dettke: Germany Says No. The Iraq War and the Future of German Foreign and Security Policy, Washington, D. C. 2009, 160.

10 Vgl. «Bundesregierung rückt von Hilfszusagen an Amerika ab»; in: Frankfurter Allgemeine Zeitung (FAZ), 30. 8. 2002.

11 «Traces of Terror: Perspectives/Gerhard Schröder; ‹No One Has a Clear Idea About What the Effects Would Be›»; in: NYT, 5. 9. 2002.

12 Zit. bei Richard Oppel: Administration Seeking Support in Congress on Iraq Issue; in: NYT, 30. 8. 2002.

13 Die geheimen Aufzeichnungen dieser Gespräche wurden Anfang 2005 der Londoner *Sunday Times* zugespielt und von ihr sukzessive veröffentlicht. Zit. bei DeYoung, 405.

14 Zit. bei Woodward, 2004, 209.

15 Vgl. Nico Fried: ‹Die Atmosphäre ist vergiftet›; in: SZ, 23. 9. 2002, 5.

16 «Im Wortlaut: Schröder entschuldigt sich»; in: Frankfurter Rundschau, 21. 9. 2002. Dabei stand zweifelsfrei fest, dass Däubler-Gemlin die Aussage gemacht hatte. Vgl. Hans Leyendecker: ‹Die Herta hat da was gesagt …›; in: SZ, 21. 9. 2002.

17 Vgl. Dettke, 176.

18 Zit. bei «War in Iraq: How the Die was Cast Before Transatlantic Diplomacy Failed»; in: FT, 27. 5. 2003; und Woodward, 2004, 222.

19 «President's Remarks at the United Nations General Assembly», 12. 9. 2002. http://georgewbush-whitehouse.archives.gov/news/releases/2002/09/20020912-1.html (1. 2. 2010).

20 Vgl. Woodward, 2004, 252 ff.

21 «Deputy Secretary Wolfowitz Interview with Sam Tannenhaus»; in: Vanity Fair, 9. 5. 2003. http://www.defenselink.mil/transcripts/transcript.aspx?transcriptid=2594 (10. 10. 2008).

22 Hans Blix: Mission Irak. Wahrheit und Lügen, München 2004, 141.

23 Zit. bei Woodward, 2004, 274.

24 Blix, 2004, 166.

25 Zit. bei Steven Weisman: Threats and Responses: Foreign Policy. A Long, Winding Road to a Diplomatic Dead End; in: NYT, 17. 3. 2003.

26 Zit. bei Gerd Kröncke/Susanne Höll: Chirac und Schröder vereint gegen Irak-Krieg; in: SZ, 23. 1. 2003.

27 Zit. bei «Schröder geht noch weiter: Kein Ja»; in: FAZ, 23. 1. 2003.

28 «Secretary Rumsfeld Briefs at the Foreign Press Center», 22. 1. 2003. http://www.defenselink.mil/transcripts/transcript.aspx?transcriptid=1330 (29. 12. 2008).

29 Vgl. «Europe and America Must Stand United»; in: London Times, 30. 1. 2003.
30 Vgl. «Statement of the Vilnius Group Countries», 5. 2. 2003. http://www.am.gov.lv/en/news/press-releases/2003/feb/2868/ (29. 12. 2003).
31 Vgl. Jürgen Schuster: Das «alte» und das «neue» Europa. Die Reaktionen der europäischen Länder auf die amerikanische Irak-Politik, Hamburg 2004, 126 ff.
32 Zit. bei Karl Peter Schwarz: Satellitenstatus unerwünscht; in: FAZ, 19. 2. 2003.
33 Zit. bei Julia Preston/Steven Weisman: France Offering Plan to Expand Iraq Arms Hunt; in: NYT, 13. 2. 2003.
34 Vgl. Gordon/Shapiro, 140 f.
35 Hans Blix: An Update on Inspections. The Security Council, 27 January 2003. http://www.un.org/Depts/unmovic/Bx27.htm (14. 12. 2008).
36 Vgl. Blix, 2004, 23, 130, 146.
37 Mohamed El Baradei: The Status of Nuclear Inspections in Iraq. Statement to the United Nations Security Council, New York, 27 January 2003. http://www.un.org/news/dh/iraq/elbaradei27jan03.htm (18. 12. 2008).
38 Vgl. Blix, 2004, 186.
39 Vgl. Woodward, 2004, 337 f.
40 Vgl. Nick Assinder: Blair Battles ‹Poodle› Jibes; in: BBC News, 3. 2. 2003. http://news.bbc.co.uk/1/hi/uk_politics/2721513.stm (28. 12. 2003).
41 Zit. bei Robin Cook: The Point of Departure. Diaries from the Front Bench, London 2003, 115.
42 Hans Blix: Briefing of the Security Council, 14 February 2003. http://www.un.org/Depts/unmovic/blix14Febasdel.htm (20. 12. 2008).
43 Vgl. Gerard Baker u. a.: Blair's mission impossible: the doomed effort to win a second UN resolution. The Divided West, Part III; in: FT, 29. 5. 2003.
44 Vgl. Gordon/Shapiro, 148 f.
45 Vgl. Sheryl Gay Stolberg: Threats and Responses. Washington Talk: An Order of Fries Please, but Do Hold the French; in: NYT, 12. 3. 2003. Im Juli 2006 wurde die Anordnung aufgehoben..
46 Zit. bei Elaine Sciolino: Threats and Responses: Discord; France to Veto Resolution On Iraq War, Chirac Says; in: NYT, 11. 3. 2003.
47 Zit. bei Elisabeth Bumiller: Condoleezza Rice. An American Life, New York 2007, 206.
48 Zit. bei Woodward, 2004, 384.
49 Vgl. Gerard Baker u. a.: Blair's mission impossible: the doomed effort to win a second UN resolution. The Divided West, Part III; in: FT, 29. 5. 2003.
50 Vgl. Woodward, 2004, 392 f.
51 Zit. bei Daalder/Lindsay, 144.

52 «President Says Saddam Hussein Must Leave Iraq Within 48 Hours», 17. 3. 2003. http://georgewbush-whitehouse.archives.gov/news/releases/2003/03/20030317-7.html (29. 1. 2010).
53 Zit. bei «U. S. Cites 1991 U. N. Cease-Fire Resolution as the Legal Basis for Its Invasion»; in: Los Angeles Times, 21. 3. 2003.
54 Vgl. Severin Carrell/Robert Verkaik: War On Iraq Was Illegal, Say Top Lawyers; in: The Independent, 25. 5. 2003.
55 Christian Tomuschat: Der Sicherheitsrat ist gestärkt; in: FAZ, 11. 11. 2002.
56 Vgl. Anne Penketh/Andrew Grice: Blix: Iraq War Was Illegal; in: The Independent, 5. 3. 2004.
57 Annan in einem Interview des BBC World Service. «Excerpts Annan Interview»; 16. 9. 2004. http://news.bbc.co.uk/2/hi/middle_east/3661640.stm (25. 12. 2008).
58 Vgl. Thom Shanker: Iraq Ally Lists Were Altered, Study Shows; in: NYT, 25. 11. 2008.
59 Vgl. «Coalition Members». http://georgewbush-whitehouse.archives.gov/news/releases/2003/03/20030327-10.html (29. 1. 2010).

5. Die Kriegsgründe: Was wir heute wissen

1 «Transcript: David Kay at Senate Hearing», 29. 1. 2004. http://edition.cnn.com/2004/US/01/28/kay.transcript/ (22. 9. 2008).
2 «Powell admits Iraq evidence mistake», 3. 4. 2004. http://news.bbc.co.uk/2/hi/middle_east/3596033.stm (21. 9. 2008) und http://www.news.com.au/heraldsun/story/0,21985,17603142-1702,00.html (21. 9. 2008).
3 Larry Wilkerson in der Show NOW des Public Broadcasting Service (PBS), 2. 3. 2006. http://www.pbs.org/now/politics/wilkerson.html (27. 7. 2008).
4 Vgl. McClellan, 125.
5 «Report of the Select Committee on Intelligence on the U. S. Intelligence Community's Prewar Intelligence Assessments of Iraq, July 9th, 2004». http://intelligence.senate.gov/108301.pdf (26. 9. 2008).
6 «DCI Special Advisor Report on Iraq's WMD», 30. 9. 2004. https://www.cia.gov/library/reports/general-reports-1/iraq_wmd_2004/index.html (1. 2. 2010).
7 «Commission on the Intelligence Capabilities of the United States Regarding Weapons of Mass Destruction (Robb/Silberman Commission)». Report to the President, 31. 3. 2008, 45 f. http://www.wmd.gov/report/ (20. 9. 2008).
8 Bush in einem ABC-Interview. Zit. bei Kate Phillips: Bush: ‹I was Unprepared for War›; in: NYT, 1. 12. 2008.
9 Vgl. Charles Ferguson: No End in Sight. Iraq's Descent Into Chaos, New York 2008, 42.

10 «Report of the Select Committee on the Use by the Intelligence Community of Information Provided by the Iraqi National Congress», 8. 9. 2006, 113. http://intelligence.senate.gov/phaseiiinc.pdf (26. 9. 2008).

11 «Report of the Select Committee on Postwar Findings About Iraq's WMD Programs and Links to Terrorism and How They Compare With Prewar Assessments», 8. 9. 2006. http://intelligence.senate.gov/phaseiiaccuracy.pdf (26. 9. 2008).

12 Blix im NBC-Nachrichtenmagazin «Today». Zit. bei Warren Hoge: Ex-U. N. Inspector Has Harsh Words for Bush; in: NYT, 16. 3. 2004.

13 «President Bush Outlines Iraqi Threat», 7. 10. 2002. http://georgewbush-whitehouse.archives.gov/news/releases/2002/10/20021007-8.html (26. 1. 2010).

14 Vgl. Douglas Jehl: Report Warned Bush Team About Intelligence Doubts; in: NYT, 6. 11. 2005.

15 Vgl. Murray Waass: What Bush Was Told About Iraq; in: NJ, 4. 3. 2006, 40–42.

16 Vgl. Ron Suskind: The Way of the World, New York 2008, 179 ff, 194 ff und 364 ff.

17 The Center for Public Integrity: The War Card, 23. 1. 2008. http://projects.publicintegrity.org/WarCard/(15. 11. 2008).

18 Select Committee on Intelligence, U. S. Senate: Report on Whether Public Statements on Iraq by U. S. Government Officials Were Substantiated by Intelligence Information, June 2008, 170 S., hier 71 f, 82. Rockefellers Zitat findet sich auf S. 91. http://intelligence.senate.gov/080605/phase2a.pdf (20. 9. 2008).

19 Vgl. Tyler Drumheller: Wie das Weiße Haus die Welt belügt, Kreuzlingen/München 2007.

20 Vgl. Bob Drogin: Curveball: Spies, Lies, and the Con Man Who Caused a War, New York 2007, 279 f.

21 Joseph Wilson: What I Didn't Find in Africa; in: NYT, 6. 7. 2003.

22 Die folgenden Ausführungen beruhen auf der Studie des Joint Forces Command. Kevin M. Woods u. a.: Iraqi Perspectives Project. A View of Operation Iraqi Freedom from Saddam's Senior Leadership, April 2005, 210 S.; zu den Massenvernichtungswaffen siehe 91–95, Zitate auf 91 und 15. http://www.jfcom.mil/newslink/storyarchive/2006/ipp.pdf (31. 10. 2008). Siehe auch Michael Gordon/Bernard Trainor: Even as U. S. Invaded, Hussein Saw Iraqi Unrest as Top Threat; in: NYT, 12. 3. 2006. (2006 b)

23 «Saddam Hussein Talks to the FBI: Twenty Interviews and Five Conversations with ‹High Value Detainee #1› in 2004.» National Security Archive Electronic Briefing Book No. 279. Edited by Joyce Battle, assisted by Brendan McQuade, 1. 7. 2009. http://www.gwu.edu/~nsarchiv/NSAEBB/NSAEBB279/index.htm (22. 2. 2010).

24 Vgl. Gordon/Trainor, 2006 a, 118.
25 Vgl. John Barry: A Defector's Secret; in: Newsweek, 3. 3. 2003. http://www.newsweek.com/id/58555 (8. 7. 2009).
26 Tenet, 332 f. Kursiv im Original.
27 «From the Editors: The Times and Iraq»; in: NYT, 26. 5. 2004.
28 Vgl. Douglas Kellner: Media Spectacle and the Crisis of Democracy, Terrorism, War & Elections Battles, New York 2003, 67.
29 Steven Kull u.a: Misperceptions, the Media and the Iraq War, 2. 10. 2003. http://65.109.167.118/pipa/pdf/oct03/IraqMedia_Oct03_rpt.pdf (27. 9. 2009).
30 Der Text der Anzeige steht unter http://www.bear-left.com/archive/2002/0926oped.html (21. 10. 2008).
31 John Mearsheimer/Stephen Walt: An Unnecessary War; in: Foreign Policy, No. 134 (Jan./Feb. 2003), 50–59.
32 Vgl. Henry Kissinger: Our Intervention in Iraq; in: WP, 12. 8. 2002.
33 Vgl. John Mearsheimer/Stephen Walt: Keeping Saddam in a Box; in: NYT, 2. 2. 2003.
34 Vgl. Gellman, 233.
35 Packer, 46.
36 Die Zitate stammen von Gerhard Spörl: Die Leo-Konservativen; in: Der Spiegel, 4. 8. 2003, 68–74, hier 68; ders.: Professor War; in: ebd., 28. 5. 2005, 38 f, hier 38; und Tim Müller: Wer denkt für Bush?; in: SZ, 8. 7. 2002.
37 Clyde Prestowitz: Rogue Nation. American Unilateralism and the Failure of Good Intentions, New York 2003, 277.
38 Zalmay Khalilzad/Paul Wolfowitz: The United States and Iraq; in: The Weekly Standard, 1. 12. 1997, 14.
39 Tenet, 321.
40 Zit. bei Josef Joffe: War doch nicht so gemeint; in: Die Zeit, 23. 10. 2008.
41 Patrick Keller: Neokonservativismus und amerikanische Außenpolitik, Paderborn u. a. 2008, 199.
42 John Mearsheimer/Stephen Walt: The Israel Lobby; in: London Review of Books, 23. 3. 2006. http://www.lrb.co.uk/v28/n06/mear01_.html (29. 10. 2008).
43 Dies.: The Israel Lobby and U. S. Foreign Policy, New York/London 2007, 230.
44 Detlef Junker: Explosive Thesen, empirische Mängel; in: FAZ, 16. 1. 2008.
45 Robert Lieberman: The «Israel Lobby» and American Politics; in: Perspectives on Politics, Vol. 7/No. 9 (June 2009), 235–257, hier 250.
46 Patrick Buchanan: Whose War?; in: The American Conservative, 24. 3. 2003.
47 Tobias Jaecker: Antisemitische Verschwörungstheorien nach dem 11. September, Münster 2004, 146, 168 f.

48 Pew Research Center for the People and the Press: Pew Global Attitudes Project. What the World Thinks in 2002, Washington, D. C., 4. 12. 2002.
49 «Blut für Öl: Worum es im Irak wirklich geht»; in: Der Spiegel, 13. 1. 2003, 1.
50 Alan Greenspan: The Age of Turbulence. Adventures in a New World, New York 2007, 463.
51 Vgl. Noam Chomsky: The Israel Lobby?; in: Znet (online), 28. 3. 2006. http://www.zmag.org/znet/viewArticle/4134 (13. 11. 2008).
52 Noam Chomsky: Interventionen, Hamburg 2008, 14.
53 Andrian Kreye: Stimme der Jugend. Der politische Aktivismus von Noam Chomsky; in: SZ, 6./7. 12. 2008.
54 Vgl. The Pew Research Center: A Year After the Iraq War. Mistrust of America in Europe Ever Higher, Muslim Anger Persists, 16. 3. 2004. http://people-press.org/report/206/a-year-after-iraq-war (15. 11. 2008).
55 Vgl. Woodward, 2004, 367.
56 Robin Cook: Financial Scandals of Occupation Worse Than the Errors of Judgment; in: The Independent, 10. 11. 2003.
57 Gwynne Dyer: Nach Irak und Afghanistan. Was kommt, wenn die westlichen Truppen gehen?, Frankfurt 2008, 57.
58 «Jihad Against Jews and Crusaders». World Islamic Front Statement, 23. 2. 1998. http://www.fas.org/irp/world/para/docs/980223-fatwa.htm (25. 9. 2009).
59 Frank Rich: The Greatest Story Ever Sold, New York 2006, 216 f.

6. Kriegsverlauf und Nachkriegsplanung

1 Woodward, 2004, 366.
2 Donald Rumsfeld: DOD Acquisition and Logistics Excellence Week Kickoff – Bureaucracy to Battlefield; 10. 9. 2001. http://www.defenselink.mil/speeches/speech.aspx?speechid=430 (11. 5. 2009).
3 Gordon/Trainor, 2006 a, 4.
4 Vgl. Seymour Hersh: Die Befehlskette. Vom 11. September bis Abu Ghraib, Hamburg 2004, 280.
5 Zit. bei Eric Schmitt: Army Chief Raises Estimate of G. I.'s Needed in Postwar Iraq; in: NYT, 25. 2. 2003; und ders.: Threats and Responses: Military Spending; Pentagon Contradicts General On Iraq Occupation Force's Size; in: NYT, 28. 2. 2003.
6 Vgl. James Kitfield: The Generals' Case; in: NJ, 6. 5. 2006, 20–29, hier 25.
7 Vgl. Gordon/Trainor, 2006 a, 178.
8 Stephen Kinzer: Putsch! Zur Geschichte des amerikanischen Imperialismus, Frankfurt 2007, 423.

9 Zit. bei Gordon/Trainor (2006 b).
10 Vgl. Woodward, 2004, 458 ff. Adelman bedauerte 2006 jedoch seine Unterstützung des Kriegs.
11 Zit. bei Nicholas Kristof: Iraq's not Vietnam; in: WP, 4. 4. 2003.
12 Zit. bei Donald Wright/Timothy Reese: On Point II: Transition to the New Campaign: The United States Army in Operation IRAQI FREEDOM, May 2003–January 2005: Transition to the New Campaign, Washington, D. C. 2008, 76.
13 Vgl. «Three Retired Officers Demand Rumsfeld's Resignation»; in: WP, 25. 9. 2006.
14 Wright/Reese, 586.
15 Vgl. Woodward, 2006, 184.
16 «Hearing Before the Committee on the Budget, House of Representatives», 27. 2. 2003, Department of Defense Priorities for Fiscal Year 2004, Washington 2003, 12. http://frwebgate.access.gpo.gov/cgi-bin/getdoc.cgi?dbname=108_house_hearings&docid=f:85421.pdf (14. 2. 2009).
17 «DoD News Briefing – Secretary Rumsfeld and General Myers», 11. 4. 2003. http://www.defenselink.mil/transcripts/transcript.aspx?transcriptid=2367 (1. 1. 2009).
18 Vgl. Michael Gordon: The Strategy to Secure Iraq Did Not Foresee a 2nd War; in: NYT, 19. 10. 2004.
19 Thomas Ricks: Fiasco. The American Military Adventure in Iraq, New York 2006, 128.
20 «Secretary Rumsfeld's Message to the People of Iraq», 30. April 2003. http://www.defenselink.mil/transcripts/transcript.aspx?transcriptid=2543 (29. 6. 2009).
21 «President Bush Announces Major Combat Operations in Iraq Have Ended», 1. 5. 2003. http://georgewbush-whitehouse.archives.gov/news/releases/2003/05/20030501-15.html (29. 1. 2010).
22 Elisabeth Bumiller. Keepers of Bush Image Lift Stagecraft to New Hights; in: NYT, 23. 5. 2003.
23 Zit. bei Ricks, 2006, 184.
24 «Report of the Select Committee on Intelligence on Prewar Intelligence Assessments about Iraq». http://intelligence.senate.gov/prewar.pdf (15. 10. 2008), hier S. 9.
25 Zit. bei Michael Isikoff/David Corn: Hubris. The Inside Story of Spin, Scandal, and the Selling of the Iraq War, New York 2006, 197 f.
26 Zit. bei Ricks, 2006, 72.
27 Pollack, 387.
28 Tenet, 419.
29 «The 2000 Campaign; Transcript of Debate Between Vice President Gore and Governor Bush»; in: NYT, 4. 10. 2000.

30 Vgl. Peter Galbraith: The End of Iraq. How American Incompetence Created a War Without End, New York u. a. 2006, 83.
31 Vgl. Rajiv Chandrasekaran: Imperial Life in the Emerald City, New York 2006, 29.
32 Daalder/Lindsay, 151.
33 Vgl. Packer, 134.
34 Zit. bei Woodward, 2006, 146.
35 Vgl. Galbraith, 2006, 97.
36 Vgl. Karen DeYoung: Soldier. The Life of Colin Powell, New York 2006, 464.
37 Zit. bei Gordon/Trainor, 2006 a, 472.
38 Zit. bei Woodward, 2006, 172.

7. Besatzungszeit

1 Vgl. Woodward, 2006, 173.
2 Wright, 571.
3 Zit. bei ebd., 154.
4 Zit. bei Woodward, 2006, 197.
5 «United Nations Security Council, Resolution 1483» (2003), 22. 5. 2003. http://daccessdds.un.org/doc/UNDOC/GEN/N03/368/53/PDF/N0336853.pdf?OpenElement (14. 2. 2009).
6 Zit. bei Woodward, 2006, 191.
7 Beide Zitate bei Chandrasekaran, 70 f.
8 Vgl. L. Paul Bremer: My Year in Iraq. The Struggle to Build a Future of Hope, New York 2006, 39, 56.
9 Vgl. Ferguson, 2008, 190 ff.
10 Vgl. Edmund Andrews: Bremer Rebuts Bush Over Dissolution of Iraq Army; in: International Herald Tribune (IHT), 5. 9. 2007.
11 Zit. bei Ferguson, 185.
12 Vgl. ebd.
13 Tommy Franks: American Soldier, New York 2004, 362.
14 Zit. bei Gordon/Trainor, 2006 a, 493.
15 Zit. bei Ricks, 2006, 173.
16 Zit. bei ebd., 212.
17 Zit. bei Larry Diamond: Squandered Victory, New York 2005, 301.
18 Vgl. Woodward, 2006, 212.
19 Vgl. Gary C. Jacobson: A Divider, Not a Uniter. George W. Bush and the American People, New York 2006, 122 ff.
20 «Primetime Live, ABC», 16. 12. 2003, zit. bei Ben Fritz/Bryan Keefer/Brendan Nyhan: All the President's Spin, New York 2004, 197.
21 «President Bush Names Randall Tobias to be Global AIDS Coordinator»,

2.7. 2003. http://georgewbush-whitehouse.archives.gov/news/releases/2003/07/20030702-3.html (31. 1. 2010).

22 Vgl. Bremer, 105 ff.

23 Zit. bei Woodward, 2006, 234.

24 Vgl. Wright, 170.

25 Vgl. Bremer, 186, siehe auch 150, 168 f und 182 f.

26 Vgl. Ferguson, 252.

27 Chandrasekaran, 124.

28 «Beyond Nation Building. Remarks as Prepared for Delivery by Secretary of Defense Donald H. Rumsfeld», 11th Annual Salute to Freedom, Intrepid Sea-Air-Space Museum, New York City, Friday, February 14, 2003. http://www.defenselink.mil/speeches/speech.aspx?speechid=331 (10. 1. 2009).

29 Zit. bei Tenet, 423.

30 Zit. bei Woodward, 2006, 202.

31 Vgl. Chandrasekaran, 91, 94.

32 Zit. bei DeYoung, 483.

33 Vgl. Ricks, 2006, 309.

34 Vgl. ebd., 327.

35 Vgl. Amatzia Baram: Who Are the Insurgents? Sunni Arab Rebels in Iraq; in: Special Report 134 (April 2005)/United States Institute of Peace, 19 S. http://www.usip.org/pubs/specialreports/sr134.pdf (19. 2. 2009).

36 Zit. bei Chandrasekaran, 129.

37 Zit. bei Ricks, 2006, 362.

38 Thomas Friedman: Restoring Our Honor; in: NYT, 6. 5. 2004.

39 Vgl. Seymour Hersh: Torture At Abu Ghraib; in: The New Yorker, 10. 5. 2005. Die Online-Version erschien am 30. 4. 2005.

40 «President Bush Announces Major Combat Operations in Iraq Have Ended», 1. 5. 2003. http://georgewbush-whitehouse.archives.gov/news/releases/2003/05/20030501-15.html (31. 1. 2010). In Wirklichkeit schreibt Isaiah diese Worte Gott zu.

41 Zit. bei Andrew Cockburn: Rumsfeld. His Rise, Fall, and Catastrophic Legacy, New York u. a. 2007, 194.

42 «President Bush, Jordanian King Discuss Iraq, Middle East», 6. 5. 2004. http://georgewbush-whitehouse.archives.gov/news/releases/2004/05/20040506-9.html (31. 1. 2010).

43 «Testimony of Secretary of Defense Donald Rumsfeld Before the House Armed Services Committee», U.S. House of Representatives, 7. 5. 2004. http://armedservices.house.gov/comdocs/openingstatementsandpressreleases/108thcongress/04–05–07rumsfeld.html (4. 1. 2009).

44 Vgl. Philip Gourevitch/Errol Morris: Standard Operating Procedure, New York 2008.

45 Zit. bei Blake Morrison/Peter Eisler: General Promised Quick Results if Gitmo Plan Used at Abu Ghraib; in: USA Today, 23. 6. 2004.
46 Vgl. Jane Mayer: The Dark Side. The Inside Story of How the War on Terror Turned into a War on American Ideals, New York u. a. 2008, 257 f.
47 Zit. bei Woodward, 2002, 100.
48 «The Vice President appears on Meet the Press with Tim Russert», 16. 9. 2001. http://georgewbush-whitehouse.archives.gov/vicepresident/news-speeches/speeches/vp20010916.html (31. 10. 2010).
49 «US Plans ‹Dirty War›»; in: The World Today Archive, 17. 9. 2001. http://www.abc.net.au/worldtoday/stories/s368452.htm (29. 7. 2009).
50 Vgl. Gellman, 178.
51 Ricardo Sanchez: Wiser in Battle, New York 2008, 154.
52 «Senate Armed Services Committee Inquiry into the Treatment of Detainees in U. S. Custody. Executive Summary and Conclusions», 11. 12. 2008, hier XXIX. http://levin.senate.gov/newsroom/supporting/2008/Detainees.121108.pdf (5. 1. 2009).
53 Vgl. «Troop Contingents in Iraq by Country of Origin: March 2004». http://www.pwhce.org/willing.html#troops (31. 1. 2010).
54 Jeremy Scahill: Blackwater. The Rise of the World's Most Powerful Mercenary Army, New York 2007, 47.
55 Vgl. ebd., 76 f.
56 Vgl. David Johnston/John Broder: F. B. I. Says Guards Killed 14 Iraqis Without Cause; in: NYT, 14. 11. 2007.
57 Zit. bei Galbraith, 2006, 142.
58 Vgl. Bamford, 351 f.
59 Vgl. Chandrasekaran, 233.
60 Zit. bei ebd., 240.
61 Vgl. ebd., 288, 295.
62 Vgl. Ali Allawi: The Occupation of Iraq. Winning the War, Losing the Peace, New Haven/London 2007, 365 ff, Zitat auf S. 367.
63 Zit. bei Josh White: Town Reflect Rising Sabotage in Iraq; in: WP, 9. 12. 2004.
64 Zit. bei Ferguson, 521.
65 Zit. bei Ricks, 2006, 390.

8. Machtübergabe und Bürgerkrieg

1 Vgl. Jacobson, 163 ff.
2 Zit. bei Gordon/Trainor, 2006 a, 496.
3 «President Bush Sworn-In to Second Term», 20. 1. 2005. http://georgewbush-whitehouse.archives.gov/news/releases/2005/01/20050120-1.html (31. 1. 2010).

4 Zit. bei Woodward, 2006, 316 f.
5 Zit. bei David Sanger: War Figures Honored With Medal of Freedom; in: NYT, 15. 12. 2004.
6 Vgl. Woodward, 2006, 319.
7 Zit. bei Linda Robinson: Tell Me How This Ends. General David Petraeus and the Search for a Way out of Iraq, New York 2008, 5.
8 Zit. bei Galbraith, 2006, 5.
9 Zit. bei Woodward, 2006, 382.
10 Zit. bei ebd., 399.
11 Zit. bei Kevin Whitelaw: Hit By Friendly Fire; in: U. S. News and World Report, 19. 6. 2005.
12 Zit. bei Helen Dewar/Dana Milbank: Cheney Dismisses Critic With Obscenity Clash With Leahy About Halliburton; in: WP, 25. 6. 2004.
13 Zit. bei Eric Schmitt: Iraq-Bound Troops Confront Rumsfeld Over Lack of Armor; in: NYT, 8. 12. 2004.
14 Zit. bei David Stout: U. S. Envoy Says Some G. I.'s in Iraq May Come Home Next Year; in: NYT, 26. 10. 2005.
15 «Secretary Rumsfeld's Remarks to the John Hopkins, Paul H. Nitze School of Advanced International Studies», 5. 12. 2005. http://www.defenselink.mil/transcripts/transcript.aspx?transcriptid=1361
16 Vgl. John Mueller: The Iraq Syndrome; in: Foreign Affairs, Vol. 84/No. 6 (Nov./Dec. 2005), 44–54, hier 45.
17 «Transcript of President Bush's Speech»; in: NYT, 28. 6. 2005.
18 «National Strategy for Victory in Iraq», 30. 11. 2005, 2. http://georgewbush-whitehouse.archives.gov/infocus/iraq/iraq_strategy_nov2005.html (31. 1. 2010).
19 «President Outlines Strategy for Victory in Iraq», 30. 11. 2005. http://georgewbush-whitehouse.archives.gov/news/releases/2005/11/20051130-2.html (31. 1. 2010).
20 Zit. bei David Sanger: The Iraqi Election. White House, Bush Hails Vote, in: NYT, 31. 1. 2005.
21 Vgl. Ferguson, 274.
22 Zit. bei Scott Stearns: Bush: Elections Are ‹Glorious Day› for Iraq; in: Voice of America, 16. 12. 2005. http://www.voanews.com/english/archive/2005-12/Bush-Hails-Iraqi-Elections.cfm (6. 9. 2009).
23 «The President's Oval Office Address»; in: NYT, 18. 12. 2005.
24 Vgl. Ferguson, 362 f.
25 Zit. bei Robinson, 10.
26 Gilbert Burnham/Riyadh Lafta/Shannon Doocy/Les Roberts: Mortality after the 2003 invasion of Iraq: a cross-sectional cluster sample survey; in: The Lancet, Vol. 368/No. 9545 (21. 10. 2006), 1421–1428.
27 Vgl. Neil Munro/Carl M. Cannon: Data Bomb; in: NJ, 5. 1. 2008, 12–21.

28 Catherine A. Brownstein/John S. Brownstein: Estimating Excess Mortality in Post-Invasion Iraq, in: The New England Journal of Medicine, Vol. 358/ No. 5 (31. 1. 2008), 445–447.
29 Angaben des UN High Commissioner of Refugees. Vgl. Walter Pincus: 1000 Iraqis a Day Flee Violence, U. N. Group Finds; in: WP, 24. 11. 2006.
30 Zit. bei Woodward, 2006, 426.
31 Vgl. ebd., 428.
32 Thomas Ricks: The Gamble. General Petraeus and the Untold Story of the American Surge in Iraq 2006–2008, New York 2009, 40.
33 Paul Eaton: For His Failures, Rumsfeld Must Go; in: NYT, 19. 3. 2006.
34 Vgl. Dale Herspring: Rumsfeld's Wars. The Arrogance of Power, Lawrence 2008, 183 f.
35 Zit. bei Joel Brinkley: Rice, in England, Concedes U. S. ‹Tactical Errors› in Iraq; in: NYT, 1. 4. 2006.
36 Vgl. «Powell Says He Made Prewar Push for More Troops»; in: NYT, 30.4. 2006.
37 Zit. bei David Cloud: Here's Donny! In His Defense, a Show Is Born; in: NYT, 19. 4. 2006.
38 Zit. bei Cockburn, 219.
39 Vgl. Joseph Biden/Leslie Gelb: Unity Through Autonomy in Iraq; in: NYT, 1. 5. 2006.
40 Vgl. Galbraith, 2006, 222.
41 Vgl. «Iraqi Forces Concern U.S.Commander»; in: Washington Times, 16.10. 2006.
42 Zit. bei Woodward, 2006, 456.
43 Vgl. William Schneider: A Message about Priorities; in: NJ, 6. 1. 2007.
44 Zit. bei Bradley Graham: Decline and Fall. Donald Rumsfeld's Dramatic End; in: WP, 14. 6. 2009.
45 Zit. bei Woodward, 2008, 258.
46 «The Iraq Study Group Report», 6, 15. http://www.bakerinstitute.org/files/pubs/iraqstudygroup_findings.pdf (3. 9. 2009).
47 Vgl. Jim Rutenberg/David Sanger/Michael Gordon: A 2-Month White House Debate on Iraq, Capped by ‹the Big Push›; in: NYT, 11. 1. 2007.
48 Vgl. Frederick Kagan: Choosing Victory. A Plan for Success in Iraq (5. 1. 2007). http://www.aei.org/paper/25396 (1. 1. 2010).
49 Vgl. Woodward, 2008, 317.

9. Die *Surge*-Strategie und die Stabilisierung des Irak

1 «President Bush's Address to the Nation»; in: NYT, 10. 1. 2007.
2 Karl Rove: Courage and Consequence: My Life as a Conservative in the Fight, New York 2010, 480.

3 In einem MSNBC-Interview mit Keith Olbermann. Zit. bei Woodward, 2008, 316.
4 Zit. bei David Stout: Bush's Iraq Plan Meets Opposition From Congress; in: NYT, 11. 1. 2007.
5 David Petraeus: Learning Counterinsurgency. Observations from Soldiering in Iraq; in: Military Review, Jan./Feb. 2006, 2–12.
6 «The U.S. Army/Marine Corps Counterinsurgency Field Manual», Chicago 2007.
7 Zit. bei Ricks, 2009, 140 f.
8 Zit. bei Robinson, 97.
9 Vgl. Kimberly Kagan: The Surge. A Military History, New York/London 2009, 160 ff.
10 Zit. bei Woodward, 2008, 293.
11 Zit. bei Ricks, 2009, 179.
12 Michael O'Hanlon/Kenneth Pollack: A War We Might Just Win; in: NYT, 30. 7. 2007.
13 Vgl. Peter Galbraith: Unintended Consequences. How The War in Iraq Strengthened America's Enemies, New York 2008, 15.
14 Vgl. «Iraq Coalition Casualty Count». http://icasualties.org/Iraq/index.aspx (8. 4. 2007).
15 Vgl. Galbraith, 2008, 18.
16 Zit. bei Robinson, 260.
17 Zit. bei Woodward, 2008, 385.
18 David Petraeus: Report to Congress on the Situation in Iraq, 11. 9. 2007, 23 S., hier S. 1. http://foreign.senate.gov/testimony/2007/PetraeusTestimony070911a.pdf (25. 9. 2009).
19 «General Petraeus or General Betray Us?» http://pol.moveon.org/petraeus.html (3. 1. 2010).
20 Zit. bei Elisabeth Bumiller: A General Faces Questions From 5 Potential Bosses; in: NYT, 12. 9. 2007.
21 Zit. bei Woodward, 2008, 390.
22 «The Democratic Presidential Debate on MSNBC»; in: NYT, 26. 9. 2007.
23 Zit. bei Ricks, 2009, 255.
24 David Petraeus: Report to Congress on the Situation in Iraq, 9. 4. 2008, 7 S., hier 1. http://foreign.senate.gov/testimony/2008/PetraeusTestimony080408p.pdf (5. 1. 2010).
25 «Report on Iraq to the House Committee on Foreign Affairs», Hearing, 9. 4. 2008, 109 S., hier 52. http://www.internationalrelations.house.gov/110/41755.pdf (5. 1. 2010).
26 Galbraith, 2008, 15.
27 «Agreement Between the United States of America and the Republic of Iraq On the Withdrawal of United States Forces from Iraq and the Organization

of Their Activities during Their Temporary Presence in Iraq», 17. 11. 2008. https://www.mnf-iraq.com/images/CGs_Messages/security_agreement.pdf (8. 1. 2010).

10. Präsident Obama und das Ende des Irakkriegs

1 «Remarks of Illinois State Sen. Barack Obama Against Going to War with Iraq», 2. 10. 2002. http://www.barackobama.com/2002/10/02/remarks_of_illinois_state_sen.php (11. 9. 2009).
2 Dan Balz/Haynes Johnson: The Battle for America 2008, New York 2009, 22.
3 «Senator John McCain's Convention Speeches»; in: NYT, 4. 9. 2008.
4 «John McCain with Larry King», 14. 2. 2008. http://www.realclearpolitics.com/articles/2008/02/john_mccain_with_larry_king.html (14. 1. 2010).
5 «Allmählich werden wir unabhängig»; Mathias Müller von Blumencron und Bernhard Zand im Gespräch mit Nuri Maliki; in: DER SPIEGEL 30/2008 (21. 7. 2008), 102.
6 Zit. bei Kate Phillips: Democrats, McCain and the Iraq War; in: NYT, 11. 1. 2008.
7 Zit. bei Peter Baker: Appointments Begin a New Phase for Obama; in: NYT, 1. 12. 2008.
8 Zit. bei Peter Baker: With Pledges to Troops and Iraqis, Obama Details Pullout; in: NYT, 27. 2. 2009.
9 «Obama's Speech at Camp Lejeune, N. C.»; in: NYT, 27. 2. 2009.
10 Michael O'Hanlon/Kenneth Pollack: Iraq's Year of Living Dangerously; in: IHT, 28. 2/1. 3. 2009.
11 Stephen Biddle: Gefährliche Eile am Persischen Golf; in: SZ, 5. 2. 2010.
12 Zit. bei Steven Lee Myers/Marc Santora: Premier Casting U. S. Withdrawal as Iraq Victory; in: NYT, 26. 6. 2009.
13 Zit. bei Alissa Rubin: U. S. Forces Withdraw From Cities Across Iraq; in: IHT, 1. 7. 2009..
14 Zit. bei Elisabeth Bumiller: Pentagon Shifts Numbers in Iraq-Afghan Equation; in: IHT, 1./2. 8. 2009.
15 Zit. bei James Traub: Biden as the All-Purpose Sage at the White House; in: IHT, 28./29. 11. 2009.
16 Ebd.
17 «Remarks by the President in State of the Union Address», 27. 1. 2010. http://www.whitehouse.gov/the-press-office/remarks-president-state-union-address (5. 2. 2010).
18 Henry Kissinger: What Iraq?; in: IHT, 4. 2. 2010.

11. Der Irakkrieg – eine Bilanz

1 Ferguson, 428.

2 Vgl. Dexter Filkins; Regrets Only?; in: NYT Magazine, 7. 10. 2007, 7 S., hier 2.

3 «Iran-Iraq War (1980–1988)»; http://www.globalsecurity.org/military/world/war/iran-iraq.htm (4. 4. 2010).

4 «Civilian deaths from violence in 2009». http://www.iraqbodycount.org/analysis/numbers/2009/ (22. 1. 2010). Die detailliertesten Statistiken zum Irakkrieg und zum Wiederaufbau bietet der von Michael O'Hanlon und Ian Livingston herausgegebene «Iraq Index». http://www.brookings.edu/iraq-index (7. 3. 2010).

5 «Iraq Coalition Casualties: Fatalities by Year and Month». http://www.icasualties.org/Iraq/ByMonth.aspx (22. 1. 2010).

6 Allawi, 460.

7 Joseph E. Stiglitz/Linda J. Bilmes: The Three Trillion Dollar War: The True Cost of the Iraq Conflict, New York/London 2008, XV, 57.

8 Vgl. Stephen Dagett: Costs of Major U. S. Wars. Congressional Research Service Report for Congress, 24. 8. 2008, 5 S., hier 2. http://www.fas.org/sgp/crs/natsec/RS22926.pdf (4. 9. 2009).

9 Zit. bei Dana Priest/Josh White: War Helps Recruit Terrorists, Hill Told; in: WP, 17. 2. 2005.

10 Für die freundliche Überlassung der Graphik danke ich Prof. Dr. Gary Jacobson von der University of California/San Diego.

11 German Marshall Fund of the United States: Transatlantic Trends, Washington 2008, 6. http://www.gmfus.org/trends/doc/2008_english_key.pdf (18. 2. 2010).

12 Vgl. Graham, 146.

Literaturverzeichnis

Das Literaturverzeichnis umfasst Bücher, Sammelbände und Aufsätze. Die bibliographischen Angaben zu Quellen, Zeitungsartikeln und Beiträgen in Publikumszeitschriften finden sich in den Anmerkungen.

Allawi, Ali: The Occupation of Iraq. Winning the War, Losing the Peace, New Haven/London 2007.

Balz, Dan/Johnson, Haynes: The Battle for America 2008, New York 2009.

Bamford, James: A Pretext for War. 9/11, Iraq, and the Abuse of America's Intelligence Analysis, New York 2005.

Baram, Amatzia: The Iraqi Invasion of Kuwait. Decision-making in Bagdad; in: Baram/Rubin, 5–36.

Baram, Amatzia/Rubin, Barry (eds.): Iraq's Road to War, Houndmills 1994.

Barnes, Fred: Rebel-in-Chief, New York 2006.

Blix, Hans: Mission Irak. Wahrheit und Lügen, München 2004.

Bremer, L. Paul: My Year in Iraq. The Struggle to Build a Future of Hope, New York 2006.

Brownstein, Catherine A./Brownstein, John S.: Estimating Excess Mortality in Post-Invasion Iraq; in: The New England Journal of Medicine, Vol. 358/No. 5 (31. 1. 2008), 445–447.

Buchanan, Patrick: Whose War?; in: The American Conservative, 24. 3. 2003.

Bumiller, Elisabeth: Condoleezza Rice. An American Life, New York 2007.

Burnham, Gilbert/Lafta, Riyadh/Doocy, Shannon/Roberts, Les: Mortality after the 2003 invasion of Iraq: a cross-sectional cluster sample survey; in: The Lancet, Vol. 368/No. 9545 (21. 10. 2006), 1421–1428.

Bush, George H. W./Scowcroft, Brent: A World Transformed, New York 1998.

Butler, Richard: The Greatest Threat, New York 2000.

Chandrasekaran, Rajiv: Imperial Life in the Emerald City, New York 2006.

Chomsky, Noam: Interventionen, Hamburg 2008.

Clarke, Richard: Against All Enemies. Inside America's War on Terror, New York 2004 (dt. Ausgabe: Against All Enemies. Der Insiderbericht über Amerikas Krieg gegen den Terror, Hamburg 2004).

Cockburn, Andrew: Rumsfeld. His Rise, Fall, and Catastrophic Legacy, New York u. a. 2007.

ders./Cockburn, Patrick: Out of the Ashes. The Resurrection of Saddam Hussein, New York 1999.

Cook, Robin: The Point of Departure. Diaries from the Front Bench, London 2003.
Daalder, Ivo/Lindsay, James: America Unbound. The Bush Revolution in Foreign Policy, Washington, D. C. 2003.
Dagett, Stephen: Costs of Major U. S. Wars. Congressional Research Service Report for Congress, 24. 8. 2008.
Dettke, Dieter: Germany Says No. The Iraq War and the Future of German Foreign and Security Policy, Washington, D. C. 2009.
DeYoung, Karen: Soldier. The Life of Colin Powell, New York 2006.
Diamond, Larry: Squandered Victory, New York 2005.
Drogin, Bob: Curveball. Spies, Lies, and the Con Man Who Caused a War, New York 2007.
Drumheller, Tyler: Wie das Weiße Haus die Welt belügt, Kreuzlingen/München 2007.
Dyer, Gwynne: Nach Irak und Afghanistan. Was kommt, wenn die westlichen Truppen gehen?, Frankfurt 2008.
Ferguson, Charles: No End in Sight. Iraq's Descent into Chaos, New York 2008.
Franks, Tommy: American Soldier, New York 2004.
Fritz, Ben/Keefer, Bryan/Nyhan, Brendan: All the President's Spin, New York 2004.
Frum, David: The Right Man. The Surprise Presidency of George W. Bush, New York 2003.
Galbraith, Peter: The End of Iraq. How American Incompetence Created a War Without End, New York u. a. 2006.
ders.: Unintended Consequences. How The War in Iraq Strengthened America's Enemies, New York 2008.
Gellman, Barton: Angler. The Cheney Vice Presidency, New York 2008.
German Marshall Fund of the United States: Transatlantic Trends, Washington 2008.
Gordon, Michael/Trainor, Bernard: Cobra II. The Inside Story of the Invasion and Occupation of Iraq, London 2006.
Gordon, Philip/Shapiro, Jeremy: Allies at War. America, Europe, and the Crisis over Iraq, Washington, D. C. 2004.
Gourevitch, Philip/Morris, Errol: Standard Operating Procedure, New York 2008.
Graham, Bob (mit Nussbaum, Jeff): Intelligence Matters. The CIA, the FBI, Saudi-Arabia, and the Failure of America's War on Terror. With a New Preface and Postscript, New York 2008 (Originalausgabe 2004).
Greenspan, Alan: The Age of Turbulence. Adventures in a New World, New York 2007.
Hersh, Seymour: Die Befehlskette. Vom 11. September bis Abu Ghraib, Hamburg 2004.

Herspring, Dale: Rumsfeld's Wars. The Arrogance of Power, Lawrence/Kansas 2008.
Isikoff, Michael/Corn, David: Hubris. The Inside Story of Spin, Scandal, and the Selling of the Iraq War, New York 2006.
Jacobson, Gary C.: A Divider, Not a Uniter. George W. Bush and the American People, New York 2006.
Jaecker, Tobias: Antisemitische Verschwörungstheorien nach dem 11. September, Münster 2004.
Kagan, Kimberly: The Surge. A Military History, New York/London 2009.
Kagan, Robert: Power and Weakness; in: Policy Review, June/July 2002, 3–28.
Keller, Patrick: Neokonservativismus und amerikanische Außenpolitik, Paderborn u. a. 2008.
Kellner, Douglas: Media Spectacle and the Crisis of Democracy, Terrorism, War & Elections Battles, New York 2003.
Kinzer, Stephen: Putsch! Zur Geschichte des amerikanischen Imperialismus, Frankfurt 2007.
Kuntz, Friederike: Der Weg zum Irak-Krieg. Groupthink und die Entscheidungsprozesse der Bush-Regierung, Wiesbaden 2007.
Lieberman, Robert: The «Israel Lobby» and American Politics; in: Perspectives on Politics, Vol. 7/No.9 (June 2009), 235-257.
Mann, James: Rise of the Vulcans. The History of Bush's War Cabinet, New York 2004.
Mayer, Jane: The Dark Side. The Inside Story of How the War on Terror Turned into a War on American Ideals, New York u. a. 2008.
McClellan, Scott: What Happened. Inside the Bush White House and Washington's Culture of Deception, New York 2008.
Mearsheimer, John J./Walt, Stephen: An Unnecessary War; in: Foreign Policy, No. 134 (Jan./Feb. 2003), 50–59.
dies.: The Israel Lobby; in: London Review of Books, 23. 3. 2006, 3–12.
dies.: The Israel Lobby and U.S. Foreign Policy, New York/London 2007.
Mueller, John: The Iraq Syndrome; in: Foreign Affairs, Vol. 84/No. 6 (Nov./Dec. 2005), 44–54.
Packer, George: The Assassins' Gate. America in Iraq, New York 2005.
Palmer, Michael: Guardians of the Gulf: A History of America's Expanding Role in the Persian Gulf, 1833–1992, New York 1993.
Petraeus, David: Learning Counterinsurgency. Observations from Soldiering in Iraq; in: Military Review, Jan./Feb. 2006, 2–12.
Pillar, Paul: Intelligence, Policy, and the War in Iraq; in: Foreign Affairs, Vol. 85/No. 2 (March/April 2006), 15–27.
Pollack, Kenneth: The Threatening Storm. The Case for Invading Iraq, New York 2002.
Powell, Colin (mit Persico, Joseph): My American Journey, New York 1995.

Prestowitz, Clyde: Rogue Nation. American Unilateralism and the Failure of Good Intentions, New York 2003.
Rice, Condoleezza: Promoting the National Interest; in: Foreign Affairs, Vol. 79/No. 1 (Jan./Feb. 2000), 45–62.
Rich, Frank: The Greatest Story Ever Sold, New York 2006.
Ricks, Thomas: Fiasco. The American Military Adventure in Iraq, New York 2006.
ders.: The Gamble. General Petraeus and the Untold Story of the American Surge in Iraq 2006–2008, New York 2009.
Risen, James: State of War, New York 2006.
Robinson, Linda: Tell Me How This Ends. General David Petraeus and the Search for a Way out of Iraq, New York 2008.
Rove, Karl: Courage and Consequence: My Life as a Conservative in the Fight, New York 2010.
Rubin, Barry: The United States and Iraq: From Appeasement to War; in: Baram/Rubin, 255–272.
Sanchez, Ricardo: Wiser in Battle, New York 2008.
Scahill, Jeremy: Blackwater. The Rise of the World's Most Powerful Mercenary Army, New York 2007.
Schröder, Gerhard: Entscheidungen. Mein Leben in der Politik, Hamburg 2006.
Schuster, Jürgen: Das «alte» und das «neue» Europa. Die Reaktionen der europäischen Länder auf die amerikanische Irak-Politik, Hamburg 2004.
Stiglitz, Joseph E./Bilmes, Linda J.: The Three Trillion Dollar War. The True Cost of the Iraq Conflict, New York/London 2008.
Suskind, Ron: The Price of Loyalty. George W. Bush, the White House, and the Education of Paul O'Neill, New York 2004.
ders.: The One Percent Doctrine. Deep Inside America's Pursuit of Its Enemies Since 9/11, New York 2006.
ders.: The Way of the World, New York 2008.
Szabo, Stephen: Parting Ways. The Crisis in German-American Relations, Washington, D. C. 2004.
Tenet, George: At the Center of the Storm. My Years at the CIA, London 2007.
Woodward, Bob: Bush at War, New York u. a. 2002.
ders.: Der Angriff. Plan of Attack, München 2004.
ders.: State of Denial. Bush at War, Part III, New York u. a. 2006.
ders.: The War Within. A Secret White House History 2006–2008, London u. a. 2008.
Wright, Donald /Reese, Timothy: On Point II: Transition to the New Campaign. The United States Army in Operation IRAQI FREEDOM, May 2003–January 2005, Washington, D. C. 2008.

Bildnachweis

AP Images, Frankfurt am Main: *S. 149* (Associated Press Photo/File), *171* (unten) (Associated Press Photo/Hameed Rasheed, File)
Corbis, Düsseldorf: *S. 34* (Reuters/Jeff Mitchell), *61* (Reuters/Ray Stubblebine), *141* (Ausschnitt), *193* (Reuters/Kevin Lamarque), *199* (Reuters/Thaier al-Sudani), *208* (Reuters/Jim Young)
Süddeutscher Verlag – Bilderdienst, München: *S. 125* (AP)
Kuni Takahashi, Mumbai (Indien): *S. 121*
Mandi Wright/Detroit Free Press/MCT, Detroit (USA): *S. 171* (oben)
Karten © Peter Palm, Berlin: *Umschlaginnenseiten*

Personenregister

Stephan Bierling
Geschichte der amerikanischen Außenpolitik
Von 1917 bis zur Gegenwart
3., durchgesehene und erweiterte Auflage. 2007. 280 Seiten mit 4 Tabellen.
Paperback
Beck'sche Reihe Band 1509

Stephan Bierling
Kleine Geschichte Kaliforniens
2006. 245 Seiten mit 14 Abbildungen und 1 Karte. Paperback
Beck'sche Reihe Band 1702

Marc Frey
Geschichte des Vietnamkriegs
Die Tragödie in Asien und das Ende des amerikanischen Traums
8. Auflage. 2006. 256 Seiten mit 2 Karten. Paperback
Beck'sche Reihe Band 1278

Harm G. Schröter
Winners and Losers
Eine kurze Geschichte der Amerikanisierung
2008. 139 Seiten mit 2 Abbildungen. Paperback
Beck'sche Reihe Band 1866

Henner Fürtig
Kleine Geschichte des Irak
Von der Gründung 1921 bis zur Gegenwart
2., aktualisierte Auflage. 2004. 175 Seiten mit 2 Karten. Paperback
Beck'sche Reihe Band 1535

Ahmed Rashid
Taliban
Afghanistans Gotteskämpfer und der neue Krieg am Hindukusch
2010. 480 Seiten mit 2 Karten. Paperback
Beck'sche Reihe Band 1958

Verlag C.H.Beck München